流通経済の
動態と
理論展開

[監修] 流通経済研究会
[編著] 木立真直・佐久間英俊・吉村純一

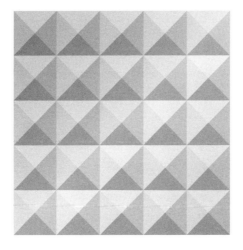

同文舘出版

執筆者一覧（章編成順）

<執筆担当章>

氏名	よみ	所属	担当章
佐久間英俊	（さくま　ひでとし）	中央大学商学部教授	第1章・編者
大石　芳裕	（おおいし　よしひろ）	明治大学経営学部教授	第2章
山口夕妃子	（やまぐち　ゆきこ）	佐賀大学芸術地域デザイン学部教授	第3章
薄井　和夫	（うすい　かずお）	埼玉大学人文社会科学研究科教授	第4章
吉村　純一	（よしむら　じゅんいち）	熊本学園大学商学部教授	第5章・編者
河田　祐也	（かわた　ゆうや）	旭川大学経済学部助教	第6章
宮崎　卓朗	（みやざき　たくろう）	佐賀大学経済学部教授	第7章
宇野　史郎	（うの　しろう）	熊本学園大学名誉教授	第8章
西島　博樹	（にしじま　ひろき）	佐賀大学芸術地域デザイン学部教授	第9章
木立　真直	（きだち　まなお）	中央大学商学部教授	第10章・編者
堂野崎　衛	（どうのさき　まもる）	拓殖大学商学部准教授	第11章
金　度渕	（きむ　どうよん）	大阪商業大学総合経営学部准教授	第12章
土屋　仁志	（つちや　ひとし）	愛知大学経営学部准教授	第13章

まえがき

　本書は，流通経済研究会の前代表である樫原正澄先生の時代に，創立40周年を機にまとまったものを出版しようということで企画された2巻目にあたるものである。ただ，目次をみてわかるようにこの2巻は直接のつながりをもっているわけではない。

　最初のものは，2015年に大野哲明/佐々木保幸/番場博之編著『格差社会と現代流通』というタイトルで同じく同文舘出版から刊行された。これは，トマ・ピケティの『21世紀の資本』（みすず書房）によって格差の問題が取り上げられ，格差社会がクローズアップされるなかで，「格差社会」や「現代の貧困問題」を背景とする流通・消費・マーケティングの今日的諸様相を理論的につかまえてみようという意図から企画された。数年かけて共同研究が行われ，その成果が刊行された。

　今回のものは，別の視点から，次のような理由から理論研究を中心としたものを刊行することになった。1つは，1995年に創立20周年を記念して阿部真也/但馬末雄/前田重朗/三国英美編著『流通研究の現状と課題』（ミネルヴァ書房）を刊行し，商業論・マーケティング論・現代流通論・農産物流通論・欧米の流通研究といった5分野の領域で1,400件近くの文献サーベィをして当時の理論研究の現状と課題を公にして以降，理論研究を中心に据えたものは出版していないということであった。もう1つは，その後の状況も大きく変わり，現在の流通を取り巻く環境を踏まえた上で理論的な研究が必要ではないかということであった。

　グローバリゼーションの進展による国際化の流れ，それの影響を受けた国内や地域の生産・流通・消費の変容，さらにインターネット化の急速な進展によって流通・商業・マーケティング分野の構造的な変容など，現代の流通は構造的にも内容的にも大きな変化をとげた。このような状況認識のもとで，全領域

を網羅するということが現時点では難しいので，とりあえず今日的なトピックスを押さえた上で，現状の理論動向と本質的な内容の相互関係を配慮しながら，現状のなかの特徴的な事象をとりあげて理論的にどのようにとらえるかという視点から領域設定とテーマの枠組みを議論した。

その結果，次のような領域とテーマが設定された。マーケティング領域，その対極の消費領域，そして地域流通領域，最後に現代流通の中心になっている小売主導型流通システム領域の4領域で，第Ⅰ部はマーケティング理論と社会志向，第Ⅱ部は消費理論におけるマクロ視角，第Ⅲ部は地域と流通理論，第Ⅳ部はサプライチェーンと戦略的小売商業理論という構成になった。

今回も前回と同様，数年にわたる共同研究を継続的に行って，やっと刊行にたどり着いた。成果に対する批判は読者に委ねるとして，今回の本書の刊行において，編者や執筆者，さらに貴重な意見をいただいた会員に感謝を申し上げ，また出版事情の厳しいなかを継続的に引き受けていただいて，最初から最後までお世話をいただいた同文舘出版の取締役/編集局長の市川良之氏には厚く御礼を申し上げます。

2017年2月吉日

流通経済研究会

代表世話人　出家　健治

本書の構成

　本書は，主として，まえがきで紹介されている『流通研究の現状と課題』が出版された1995年以降の流通理論の研究動向を明らかにすることを目的とする。この間に流通のスケープは一新された。グローバル・マーケティングやインターネット・マーケティングは，近未来に予定されるものではなくごく日常的なものとなり，疲弊した商店街への対応は地域の課題として定着し，ブランド戦略は小売業者や地域の経済主体によっても実施されるようになった。またこのような変化は，文化的消費の拡大や消費者の流通過程への参加をもたらすことになった。

　流通経済研究会は，理論研究，方法論争，そしてそれに基づく多面的分析を通じて流通・マーケティング研究をなすことをミッションとしてきた。理論は，一方で高い一般性と普遍性を求められるが，他方で変動してやまない現実世界への適応力も問われることになる。高い抽象度と普遍性を有する理論的成果として商業経済論がある。本書へ向けての研究会では，商業経済論やその延長に積み上げられてきた成果との関連をどう捉えるのかについて度々自由でありながらも厳しい活発な議論が交わされた。その成果は以下の論稿を通じて明らかにされよう。本書は，4部13章から構成される。次にその内容を紹介する。

　第Ⅰ部「マーケティング理論と社会志向」では，現実的な流通経済の動態を前にしながらマーケティング理論が拡大するいくつかの方向を，マーケティングと社会の関係を軸にしながら示している。

　第1章「マーケティング理論の再検討」（佐久間英俊）では，マーケティング主体としての小売業やNPOの台頭などを踏まえ，方法論的な論争や市場の法則的把握について論じた上で，近年のマーケティング論の諸説を検討している。

　第2章「グローバル・マーケティング論」（大石芳裕）では，多国籍企業が直面する課題を念頭に置きながら，標準化／適合化をめぐる論争などを整理検討

(4) 本書の構成

した上で,サービス業のグローバル化など新しい理論的課題を提示している。

第3章「インターネット・マーケティング論」(山口夕妃子)では,インターネットを用いたマーケティング活動をめぐる諸説を紹介し,インターネット化の進展が資本の論理や社会の論理と交錯する姿を描くための理論を示している。

第4章「クリティカル・マーケティング論」(薄井和夫)では,新しい研究潮流としてのクリティカル・マーケティング論の台頭を紹介し,クリティカル・シンキングの重要性や,マーケティング・イデオロギーなどの概念を紹介している。

第Ⅱ部「消費理論におけるマクロ視角」では,現実の消費者行動の主要な変化を踏まえ,流通研究においてますます存在価値を増してきた消費についての理論的な可能性を探っている。

第5章「消費文化理論と流通機構の解明」(吉村純一)では,消費文化理論の近年の業績を検討し,社会歴史的な消費パターンの解明などの研究領域を紹介した上で,流通研究において消費文化理論が果たしうる貢献について論じている。

第6章「消費者自立論」(河田祐也)では,消費者の自立論の規範的な性格を主要な学説の中から批判的に検討し,自省的な消費者像などを分析することで,消費者の強い主体性ではなく弱い主体性を論じていく必要性を説いている。

第Ⅲ部「地域と流通理論」では,都市流通をめぐって山積する課題に対応するべく近年急速に業績が蓄積されつつある領域において,流通経済をめぐる伝統的理論枠組みの拡張を模索している。

第7章「都市と商業経済論」(宮崎卓朗)では,商業経済論をベースとしながら商店街などの商業集積を取り扱うための理論拡張の試みを整理し,地域商業論,都市流通システム論,中心地理論などの理論的可能性について論じている。

第8章「流通の空間構造と都市流通システム論」(宇野史郎)では,都市における流通システム研究の流れを商店街問題との関連で概観した上で,都市的流通システムの分析フレームワークの意義を論じ,残された課題を提示している。

第9章「地域ブランド論とまちづくり」(西島博樹)では,危機に瀕する地域経済の中で登場した地域ブランドについてその多様な定義を整理し,有力な議

論を比較検討した上で，地域共同体の再生などのキーワードに言及している。

　第Ⅳ部「サプライチェーンと戦略的小売商業理論」では，情報化やグローバル化に代表される環境変化に対応する流通と小売商業の動態を把握するための理論を4つの方向性からまとめている。

　第10章「小売サプライチェーン論」（木立真直）では，伝統的流通理論との関係を示しながら小売サプライチェーンの歴史的位置について明らかにし，延期‐投機理論やネットワーク論などの枠組みを用いて理論的問題を整理している。

　第11章「小売戦略における現代的課題」（堂野崎衛）では，小売競争行動論についての既存研究をまとめ，人口動態の変化などの小売業を取り巻く環境変化について整理した上で，小売戦略の現代的課題を明らかにしている。

　第12章「小売ブランド商品研究の歴史的変遷―小売ブランド論の現代的意義―」（金度渕）では，小売業におけるPB戦略との関連を明らかにしながら先行研究のレビューを行った上で，消費者意識の変化を含む今後のPB商品研究に課せられた論点をまとめている。

　第13章「小売国際化論」（土屋仁志）では，動機，参入モードなどの先行研究の論点を整理した上で，国際マーケティング論的な視点から製造業の国際化との相違点を明らかにしつつ，小売業国際化の特異性について述べている。

　執筆者全員が研究総会で報告し，執筆内容は研究会の研究成果をふまえたものではあるが，各章は執筆者個人の責任と判断で書かれたものである。本書の最終的な評価は，読者の皆さんの判断にゆだねられることになる。皆さんから多くの意見や批判をいただければと期待している。

木立　真直

編者　佐久間英俊

吉村　純一

目　次

まえがき ——————————————————————————— (1)
本書の構成 —————————————————————————— (3)

第Ⅰ部　マーケティング理論と社会志向

第1章　マーケティング理論の再検討 ——————————— 2
はじめに……………………………………………………………… 2
第1節　マーケティングをどう捉えるか……………………………… 3
第2節　マーケティングの概念にかかわる二大論争………………… 4
　1. マーケティング科学論争……………………………………… 4
　2. マーケティング境界論争……………………………………… 5
　3. 2つの論争に対する評価……………………………………… 5
第3節　現代市場の法則的把握……………………………………… 6
　　　　―「商業資本論」の現代的発展―
　1. マルクス経済学をベースにした既存理論の優位性と問題点 ……… 6
　2. マルクスの理論体系…………………………………………… 6
　3. 現代における資本間関係としての独占……………………… 7
　4. 独占段階の流通理論…………………………………………… 8
第4節　主な論者のマーケティング把握…………………………… 10
　1. 顧客満足説……………………………………………………… 10
　2. 社会満足説……………………………………………………… 11
　3. 顧客関係説……………………………………………………… 11

4. 市場支配説 ……………………………………………………12
　第5節　代表的な学説の検討 …………………………………… 13
　　1. 顧客満足説に対する評価 ……………………………………13
　　2. 社会満足説に対する評価 ……………………………………13
　　3. 顧客関係説に対する評価 ……………………………………14
　　4. 市場支配説に対する評価 ……………………………………15
　おわりに……………………………………………………………… 16

第2章　グローバル・マーケティング論 ―――――21

　第1節　グローバル・マーケティングの生成発展……………… 21
　　1. 多国籍企業の生成発展 ………………………………………21
　　2. 多国籍企業のマーケティング課題 …………………………22
　第2節　グローバル・マーケティングの理論的課題…………… 23
　　1. 国内マーケティングとの相違点 ……………………………23
　　2. 標準化／適合化論争 …………………………………………29
　第3節　グローバル・マーケティングの新課題………………… 30
　　1. サービス業のグローバル化 …………………………………30
　　2. 中小企業のグローバル化 ……………………………………31
　　3. 途上国企業のグローバル化 …………………………………33
　おわりに……………………………………………………………… 34

第3章　インターネット・マーケティング論―――――37

　第1節　インターネットを活用したマーケティング…………… 37
　第2節　インターネット・マーケティング先行研究…………… 39
　　1. インターネットの進展 ………………………………………39
　　2. アメリカにおけるインターネット・マーケティング研究の特徴…40
　　3. Hansonのインターネット・マーケティング ………………42

第3節　インターネット・マーケティングと社会性……………… 44
　1. インターネット・マーケティングの特徴 ………………………44
　2. インターネット技術の論理と資本の論理 ………………………45
　3. インターネットと社会の論理 ……………………………………47
第4節　インターネット技術-マーケティング-社会の関連性と課題… 47

第4章　クリティカル・マーケティング論 ― 51
第1節　クリティカル・マーケティング研究の台頭……………… 51
第2節　クリティカル・シンキング………………………………… 53
　　　　―広義のクリティカル・マーケティング論―
第3節　クリティカル・マーケティング研究の諸論点…………… 55
　1. マーケティング・イデオロギーとマーケティング・コンセプト …55
　2. マーケティング・ディスコースとマネジリアリズム(管理主義) …57
　3. クリティカル・マーケティング論の存在論と認識論 ……………59
おわりに………………………………………………………………… 61

第Ⅱ部　消費理論におけるマクロ視角

第5章　消費文化理論と流通機構の解明 ― 68
第1節　台頭する質的アプローチと消費文化理論……………… 68
第2節　消費文化理論展開の背景と中心的な関心領域………… 69
　1. マクロ消費研究と快楽的消費研究 ………………………………69
　2. 4つの研究領域 ……………………………………………………71
第3節　消費文化理論の現代的課題と理論展開の方向…………… 73
　1. 研究領域間の相互関係 ……………………………………………73

2. CCT 研究の独自性と理論展開の方向 ……………………………75
　第4節　わが国における消費文化研究の展開……………………… 77
　　1. マクロの消費分析 …………………………………………………77
　　2. 偶有性の消費分析 …………………………………………………78
　　3. 消費文化研究の本格化 ……………………………………………80
　第5節　消費文化理論の流通研究における意義……………………… 82

第6章　消費者自立論 ―――――――――――――――――――88

　第1節　消費者自立論の規範性………………………………………… 88
　第2節　マーケティング論における消費者像………………………… 90
　　1. マーケティングの二面的性格 ……………………………………90
　　2. 競争的使用価値モデル ……………………………………………92
　　3. 記号論モデルと自省的な消費者像 ………………………………94
　第3節　再帰的近代論と嗜癖的主体…………………………………… 96
　　1. 再帰的近代論における自省の位置づけ …………………………96
　　2. 再帰性の上昇と嗜癖 ………………………………………………98
　　3. 外部の隠蔽による消費の自閉化 ……………………………… 100
　第4節　知っていることを知らない………………………………… 102

第Ⅲ部　地域と流通理論

第7章　都市と商業経済論 ―――――――――――――――――108

　はじめに………………………………………………………………… 108
　第1節　商業経済論における商業集積 ……………………………… 109
　第2節　地域商業論 …………………………………………………… 114

第3節　都市と中心地の階層性 …………………………………… 118
　　第4節　中心地の変動と立地創造 ………………………………… 122
　おわりに ……………………………………………………………………… 127

第8章　流通の空間構造と都市流通システム論 ── 133
　　第1節　流通の空間構造分析 ……………………………………… 133
　　第2節　都市流通システム研究の流れ …………………………… 135
　　　1.『80年代の流通産業ビジョン』にみるまちづくりの視点 …… 135
　　　2. 商店街の公共性と生活型社会資本の視点 ………………… 136
　　　3. まちづくりのマーケティングと外部性に依拠したまちづくりの視点 … 139
　　　4. 商業研究とまちづくりの視点 ……………………………… 142
　　第3節　都市流通システム研究の分析フレーム ………………… 144
　　第4節　都市流通システム研究の課題と方向性 ………………… 147

第9章　地域ブランド論とまちづくり ──────── 151
　はじめに ……………………………………………………………………… 151
　　第1節　地域ブランドの概念 ……………………………………… 152
　　第2節　地域ブランド化に関する先行研究 ……………………… 156
　　　1. 阿久津・天野［2007］……………………………………… 157
　　　2. 和田ほか（電通 abic project［2009］）…………………… 158
　　　3. 田村［2011］………………………………………………… 158
　　　4. 白石［2012］………………………………………………… 159
　　第3節　地域ブランド研究の進展に向けて ……………………… 161
　　　1. 地域共同体の再生 …………………………………………… 161
　　　2. 地域資源の活用 ……………………………………………… 162
　　　3. 地域ブランドの階層性 ……………………………………… 163
　　　4. 地域ブランド・エクイティ ………………………………… 164

5. 地域ブランド化の課題 …………………………………………… 165

第Ⅳ部　サプライチェーンと戦略的小売商業理論

第10章　小売サプライチェーン論 ――――――――――――**170**

第1節　小売サプライチェーンの概念と考察の対象……………… 170
　　1. 小売サプライチェーンの概念 …………………………………… 170
　　2. 手薄な小売サプライチェーン研究の背景 ……………………… 171
第2節　小売サプライチェーンの歴史的位置，基盤，優位性…… 172
　　1. 現代流通の変容と小売サプライチェーンの歴史的位置 ……… 172
　　2. 小売サプライチェーン形成の技術基盤と社会基盤 …………… 174
　　3. 小売サプライチェーンの一般的優位性としての消費志向 …… 175
第3節　小売サプライチェーンをめぐる理論的諸問題…………… 176
　　1. 延期－投機の理論の分析適用性 ………………………………… 176
　　2. 小売サプライチェーンと情報理論 ……………………………… 178
　　3. ネットワーク論からの分析課題 ………………………………… 180
第4節　小売サプライチェーンの展望と残された論点…………… 183

第11章　小売戦略における現代的課題 ――――――――――**189**

　　はじめに……………………………………………………………………… 189
第1節　小売競争行動の特質………………………………………… 190
　　1. 小売競争論のレビュー …………………………………………… 190
　　2. 小売ミックス論 …………………………………………………… 191
第2節　小売業の今日的動態と環境変化…………………………… 192
　　1. 小売市場構造の変化 ……………………………………………… 192

2. 小売業の動態に影響を与える環境変化……………………………… 195
 第3節　小売戦略における現代的課題……………………………………… 200
  1. 小商圏化の進行と小売戦略…………………………………………… 200
  2. 情報通信技術の発展と小売戦略……………………………………… 202

第12章　小売ブランド商品研究の歴史的変遷 ―― 208
―小売ブランド論の現代的意義―

 はじめに……………………………………………………………………… 208
 第1節　先行研究のレビュー……………………………………………… 209
  1. およそ1970年代までの研究 ………………………………………… 209
  2. 1980年代以降の研究…………………………………………………… 211
 第2節　PB商品研究のいくつかの論点 ………………………………… 214
  1. 価格と品質 …………………………………………………………… 215
  2. 企業間関係の変化と高付加価値PB商品 …………………………… 216
  3. 消費者意識の変化……………………………………………………… 220
 おわりに……………………………………………………………………… 221

第13章　小売国際化論 ―― 226

 第1節　小売業国際化の理論……………………………………………… 226
  1. 小売業国際化に関する理論体系の必要性 ………………………… 226
  2. 小売業国際化理論の要点 …………………………………………… 227
 第2節　森下理論の国際マーケティング論……………………………… 233
  1.「ワールド・マーケティングについて」の概要 …………………… 233
  2. 森下の論点からみる課題 …………………………………………… 235
 第3節　小売業国際化の特異性…………………………………………… 236
  1. 小売業の国際移転 …………………………………………………… 236

2. 投資効果としての国際化 ………………………………………… 238
おわりに……………………………………………………………… 240

事項索引 ————————————————————————243
人名索引 ————————————————————————248

第Ⅰ部

マーケティング理論と社会志向

第 1 章

マーケティング理論の再検討

はじめに

　市井はもちろん研究者の中にもマーケティングを顧客満足の実現と把握する者は少なくないが，そうした理解では企業不祥事が頻発する今日の現実を説明できない。一時流行っては廃れるブランドのように過去数十年間様々なマーケティング理論が現れたが，その大半が変化する現実の表象に目を奪われ基底に貫く法則を十分には捉えられなかった。

　今日，マーケティングを取り巻く環境は，国際化の進展，小売企業の成長，CSR（Corporate Social Responsibility：企業の社会的責任）の追及，NPO（Non-Profit Organization：非営利組織）の役割向上など，四半世紀前と比べても大きく変化している。こうした現象を射程に入れた理論の発展が求められている。

　本章ではマーケティングの今日的発展を捉えうる理論を考察する。定義に関する主な論争を検討した後，経済法則を基礎においてマーケティングを捉えようとする科学的マーケティング論の現代的発展を試み，そこから主な既存学説を評価する。

第 1 節　マーケティングをどう捉えるか

　マーケティングとは商品の価値実現にかかわる体系的な対市場活動である[1]。それを行う主体には営利企業はもちろん NPO も含まれる。業種別には製造から流通，金融，サービスまですべての業種を含めてよいと考える。当然そこには大企業だけでなく中小企業も含まれる。

　市場には顧客の需要と主体間の競争という 2 つの意味がある。マーケティングの対象としては前者の意味で使われることが多いが，私は後者も含めて理解する。市場に働きかける主体と顧客需要との関係についても需要創造と需要適応という両面があるが，主要なものは前者とみる[2]。重要な情報を多くもちイニシアティブを握るのは主体の側であるからである[3]。ただしパワーを有する大企業でさえ市場を完全に統制できるわけではない。

　先の定義の提唱者である保田芳昭氏は「体系的」という用語に 2 つの意味を含めている。1 つはマーケティングは思想と技法からなるということであり，もう 1 つは技法内部でも統合性をもつということである[4]。

　マーケティング技法とは，市場調査，標的顧客の選定，ポジショニング，いわゆる 4P（製品政策，価格政策，チャネル政策，販売促進政策）などの政策をいう。一方，マーケティング思想は，コトラー（P. Kotler）のいう「マーケティング・コンセプト」（生産志向，製品志向，販売志向，消費者志向，社会志向の 5 つ）で理解してよいが，主体が自らの利潤を最大化させようとする衝動を利潤志向と呼べば，営利企業の場合は利潤志向がつけ加わる。

　今日のマーケティング思想には消費者志向はもちろん，社会志向も求められる。現代企業は社会に対する多大な影響力を有するからであり，地球環境の保全，地域経済の発展，従業員の生活と健康維持などに CSR が問われる。

　個別主体のマーケティングを把握する際，私はその技法を実体と捉えた上で，主体の社会関係を加えて理解する方法をとる。つまり主体は営利企業か NPO

か，営利企業の中でも大企業か中小企業なのかといった区別を重視する。主体の社会関係はマーケティング思想に反映する。たとえば営利企業のそれには利潤志向が加わるが，NPOの場合には加わらない[5]。また同じ営利企業でも大企業のマーケティングは市場支配という特性をもつが，中小企業では概してそうした性格をもたない。

消費者志向や社会志向と利潤志向との関係についていえば，前二者が利潤志向と合致するときには顧客ニーズへの適応や社会厚生が追求されるが，利潤志向に反するときにはそれらが追求されることはない。つまり営利企業の利潤志向は消費者志向や社会志向より重視される上位の概念であり，後二者の実現は自己の儲けにつながることを前提とする。それに対してNPOの場合には利潤志向のバイアスがなく消費者志向や社会志向が直接貫くため，これらを真に体現するのはNPOのマーケティングといえる。

第2節　マーケティングの概念にかかわる二大論争

1. マーケティング科学論争

マーケティングの定義をめぐっては，これまで2つの大きな論争が展開されてきた。「マーケティング科学論争」と「マーケティング境界論争」である[6]。マーケティング概念の理解を深めるため2つの論争を考察しよう。

「マーケティング科学論争」は，コンヴァース（P. D. Converse）が1945年に発表した論文で提起した論点を受けてなされたものである[7]。主な論点は2つあり，1つは，マーケティング論は科学（science）といえるのか，それとも単なる技法（art）に過ぎないのかというものである。もう1つは，仮にマーケティングが科学であるとするなら，その基盤を何に求めるのかというものであった。当然ながらマーケティング学者は自らの研究分野を科学と捉える者が大半

であったので,論争は主に2つ目の論点をめぐって展開された。すなわち科学としてのマーケティングの学問体系を形成する基礎概念とは何か,マーケティングの一般理論の構築は可能か,その論理の枠組みはいかなるものかといった論点が基軸をなした。

2. マーケティング境界論争

マーケティングの定義にかかわるもう1つの大きな論争は,「マーケティング境界論争」である。これはマーケティングの主体の範囲をめぐって行われた論争で,一方はその主体を営利企業だけに限定すべきと主張し,他方はNPOにまで広げるべきことを主張した。

歴史的にみると,もともとマーケティングは営利企業のマネジメントとして生まれてきたが,コトラーは1969年に出したレヴィ(S. J. Levy)との共著論文で「マーケティング概念の拡張」を提起し,NPOも主体に含めるべきと主張したため[8],その後,論争が展開されることになった。

3. 2つの論争に対する評価

まず「マーケティング科学論争」については,マーケティング論を科学の一分野とみてもよいが,そのためにはマーケティングの法則的把握が必要と考える[9]。もしそれを技法のみで捉えるなら科学の名に値しない。前節で示した定義のように,マーケティングは技法と思想とが統一したものと理解すべきであり,後者の思想に経済法則が反映する。つまり科学としてのマーケティング論には,市場に関する価値法則や剰余価値法則などを組み込む必要がある。

もう1つの大きな論争である「マーケティング境界論争」については,主体の範囲をNPOにまで広げてよいが,あくまで市場を前提とした活動に限定すべきと考える[10]。たとえば,政党は選挙公約と引き換えに有権者から支持を得ている。また宗教団体は,関連するサービスを提供することと引き換えに当該宗教の信者から寄付を得ている。コトラーはこうした行為に着目して主体の中

に政治団体や宗教団体まで含めているが，これらの行為は交換であるとはいえ商品交換ではないのだから，そうした捉え方は誤りと考える。

　上記二大論争における誤りの原因は，法則観の欠如と市場理解の不十分さにあった。コトラーの定義が市場取引ではなく交換一般を重視することにみられるように，市場に貫く法則を理解することが大事である。

第3節　現代市場の法則的把握
―「商業資本論」の現代的発展―

1．マルクス経済学をベースにした既存理論の優位性と問題点

　市場に関する法則はマーケティング思想に反映する。歴史上経済法則を解明した第一人者はマルクス（K. Marx）であろう。マーケティング現象の把握においてもマルクス経済学を基礎にした理論は，現実を一定の必然的関係のもとに説明しようと意図する点で他の理論より優れている[11]。

　しかしそうした理論に依拠する研究者は以前より減少した。その原因は，従来の理論は現実の分析が甘く，経済法則からの必然的展開が不十分なことが多かったことにある。それら既存学説の問題点は，①『資本論』の過大評価，②論理の流れと現実の発展の仕方を常に同一視する「論理＝歴史説」[12]，③諸現象の均衡する面のみをみて均衡を破壊する面をみない均衡論的把握，④独占を「不純」とみるなどその法則的把握への懐疑，⑤独占の静態的把握などにある。

　こうした問題を意識しながら以下で今日的な経済法則の理解を示し，マルクス「商業資本論」の発展を試みる。

2．マルクスの理論体系

　Marx［1867］は資本主義市場の一般理論を提示した[13]。すなわち，あらゆ

る市場に共通に妥当する価値法則（投下労働価値説，交換過程の矛盾，流通必要金量など）を示した後，それを基礎にして資本主義市場では剰余価値法則が資本蓄積の法則などとして貫くこと（労働力と剰余価値の概念，絶対的と相対的の剰余価値生産の二方式，資本の循環と回転，価値と使用価値の連関を入れた再生産論，価値の生産価格への転化，利潤率の傾向的低下，商業資本と利子生み資本の運動，生産と消費の矛盾など）を示した[14]。資本は「自己増殖する価値」（第4章）とか，「生きた労働を取り込むことでのみ活気づく死んだ労働」（同8章）などと社会関係的概念で捉えられ，その一般的概念を拡張しながら一貫した叙述が展開されている[15]。

商業資本が発生する論理についても Marx [1867] は，第3巻第4編の「商業資本論」で社会的流通時間の短縮を例示して説明している。通説は①社会的流通時間の短縮，②社会的流通費用の削減などからこれを説明する。森下 [1977] は売買の集中や分業の利益に注目しながら，商品買取資本，売買操作資本，危険準備資本などの概念を用いてマルクスの理論を精緻化した[16]。

「商業資本論」は現代の資本主義市場を考察する際にも一般理論として有効であり，これらの法則の現れと捉えて初めて法則的把握になる。たとえば NPO のマーケティングを考察する際は価値法則を，営利企業の場合にはさらに剰余価値法則を考慮に入れる必要がある。

3．現代における資本間関係としての独占

現代市場の考察で最も重要な概念は独占である。独占とは資本間の関係を表す概念で，直接的には自由競争の否定である。生産と取引の集積，資本の集積・集中が一定の段階に達すると，①少数による協定の容易さ，②破滅的競争の被害の深刻さなどから，自由競争の中から独占が発生する。

20世紀以降，取引当事者間の関係は自由で対等な関係から収奪関係へと変化した。収奪とは流通過程を通じた弱者（非独占資本・消費者）から強者へ（独占資本）への富の移転をいう。独占資本は市場に対する支配力を強め，弱者に対する支配・強制の関係を築く[17]。また独占価格を設定し[18]，搾取と収奪を

図表 1-1　経済法則の階層的把握

Ⅳ	独占段階中の小段階の特殊理論
Ⅲ	独占段階の特殊理論＝独占利潤法則（『帝国主義論』など）
Ⅱ	資本主義市場の一般理論＝剰余価値法則（『資本論』第1巻4章～）
Ⅰ	市場一般の理論＝価値法則（『資本論』第1巻1章～3章）

（注）　下層の理論ほど基礎をなすが，上層の発生による下層の変容もある。
（出所）　筆者作成。

通じて独占利潤を取得する。独占段階において剰余価値法則は独占利潤法則に転化している[19]。21世紀初頭の現在，資本は搾取と収奪をいっそう強めているから，理論にもそれらを取り込む必要がある。

また現代市場において，独占と競争とは併存する二法則である[20]。したがって，独占と競争の「絡み合い」[21]や「矛盾」[22]を理論に取り込む必要がある[23]。

自由競争段階を分析した『資本論』は，資本一般の理論を提示した。その発展段階である独占段階の理論は，それを含み込む。自由競争段階から独占段階への全過程が資本一般である[24]。つまり図表1-1の太線内Ⅰ～Ⅳが，現代市場を捉える際の一般理論（今日における資本一般）の範疇である。下層の法則は一般法則として機能するが，上位の法則が出てくるとその影響で変容（侵害や失効など）を受けることもある。

4．独占段階の流通理論

資本の3形態に応じて独占資本にも，独占的産業資本，独占的商業資本，独占的銀行資本の3つの基本タイプが存在する。歴史的にみると資本主義的商業独占は，産業独占や銀行独占より後発といえる[25]が，現在では独占的商業資本がチャネル・リーダーである市場もある（図表1-2）。

商業独占は取引の集積・集中，それを基礎とする資本の集積・集中から生成する。独占的商業資本とは流通過程で商品の再販売活動を行いながら，非独占資本や消費者を収奪できる位置にある資本をいう。

図表 1-2 流通における支配主体の時期区分

	地域的分断市場	全国統一市場	細分化市場
日本での時期	戦前および終戦直後	高度成長期	低成長期以降
市場の特性	交通・通信の未整備	マス・マーケットの創出	市場細分化
主要な主体	商業資本	独占的産業資本	独占的産業資本／独占的商業資本
主な政策	地域独占に基づく高価格	全国広告，NB	市場細分化，多様な垂直統合など

(注) 基本的分類であり，商品分野ごとの偏差は当然認められる。
(出所) Tedlow [1990] の市場発展の3分類を参考にして作成。

　独占的商業資本は，①流通情報の掌握，②購買統制，③販売統制，④非独占的産業資本や非独占的商業資本の系列化，⑤生産や金融部門の統合，⑥好立地の専有，⑦流通時間の調整などによって，非独占資本を支配し超過利潤を獲得している。独占利潤を獲得する主なルートには，①消費者からの収奪，②非独占的商業資本からの収奪，③非独占的産業資本からの収奪，④独占的産業資本の獲得する独占利潤の分与，⑤商業資本の地代収入，⑥他人労働の成果の掠め取りなどがある。

　一方独占的産業資本は，生産した商品を最終顧客に直接販売するか商業者に販売する。商業者には独占的商業資本，非独占的商業資本，生業的商業がある。独占的産業資本は後二者を収奪対象とし系列化することもある。独占資本は自己に有利なチャネルの選択権を有している。

　独占的産業資本と独占的商業資本は協調と対抗の関係にある。すなわち弱者からの収奪では協調し，取引条件などに関しては対抗する。

第4節　主な論者のマーケティング把握

1．顧客満足説

　次に主な研究者や組織のマーケティングの定義を考察しよう。その定義に何を不可欠の要素とみるかによって，4つの代表的な学説に分類できる。

　まずイギリス・マーケティング研究所（CIM）は，マーケティングを定義して「有利な形で顧客の要求を確認し，先取りし，満足させるための責任ある管理過程」（"Marketing and the 7Ps"）としている。また日本マーケティング協会（JMA）は，「企業および他の組織がグローバルな視野に立ち，顧客との相互理解を得ながら，公正な競争を通じて行う市場創造のための総合的活動」（1990年）と定義するとともに，「………顧客満足の実現と，そのための実践をする組織体の存続発展の調和を作りだすために，組織体と顧客とのよき関係づくりを行うところにマーケティングの本来的意味がある」（「マーケティング定義委員会1序文」）と述べている。

　また4P手法の提唱者のマッカーシー（E. J. McCarthy）は，「顧客を満足させ，かつ企業目的を達成するために，生産者から消費者ないし使用者への商品およびサービスの流れを方向づける経営諸活動の遂行」[26]とし，コトラーもかつては「交換過程を通じて，ニーズとウォンツを満たすことを意図する人間活動」[27]と定義していた。日本でも嶋口充輝氏が「顧客満足を理念としながら顧客の創造と維持の仕組みをつくる事業機能」[28]と定義している。

　以上の組織や研究者の定義は，現代企業のマーケティングの目的を顧客ニーズへの適応や顧客満足の実現とみる所に特徴があるので，本章では顧客満足説と呼ぶ。

2. 社会満足説

　第2の潮流は社会的マーケティング論である。歴史的には1960年代後半以降，欠陥商品や公害などの社会問題を惹起した企業に消費者や公共団体から批判が浴びせられ，また責任を追及する行動が高まったことに対応してこの学説は生まれてきた。

　たとえばアメリカ・マーケティング協会（AMA）は，社会を意識してマーケティングを定義し「顧客，クライアント，パートナー，社会全般に対して価値ある物を創造し，伝達し，提供し，交換する活動，一連の組織および過程」（2013年7月）としている。研究者もコトラーなどが近年マーケティングの本質を社会生活の向上への貢献で捉える傾向がみられる。コトラーのいうソーシャル・マーケティングは「公衆衛生・治安・環境・公共福祉の改善を求めて，企業が行動改革キャンペーンを企画，あるいは実行するための支援手段」[29]である。

　こうした社会志向のマーケティングは，これまでソーシャル・マーケティング，ソシエタル・マーケティング，コーズ・リレイテッド・マーケティング，ミッション・マーケティングなど様々な名称で呼ばれてきた。それらは企業の直接の顧客の満足だけでなく福利厚生など社会の満足をもマーケティングの不可欠の要素とみる。CSRを果たすことを重視し，マーケティングの目的を顧客，株主，従業員，債権債務者，取引先，地域社会，政府・地方自治体といったステークホルダー（利害関係者）の満足の実現にみて，企業と社会との利益調和を提唱する。それゆえこれらの理論を社会満足説と呼ぶ。

3. 顧客関係説

　第3の潮流は，関係性マーケティングなど顧客や取引先との協調的関係の構築・維持を重視する学説であるので顧客関係説と呼ぶ。こうした学説は「パレートの法則」[30]などを根拠に，優良顧客との長期継続的関係の構築・維持こそマーケティングの核心と捉える。当該顧客が生涯を通じてどれくらい利益をも

たらすかを予測した「顧客生涯価値」によって優良顧客を識別し，限定した顧客への重点的対応を重視する。

同時に「信頼」や「コミットメント」概念を重視して（Morgan［1994］），顧客との「対等」「平等」の関係や「互恵」（win-win）を強調する。また顧客の商品開発への参加に注目して「価値協創」や「協働」（collaboration）の概念を提唱する。

4．市場支配説

第4の潮流は巨大製造企業のパワーに注目する市場支配説である。戦後日本の研究者の多くは欧米の学者に倣った定義をしてきたが，マルクス経済学をベースにした一部の研究者に独自の定義をする者がいた。「独占資本の市場獲得・支配のための諸活動の総称」[31]，「独占資本によって展開される…市場支配のための非価格競争手段」[32]，「独占的大資本が，消費者大衆に製品の大量販売を強制し，独占価格によって最大限に収奪するために，消費者中心主義の理念や消費者奉仕の原理をもって統一的に実践する大量販売の推進活動」[33]などである。

これらの論者はマーケティングの主体を独占資本（実際は巨大製造企業）とみる一方，それらの商品を扱うチャネル構成員としては暗黙裡に非独占資本（中小商業者）を想定し，独占価格を維持する必要から商業は「排除」される対象と捉えてきた。森下［1977］は，独占段階の流通は「直接無媒介」であるとして独占的産業資本による消費者への直接販売を想定して「商業資本排除の傾向」を提唱し，それを法則として扱っている[34]。一方，加藤義忠［1986］は，直接販売とともに独占的産業資本による非独占的商業資本の系列化も含めて「商業資本排除」と捉えた（pp.52-55）。

第5節　代表的な学説の検討

1．顧客満足説に対する評価

　前節で紹介した代表的な定義は現実の一面を説明してはいるが，各々問題点を抱えている。順にみていこう。

　まず顧客満足説だが，マスコミはもちろんマーケティング研究者の中にもこうした理解は多い。確かに現実のマーケティングが顧客ニーズに対応し顧客満足を実現する面もあるが，そうした理解ではそれに反する現象を説明できない。たとえば近年，商品の安全侵害や偽装表示を始め様々な不祥事を起こす企業が増えているが，顧客満足説の立場からはこうした企業はマーケティングの対象外となるであろう。不祥事と顧客満足は両立しえないからである。だがそうした企業は，マーケティングをしていなかったのだろうか。そうではない。顧客満足の実現で理解する定義が狭すぎるのである。

　企業が顧客ニーズに適応している面ももちろん存在するが，営利企業はあらゆるニーズに適応するわけではなく，儲けの原理に適したものだけを実現している。それゆえ顧客満足を実現する面だけに注目するのは一面的であり，営利企業においては利潤志向こそ上位の概念と位置づけるべきである。

2．社会満足説に対する評価

　社会満足説は，社会的影響力が増した現代企業が社会的存在として CSR を厳しく問われ，マーケティングにも社会的要素が強まっている現実の一面を正しく捉えている。

　しかし第1に，こうした理論では営利企業の利潤志向と社会志向とが対立する場合に，営利企業が社会的利益より企業利益を優先する現実を説明できなく

なる[35]。地球環境問題を例にとれば，企業のコスト削減に直接結びつく環境配慮政策は大いに取り入れられるが，コスト増大を伴うような場合は直ちに取り入れられるわけではない。それが採用されるのは，顧客がそのことを重視し売上げ増大などに結びつく場合である。すなわち営利企業の利潤志向は社会志向より上位の概念といえる。

また第2に，営利企業が社会に対する貢献活動を行う際に企業名を隠さないなら，それは客観的には自社ブランドのイメージ向上を狙ったものとの指摘を免れない。ここでも営利企業のマーケティングの本質は利潤志向にあると捉えるべきである。

3. 顧客関係説に対する評価

今日画期的な技術革新に基づく新製品開発が困難となり，また多くの先進国市場が成熟し新規顧客の獲得が困難となる下で，優良顧客との長期継続的関係を重視する企業のマーケティング活動の一面を顧客関係説は正しく捉えている。また現代企業が発達した情報技術を活用して優良顧客の購買情報からその欲望を以前より正確に把握し，顧客への効率的アプローチを試みていることも事実である。

しかしそこから企業と顧客との「信頼」や「互恵」を殊更に強調し，さらに「対等」「平等」と言って支配・強制関係を否定するなら，それは行き過ぎである[36]。Marx [1867] が示したように，商品交換は使用価値の面では商品所有者相互の欲望を満たし両者に利益をもたらす。この面では「互恵」といってよい。しかし価値の面からみれば，特に独占段階において力関係に差のある主体間での取引では強者が弱者から収奪するから，利益配分や取引条件が「対等」や「平等」ということは稀になる[37]。

さらに「互恵」や「信頼」の概念も支配と両立できないものではない。大企業が取引先の中小企業を支配する関係において，当該中小企業は大企業に価値収奪されるとしても，大企業と取引することで売上げが増え利潤の絶対量が増大することも多い。だからこそ大手製造企業の系列店になることを望む中小商

業者や，大手小売企業の専用商品の生産委託を望む中小製造企業が存在するのである。つまり利潤配分に偏差があっても双方が利潤を増やすことは可能であり，そうであるからこそ独占資本優位の利潤率格差がある取引関係に非独占資本が自ら加わりたいという要求をもつし，独占資本の側もそのことを自己の支配に利用している。その意味で「互恵」と支配・収奪は両立しうる。

また上司と部下の間で相互の「信頼」が成り立つように，大手企業と取引先の中小企業との間にも相互の「信頼」は成立するが，そのこと自体は大企業による中小企業の支配を否定することにはならない。

関係性マーケティングの本質は優良顧客の囲い込みにある。取引関係の分析においても現象として現れる協調的側面だけでなく，資本の利潤志向や支配関係をみることが大事である。

4. 市場支配説に対する評価

市場支配説は現代市場の主要な主体である巨大企業のマーケティングを対象とし，その特質を市場支配でみた点は上記諸説より優れていた。

だが市場支配説はマーケティングの主体として独占的産業資本のみを想定するため，NPO はもちろん，中小企業も，そして商業企業も対象外となるという弱点をもつ。

また市場支配説が依拠してきた独占段階の「商業排除論」は「商業資本論」の一般性を否定するとともに，現実にも合致しない[38]。独占的産業資本は消費者への直接販売だけでなく，系列化した商業者や独占的商業資本へも販売できる。チャネル構築権の掌握こそその特徴の1つである。

一方「排除」に系列化を含める理解は，その分現実とは一致しやすいが，実態と名称の不適合の問題と系列に組み込まれない独占的商業資本の問題をなお解決できない。これらの理解は製造企業の系列販売比率が高かった時期の日本などを想定すれば一定の説得力があったが，少なくない市場で大手小売企業が独占資本として成長し，製造企業を支配・統制する事態が生じている今日の現実には合致しない。

市場支配説は独占資本範疇を狭く捉え，また支配の内容を硬直的に捉えたため，一度形成された支配従属関係は永遠に不変であるかのような静態的理解にとどまり，その中から成長する資本の存在を説明できなかった。

おわりに

　様々なマーケティング理論の中で経済法則を基礎にした必然的展開を意識した理論は少なかった。マルクス経済学をベースとする市場支配説はそれを志向する点で他の諸説より優れていた。営利企業における利潤原理の優先を正当に評価する点や，独占資本の市場支配力を重視する点などがそれである。

　しかしそれらの大半が依拠してきた「商業排除」という枠組みは今日の現実と齟齬をきたし，理論発展の桎梏となっていた。マルクス「商業資本論」の一般性を否定するこれらの理論から，独占的商業資本の理論が発展しなかったのは論理的に当然であった。他方，「商業排除」論に批判的な論者も，それが現実に合わないことは指摘したが，マルクスの理論体系を基礎にしてそれに代わる理論を確立できなかった。

　いかなる理論も新しい現実を合理的に説明できないなら，その理論的誤謬や不備を正す必要がある。マーケティング理論に関しては，独占利潤法則を軸に商業独占を組み込んだ理論構築が求められている。

〈注〉
1) この定義に関して，保田編『マーケティング論』の初版（1993年）と第2版（1999年）とで保田氏自身に認識の発展がみられる。初版ではマーケティングの主体を「企業とりわけ巨大製造企業」とし，独占的産業資本に限定する思考が強く存在したが，第2版ではそれが和らぎ「企業もしくは企業と類似の市場活動を行う組織」とし，中小企業やNPOも主体に含めている。私は発展した後者の定義を支持する。詳しくは佐久間［2000］を参照されたい。
2) 石井淳蔵氏は事後的に作られる「物語」はマーケティングと消費（需要）の接点から始まるという。現実は他でもあり得たという「偶有性」に着目し，相対主義の立場から歴史的必然性を否定する（石井［2012］など）。確かに両者の相互前提関係は事実であ

り，また製品を開発する企業側も商品を買う消費者側も，売れる商品や欲しい商品を最初から完全に把握しているとは限らない。しかしだからといって，主要な要素の摘出可能性や法則の実在を否定するなら，それは不可知論であろう。実在する物は概念通りの純粋な形で存在することは珍しい。また認識主体の側も絶対的真理を認識できるわけではないが，相対的真理は認識できる。その結果，私たちは絶対的真理に近づくことができるのである（Lenin［1908］を参照）。
3) 消費者主権についていえば，ICT（情報通信技術）の発展による消費者パワーの相対的増大は事実であるが，そこから消費者自立論などを主張すれば，それは技術と消費者に対する過大評価となろう。
4) 保田［1999］p.11。
5) 優秀な NPO は投入した費用を上回る剰余を生むこともあるが，それを第一目的としておらず，まして剰余の最大化を目的としているわけではけっしてない。
6) 川又啓子氏はマーケティングの概念にかかわる論争を，「科学論争」「境界論争」の外に「科学哲学論争」「実在論争」の4つで捉えている（嶋口監修［2009］第1章，p.20）。本章が主要論争を前二者で理解するのは，後二者を「科学論争」の延長上に位置づけるからである。
7) Converse［1945］pp.14-23。
8) Kotler & Levy［1969］pp.10-15。
9) 法則とは表面的な現象にとどまらず，現象の中に貫く普遍的で必然的な関係を表すものである。つまり「経験法則」にとどまる単なる差異的なものの関係は含まず，少なくとも対立の統一を，根本的には発展の必然性を法則とみる。
10) 用語の起源をたどると，marketing とは動詞としての market（生産物を売りに出すなどの意）に ing がついてできた動名詞であった。その語源からみても，マーケティングは市場にかかわる活動であることが分かる。
11) 森下［1959a］［1959b］のマネジリアル・マーケティング批判などを参照。
12) 同学説への批判については見田［1963］を参照。
13) マルクスの「経済学批判体系プラン」はⅠ資本，Ⅱ土地所有，Ⅲ賃労働，Ⅳ国家，Ⅴ外国貿易，Ⅵ世界市場の6本柱からなるが，『資本論』はⅠ「資本」の中の「資本一般」にとどまっている。現代資本主義論は，その対象に応じてこれら未解明の理論課題に取り組まなければならない。
14) 上野［1985］は，剰余価値法則と価値法則の関係を侵害と反発の関係で捉えた（253号，p.266）。
15) 見田［1963］。
16) ただし森下［1977］は，これを自由競争段階にのみ通用する特殊理論とみていた。その編別構成は，序章「商業経済論の対象と方法」，第1部「自由競争段階の資本主義的商業資本」，第2部「独占段階の資本主義的商業資本」で，商業資本生成の論理は第1部第1章で扱われる。しかし産業資本から商業資本が派生する論理を説明した「商業資本論」は，流通部面での分業を資本蓄積の論理に組み込むものであり，現代流通を捉える際も一般理論となりうるものである。
17) 支配関係に関して Lenin［1917a］は，「絞め殺す」関係を強調した（p.237）が，私は独占資本が傘下の非独占資本を育成する面も含める（佐久間［2015］p.56）。
18) 独占価格とは独占資本が設定する価格であるが，必ずしも「吊り上げ価格」とは限らない（中野［1993］）。

19) 上野［1985］を参照。なお独占段階において平均利潤法則は失効している（見田［1972］pp.92-105）。
20) 競争とは自由競争と独占資本間競争の共通性で捉えた概念であり，独占とは「独占を主要なモメントとする独占と競争」である。法則の執行者は自由競争段階では自由競争のみだったが，独占段階では競争と独占の両者が「資本の内的法則を実現するものであり，運動の強制執行者」である（上野［1993］p.18）。
21) Lenin［1917b］p.492。
22) Lenin［1917b］p.493。
23) 従来の独占理論の多くは独占を資本間の関係概念として理解せず「参入阻止価格」（本間［1984］）や組織体制（森岡［1987］）で捉え，また競争との相互作用の考察が弱かったため静態的な把握に止まっていた。
24) 資本の一般理論とその発展諸段階の理論について見田［1965］は，①一般理論は発展諸段階の理論の基礎，②資本の一般的概念はその最初の段階の特殊的概念と同じ，③資本一般は発展諸段階の萌芽を有し現実の発展諸段階の総体はその単なる実現であるという3つの同一関係を指摘している。
25) Helferding［1910］やLenin［1917a］は産業独占と銀行独占を取り上げたが，商業は「排除」の対象とされ，主要な役割を果たしていない。
26) McCarthy［1964］p.16。
27) Kotler［1980］p.19。
28) 嶋口［1997］p.84。
29) Kotler and Lee［2005］邦訳 p.132。
30) パレート（V. Pareto）が提唱した経験則は「80対20の法則」ともいわれ，マーケティング分野では上位2割の顧客が売上高や利益の8割をもたらすことを指して使われている。
31) 森下［1972］p.9。
32) 鈴木［1976］pp198-199。
33) 白髭［1977］p.15。
34) 「排除」は商業資本として存在する社会的根拠がまだあるのに，何らかの外部的な事情に基づいてその存在が否定されることによって生ずる商業資本の収縮という。
35) 佐久間［2013］第1章を参照。
36) 「…今日では，パワーによってメンバー間に統制・従属関係をつくるという観点より，いかに対等パートナーとして良き関係をつくるかが重要なテーマになりつつある」嶋口［1996］第8章，p.188）などの認識がこれに当たる。
37) 対等・平等の関係が成立するのは，取引主体がパワーの拮抗した独占資本同士の場合（たとえば，大手製造企業と大手小売企業）であるが，そうしたケースは稀であり独占資本同士であっても力関係の偏差に応じて一方が超過利潤を得ていると思われる。独占資本と非独占資本との取引では前者による後者の支配が貫き，前者が後者から価値収奪を行っている。さらに非独占資本同士の取引といえども今日では独占資本の商品を扱うなど独占の規定性を帯びていることを重視すべきである。ブランド論なども同様だが，そこで使っている「価値」概念から使用価値（効用）を分離して議論することが大事である。
38) 「商業排除」論は独占段階において「排除」されるはずの商業から独占（＝発展形態）が生じるという論理矛盾を侵している。消費者や非独占資本から収奪できることと，商

業資本を介して流通時間や流通費用を節約することとは何ら矛盾しない（佐久間 [2010] pp.204-205）。

〈主要参考文献〉

阿部真也・但馬末雄・前田重朗・三国英実・片桐誠士編 [1995]『流通研究の現状と課題』ミネルヴァ書房。
荒川祐吉 [1978]『マーケティングサイエンスの系譜』千倉書房。
石井淳蔵 [2012]『マーケティング思考の可能性』岩波書店。
石原武政 [1982]「商業資本の自立性と社会性」『経営研究』（大阪市立大学）第33巻4号。
上野俊樹 [1985]「労働価値論と現代」『経済』253～256号，新日本出版社（『上野俊樹著作集』第5巻，文理閣，所収）。
上野俊樹 [1993]「競争と独占―現代資本主義の基本的法則―」『現代資本主義をみる目』文理閣（『上野俊樹著作集』第5巻，文理閣，所収）。
加藤　司 [1986]「商業経済論パラダイムの再検討―「配給」概念論議を中心として―」『経営研究』（大阪市立大学）第36巻第5・6号。
加藤義忠 [1986]『現代流通経済の基礎理論』同文舘出版。
加藤義忠監修 [2009]『現代流通事典（第2版）』白桃書房（初版2006年）。
北原　勇 [1977]『独占資本主義の理論』有斐閣。
久留間鮫造 [1968]『マルクス経済学レキシコン1 競争』大月書店。
佐久間英俊 [2000]「書評　保田芳昭編『マーケティング論（第2版）』」日本流通学会誌『流通』13号。
佐久間英俊 [2007]「地球環境問題とマーケティング」中央大学企業研究所『企業研究』第11号，中央大学出版会。
佐久間英俊 [2009]「マーケティングの概念」加藤監修 [2009] 2-1所収。
佐久間英俊 [2010]「現代流通研究の方法に関する一考察―「商業資本排除の傾向」の再検討―」斯波照雄編『商業と市場・都市の歴史的変遷と現状』（中央大学企業研究所研究叢書第29号），中央大学出版会，第9章所収。
佐久間英俊 [2013]「安全問題とソーシャルマーケティング」小野雅之・佐久間英俊編著『商品の安全性と社会的責任』白桃書房。
佐久間英俊 [2015]「資本主義における儲けとは」『経済』新日本出版社，第236号。
嶋口充輝 [1996]「関係性構築とその条件」矢作恒雄・青井倫一・嶋口充輝・和田充夫『インタラクティブ・マネジメント』ダイヤモンド社。
嶋口充輝 [1997]『柔らかいマーケティングの論理―日本型成長方式からの出発―』ダイヤモンド社。
嶋口充輝監修 [2009]『マーケティング科学の方法論』白桃書房。
白髭　武 [1977]『現代マーケティング論』日本評論社。
鈴木　武 [1976]「商業排除」森下二次也監修『商業の経済理論』ミネルヴァ書房。
中野　元 [1993]『独占資本主義と独占価格』文理閣。
西原誠司 [1986]「独占的商業資本の運動形態」『立命館経済学』第35巻第3号。
風呂　勉 [1968]『マーケティング・チャネル行動論』千倉書房。
本間要一郎 [1984]『現代資本主義分析2　現代資本主義の基礎理論』岩波書店。
見田石介 [1963]『資本論の方法』弘文堂（『見田石介著作集』第4巻，大月書店，所収）。
見田石介 [1965]「資本の一般的理論とその発展諸段階の理論との関係について」大阪市

立大学『経済学雑誌』第53巻5・6号（『見田石介著作集』第3巻，大月書店，所収）。
見田石介［1972］「平均利潤法則について」『価値および生産価格の研究』新日本出版社。
森岡孝二［1987］『独占資本主義の解明（増補新版）』新評論（初版1979年）。
森下二次也［1959a］「Managerial Marketingの現代的性格について」『経営研究』（大阪市立大学）第40号。
森下二次也［1959b］「続・Managerial Marketingの現代的性格について」『経営研究』（大阪市立大学）第41号。
森下二次也［1972］「マーケティング経済論の対象と方法」森下監修『マーケティング経済論（上巻）』ミネルヴァ書房。
森下二次也［1977］『現代商業経済論（改訂版）』有斐閣（初版1960年）。
保田芳昭［1976］『マーケティング論研究序説』ミネルヴァ書房。
保田芳昭編［1999］『マーケティング論（第2版）』，大月書店（初版1993年）。
Converse, P. D. [1945] "The Development of a Science of Marketing: An Exploratory Survey," *Journal of Marketing,* Vol.10. No.1.
Geyskens, I., J. E. M. Steenkamp, L. K. Scheer and N. Kumar [1996] "The Effects of Trust and Interdependence on Relationship Commitment: A Trans-Atlantic Study," *International Journal of Research in Marketing,* Vol.13.
Hilferding, R. [1910]『金融資本論』（岡崎次郎訳），岩波文庫。
Kotler, P. [1980] *Marketing Management: Analysis, Planning and Control,* 4th ed., Prentice-Hall, Inc.（村田昭治監訳［1983］『マーケティング・マネジメント（第4版）』プレジデント社。）
Kotler, P. and S. J. Levy [1969] "Broadening the Concept of Marketing," *Journal of Marketing,* Vol.33.
Kotler, P. and N. Lee, [2005] *Corporate Social Responsibility: Doing the Most Good for Your Company and Your Cause,* John Wiley & Sons International Rights, Inc.（恩蔵直人監訳［2007］『社会的責任のマーケティング』東洋経済新報社。）
Lenin, V. I. [1908]「唯物論と経験批判論」『レーニン全集（第14巻）』大月書店。
Lenin, V. I. [1917a]「資本主義の最高の発展段階としての帝国主義」『レーニン全集（第22巻）』大月書店。
Lenin, V. I. [1917b]「四月全国協議会の部会の意見についての考察」『レーニン全集（第24巻）』大月書店。
Marx, K. [1857]『経済学批判要綱（草稿）1857-58年』（高木幸二郎監訳），大月書店。
Marx, K. [1867]『資本論』（マルクス・エンゲルス全集第23巻a～25巻b），大月書店。
McCarthy, E. J. [1960] *Basic Marketing: A Managerial Approach,* Homewood Ⅲ., R. D. Irwin.
Morgan, R. M. and S. D. Hunt [1994] "The Commitment-Trust Theory of Relationship Marketing," *Journal of Marketing,* Vol.58.
Tedlow, R. S. [1990] *New and Improved: The Story of Mass Marketing in America,* Basic Book, Inc.（近藤文男監訳［1993］『マス・マーケティング史』ミネルヴァ書房。）

（佐久間　英俊）

第 2 章

グローバル・マーケティング論

第 1 節 グローバル・マーケティングの生成発展

1. 多国籍企業の生成発展

　企業の海外進出は古くから観察されるが,「多国籍企業」の生成は一般に1950年代末から1960年代にかけてといわれている。欧州では戦後復興が進み,1957年には欧州経済共同体（EEC）が設立された。ドイツ・フランス・イタリア・オランダ・ベルギー・ルクセンブルクの6カ国で形成されたEECは対外共通関税を課し,これを乗り越えるために米国企業がEEC域内に工場を設立した。EECは1967年に欧州共同体（EC）になり,イギリスやデンマーク,スペインなどが加盟し,1993年には欧州連合（EU）に発展している。米国企業の欧州進出のみならず,復興した欧州企業も欧州域内や米国へ工場を設立するようになる（「海外直接投資の相互浸透」）。日本企業の多国籍企業化は1972年の資本自由化の後進展するが,本格的な展開は1985年の先進5カ国蔵相・中央銀行総裁会議によるプラザ合意で急激な円高に直面した後である。

　多国籍企業（国連はTransnational Corporation, 米国はMultinational

Corporation，英国は Multinational Enterprise という呼称が一般的だが，他にも名称はいろいろある）の定義は，研究者や機関によって様々に異なる。ここでは「数多くの国・地域に工場をもつ巨大製造企業」としておこう。「数多くの国・地域」というのも曖昧だが，特定の国や地域に集中して進出しているのではなく，たとえば日米欧アなどの幅広い国・地域に進出している企業をイメージしてもらいたい。「工場」だけではなく，多国籍企業は販売拠点や開発拠点，サービス拠点，調達拠点などを有しているが，多国籍企業化のメルクマールは海外に工場を設立することである。輸出だけを行っている企業を多国籍企業とは呼ばない。「巨大企業」に限定することに違和感を覚えるかもしれない。現在では中小企業も盛んに海外進出しているからである。研究としては中小企業の海外進出も重要なテーマではあるが[1]，総合的に捉えるには巨大企業の方がよい。最後に，「製造企業」に限定するのも現状に合わないようにみえる。総合商社は海外に数多くの工場を有しているし，小売業の国際化もサービス業の国際化も非常に盛んである[2]。しかしながら，製造企業の多国籍企業化という基礎を理解した上でその他の産業に属する企業の多国籍企業化を研究した方がいい。「巨大製造企業」であるがゆえの多国籍企業化の光と陰もある[3]。さらに，マーケティング問題を論じる場合には，巨大製造企業を対象とした方が網羅的に観測できるので便利である。定義から漏れた企業の新しい動きについては，本章の第3節で触れることにしよう。

2．多国籍企業のマーケティング課題

多国籍企業のマーケティングにおける最重要課題は市場問題の克服である。ここで市場問題というのは「生産と消費の矛盾」を指している。すなわち，巨大製造企業が大規模な生産能力をもつものの消費がその能力を吸収するほどにはなく，深刻な販売問題に直面する。この課題を克服する手段がマーケティングである。多国籍企業のマーケティングでは市場問題がグローバルな規模で生じる。たとえば，多国籍企業理論の嚆矢であるハイマー理論は，国内寡占で培った技術力やマーケティング力で海外市場を開拓するという[4]。バーノン理論

は，資本が豊富で労働力が寡少な米国で高品質・高価格な新製品が誕生し，まずは米国市場で販売された後，生産量が増加し価格が低下すると新たな市場を求めてカナダや欧州などの先進国に向かうという。さらに生産量が増加し価格が低下すると次は途上国市場へ向かう[5]。ダニング理論は，所有特殊優位性（OSA），内部化優位性（ISA），立地特殊優位性（LSA）の3つの折衷理論である[6]。OSA はハイマーやその師匠のキンドルバーガー[7]が強調した寡占で獲得した経営資源である。ISA は本社と海外現地法人が資本的に一貫性をもつことによって，意思決定の速さやコストの削減などのメリットを得ることである（ここからバックレーやカソン，ラグマンらの内部化理論が生れる）。LSA は多国籍企業の進出先国が労働力の安さとか天然資源の豊富さとか，何らかの優位性をもつことである。多国籍企業はこれらの組み合わせで海外市場に進出する。

第2節　グローバル・マーケティングの理論的課題

1. 国内マーケティングとの相違点

　本章のタイトルは「グローバル・マーケティング論」である。グローバル・マーケティングの定義をし出すとキリがないので，ここでは単純に「多国籍企業のマーケティング」としておこう。グローバルな規模で事業を展開する多国籍企業が，本国を含む様々な国・地域で実施するマーケティングである（図表2-1参照）。

　グローバル・マーケティングは，従来の国内マーケティングと理論的に異なるのか。筆者の見解は，マーケティングの基本は同じであるが，グローバル・マーケティングは国境を越え様々な国・地域で実施されるために追加的な知見（あるいはアプローチ）が必要である，というものである。マーケティングの基

24　第Ⅰ部　マーケティング理論と社会志向

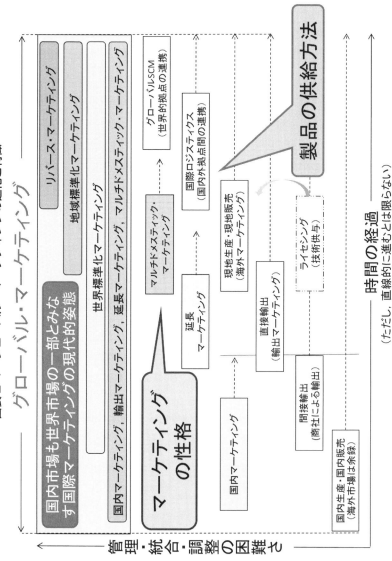

図表 2-1　グローバル・マーケティングの進化と特徴

(出所)　筆者作成。

本,すなわちSTP(Segmentation=市場細分化,Targeting=対象市場設定,Positioning=市場位置どり)や4P(Product=製品戦略,Price=価格戦略,Promotion=販売促進戦略,Place=販売チャネル戦略),あるいはPEST分析(Policy=政策,Economy=経済,System=制度,Technology=技術)や3C分析(Customer=顧客,Competitor=競合,Company=自社)を含むマーケティング・リサーチなどの基本は変わらない。しかしながら,グローバル・マーケティングにおいては,たとえば対象市場設定は世界中から地域を選び,国を選び,地方を選び,そこから国内同様の対象市場設定を行うという複雑な過程が必要になる。「国内同様の」といっても,実際には市場のあり方が国内とは大きく異なることが多いので,同じようにはいかない。4Pにしても,国内マーケティングでは製品戦略が真っ先に来て最も重視されるが,グローバル・マーケティングでは(少なくとも初期には)チャネルが真っ先に来てもっとも重視される。なぜならば,通常,国内で成功した製品をまずは海外へもっていくので,それをどのような販売チャネルに乗せるかが当初は最重要課題になるからである。しばらくすると製品の現地適合化も課題に上がるが,まずは「販売チャネル戦略」の構築が重要である。さらにマーケティング・リサーチでは,PESTや3Cのありようが国内とは大きく異なる。政治体制のありようは外国人には理解しがたいものもあるし,経済でも国内以上に為替相場問題とか物価高騰問題とかが重要になる。リサーチ会社の存在や能力も異なればリサーチ・インフラも大きく異なるし,アンケート調査などをやれば回答者の偏倚やリサーチ慣れの差なども大きい。第1に政府公刊の資料でさえその真偽のほどが怪しいこともある。このように,国内マーケティングに熟達しているからといってグローバル・マーケティングでもうまくやれるとは限らないことを認識すべきである。

　以上のことはテクニカルなことであるが,グローバル・マーケティングが国内マーケティングと根本的に異なるのは「国境を越える」からである。国は共同体利益の追求体として存在し,たとえGDPの大きさが小さくとも国という共同体を保護・育成・発展させていく自立的主体である。共同体利益を追求するために,軍隊や法体系,税制,通貨制度,関税など独自のシステムをもつ。多国籍企業はこのような共同体利益を追求する多数の国々にまたがって活動し

ている。彼らは国境を意識しながら，同時に世界全体を見回して意思決定しなければならない。「現代はボーダーレスになった」という見解もあるが，それは情報や金融取引がインターネットの中を瞬時に流れ，競争があたかも国境がなくなったかのように熾烈に行われることからの類推に過ぎない。現実には製品や人，企業の移動は依然として国境をまたいで行われている。確かにかつてと比べ国境の垣根は低くなったとはいえ，依然として我々は国境を意識せざるを得ないボーダーフルな世界に生きているのである[8]。2015年に明るみに出た「パナマ文書」で一般の人々も租税回避行為や移転価格の問題を知ることになったが，多国籍企業は多かれ少なかれ各国の税制の違いを利用し「世界的な節税」を図ってきたのである。「節税」と「脱税」は紙一重で，税を徴収する政府と税の納付する企業の争いになってきたが，国境を越えたときにとりわけ重要な問題になる。ボーダーレスを否定し「セミ・グローバル」を唱えるゲマワットが，多国籍企業の戦略の1つとして裁定（Arbitrage）を挙げているのはこのためである[9]。

　もう1点，国境を越えれば文化が異なる。国内でも様々な文化背景をもった人々を観測できるが，共同体利益の追求体として長い歴史をもつ国家間の文化の差は一般に国内よりも大きい。この大きな文化の差がグローバル・マーケティングを計画し実行するとき，大きな壁として立ちはだかる。ホフステードに代表される国家間における文化の差研究が注目されるのは，このためである[10]。モーイは，標準化論者が前提とする「グローバルな消費者行動の収束」と「グローバルに均一なセグメントの存在」はいずれも神話に過ぎない，と文化の差の存続を強調している[11]。国家間における文化の差はグローバル・マーケティングに大きな影響を及ぼしているが，国家間における差を何もかも文化の差に還元してはならない。PEST分析でも指摘されているように，政治・経済・制度・技術など様々な要因が国家間における差をもたらしている。垣根は低くなったとはいえ国家は国家であり，現代でも国境を越える意味は大きい。

第2章 グローバル・マーケティング論　27

図表2-2　グローバル・マーケティング標準化論争史（1960〜1990年代）
──グローバル・マーケティング複合化の視点から──

ポイント

グローバル・マーケティング複合化の定義：世界的標準化と現地適合化との同時的達成

背景：競争の激化（過剰生産能力）、市場の同質化、メディア・通信・運輸技術の発達、経営資源の蓄積
伝統的理論の限界：環境論アプローチの意義と限界、「標準化 vs 適合化」枠組みの限界

1960年代の論争

広告のヨーロッパ域内標準化問題
背景：米国企業のヨーロッパ進出、Ethnocentric Mind

賛成派
- E. Elinder…スウェーデンの広告会社社長
- A. C. Fatt…米グレイ広告会社会長
- E. Dichter…「ワールド・カスタマー」

反対派
- Y. Fournis や J. M. Lenormand…「ヨーロッパ消費者」批判
- I. Roostal…広告標準化への4つの障壁*
- G. E. Miracle…8つの意思決定要因**
- J. H. Donnelly/J. K. Ryans Jr.…実証的に批判

*①不十分なMktg計画　②言語の相違　③メディアの相違　④規制

**①製品タイプ　②市場の同質性　③メディアの特性と入手可能性　④広告代理店のタイプ　⑤広告に対する政府規制　⑥広告物に対する関税　⑦貿易規定など　⑧広告主の企業組織

60年代末　広告問題からの脱却
- W. Keegan…製品政策と広告政策の5つの組み合わせ
- R. D. Buzzell…4 P標準化の利益と阻害要因

1970年代の論争

標準化主張が後退し、各国市場特性分析と実証研究の始まり
背景：米欧調競争＝Local Competition、米欧市場比較、Multidomestic Mind

広告やブランドなどの一部では標準化主張あり
- J. Killough、J. M. Peebles/J. K. Ryans/I. R. Vernon
- 実証研究＝標準化肯定
- R. Z. Sorenson/U. E. Wiechmann…標準化こそ核戦略

市場特性分析中心
- S. P. Douglas、Y. Wind、C. D. Urban、S. H. Britt
- 実証研究＝標準化批判
- J. J. Boddewyn/D. M. Hansen、M. P. Kacker、R. T. Green

1980年代の論争 世界的標準化の主張，高品質・低価格製品の提供
背景：日本企業の台頭＝日米欧日間競争，市場の同質化，Developed Countries Mind

レビットの問題提起
T. Levitt…圧倒的世界的標準化の必然性を説く
　その背景には市場の同質化と日本企業の台頭
S. Huszagh/R. J. Fox/E. Day, G. M. Hampton/E. Buske
など多数の支持

レビット批判
P. Kotler や A. B. Fisher…各国市場の超え難い異質性
Douglas や Wind…世界標準化は多くの選択肢の中の1政策
G. Hamel/C. K. Prahalad…低価格政策は脆弱
J. J. Boddewyn, J. A. Quelch/E. J. Hoff, H. Takeuchi/
M. E. Porter…実証化にも標準化一辺倒ではない

日本企業の
マーケティング
（比較研究）

P. Kotler/L. Fahey/S. Jatusripitak…日本製品の米国市場開拓
P. Doyle/J. Saunders/V. Wong…英国市場における英米日企業比較
J. R. Darling/D. R. Arnold…フィンランド市場における5カ国製品比較

1990年代の論争 単純な標準化／適合化の排斥，新たな問題提起
背景：米国日NIEs間競争＝Mega Competition，過剰生産能力，Geocentric Mind

① 世界的標準化と現地適合化の中間領域模索
T. Hisatomi, M. C. Particelli, S. M. Sandler/D. Shani, R. A. Kustin, V. Sriram/P. Gopalakrishana, I. B. Baaibali/N. K. Malhortra, J. Wills
② 標準化／適合化と経営成果の実証研究
S. Samiee/K. Roth, D. M. Szymanski, F. M. Manu, S. O'Donnell/I. Jeong（draft）
③ 決定要因の研究
1980年代の研究を踏まえて J. J. Boddewyn/R. Grosse, S. Beechier/J. Stephan/V. Pucik/N. Campbell（draft）

（出所）大石［1997］に加筆修正。

2. 標準化／適合化論争

　グローバル・マーケティングには様々な課題があるが，依然として最大の課題は標準化／適合化問題である[12]。標準化／適合化問題，すなわち世界標準化と現地適合化の相克をどのように克服していくかにかかわる問題は，米国企業が多国籍企業化し始める1960年代初頭から注目されるようになった（図表2-2参照）。

　図表2-2の説明と個々の文献については紙幅の都合で割愛せざるを得ないが[13]，要点は3つある。第1に，米国企業の欧州進出に端を発する欧州における広告の標準化／適合化問題から，次第に4P全般に議論は移ってきたこと。1960年代末のキーガンやバゼルがその代表であるが，1970年代以降は製品やブランドなどにも注目が集まった。第2に，レビットの『ハーバード・ビジネス・レビュー』誌に1983年掲載された「諸市場のグローバル化」が，標準化／適合化論争に再び灯を点けた。レビットは「標準化は選択ではなく必然である」と主張し，その賛同者も多かったが，当然のことながら反対意見も数多く出た。第3に，様々な定性分析や定量分析から完全な標準化も完全な適合化も利益的ではないということになり，その中間領域を模索する研究が出た。筆者は標準化と適合化のいいとこ取りをする複合化戦略（Duplication Strategy）を唱えたが，その具体的な方法や決定要因，経営成果については2000年代に入っても研究が続けられている[14]。さらに分析視点として動態的アプローチを取り入れたり，ダイナミック・ケイパビリティとの接合を図ったりする動きも出てきている[15]。

第3節　グローバル・マーケティングの新課題

1. サービス業のグローバル化

　本章の第1節でも述べたように，本章はグローバル・マーケティングの主体を多国籍企業，すなわち「数多くの国・地域に工場をもつ巨大製造企業」と定めた。それはグローバル・マーケティングの本質を理解するためだが，現実にはこの定義から外れる現象が数多くみられるようになった。その第1の現象がサービス業のグローバル化であり，サービス業が実践するグローバル・マーケティングである。サービス業は先進国ではGDPや雇用の7～8割を占めており，例外ではなくむしろ主流である。そのうち建設やホテル，広告のような一部のサービス業のグローバル化は比較的早くから進展していたが，近年，多くのサービス業カテゴリーでグローバル化が進展している。

　大石芳裕・山口夕妃子編著［2013］はそのことを意識して編集された本であるが，そこでは総合商社（第5章・田中彰），石油メジャー（第6章・野口義直），大手小売業（第7章・土屋仁志），製造小売（第8章・鳥羽達郎）などを取り上げている。そして，それらを総括する形でサービス業の新展開を最後に取り扱っている（第10章・北川浩伸）。北川はサービス業のグローバル化を議論する上での留意点として，製造業のグローバル化との違いに目を向けるべきだと主張する。第1に，市場の認識の違いであり，サービス業は製造業に比べ商圏が小さい。第2に，製品とサービスの特徴の違いであり，サービスは生産と消費の「同時性」やモノとして形に表わされない「無形性」，提供が個別的・分散的になりがちで評価が定めにくい「価値変動性」といった特徴がある[16]。さらに，製造業においては競争力の源泉である製品開発技術や生産技術などがないことから人材能力に頼らざるを得ないことや，サービス業の収益性に重大な影響をもたらす不動産価格（家賃）が変動しやすいことなどの特徴もある。サービ

業は中小企業が多くかつ労働集約的であるから、とりわけ途上国においては国内企業保護と雇用確保のために外資規制が設定されていることが多い。

製造業とサービス業に本質的に違いはないとする「S-Dロジック（Service-Dominant Logic）」の考え方もある[17]。それは消費者になんらかの価値を届ける、あるいは企業と消費者で価値を共創する（価値共創性）という点では類似性があるかもしれないが、現実のビジネスにおいては上記のような違いが大きい。グローバル・マーケティングの実態を考慮すると、両者の違いを認識して計画・実践した方がよいと思われる[18]。

2. 中小企業のグローバル化

第2の新しい課題は、中小企業のグローバル化とそれに伴うグローバル・マーケティングの展開である。これまでも中小企業の海外進出は散見されたし、中堅企業のグローバル化についても注目されている[19]。しかしながら、近年、国内での需要縮小や下請け構造の変化、海外経験のある経営者の増加、途上国

図表2-3　国際関与の諸段階

段階			国境				
国内マーケティング	製造企業 → 消費者						
間接輸出	製造企業 → 輸出商社	→ 輸入業者	→ 卸売企業	→ 小売企業	→ 消費者		
輸出マーケティング（直接輸出）	製造企業 → 輸出部	→ 輸入子会社	→ 卸売企業	→ 小売企業	→ 消費者		
海外マーケティング	製造企業 → 海外事業部	→ 工場	→ 卸売企業	→ 小売企業	→ 消費者		
国際ロジスティクスまたはグローバルSCM	製造企業	→ 工場	→ 卸売企業	→ 小売企業	→ 消費者		
		→ 工場	→ 卸売企業	→ 小売企業	→ 消費者		

輸出マーケティング（直接輸出）で初めて海外市場に深く関与するので、ここが分岐点！

(出所) 大石［2000b］第1章を修正。

の経済成長などから，中小企業の海外活動が活発化している。

図表2-3に見られるように，企業による国際関与の段階は国内マーケティングから商社を通した輸出（間接輸出），企業が自ら輸出業務を行い海外市場に直接触れる輸出マーケティング（直接輸出），海外に工場をつくり現地生産・現地販売を行う海外マーケティング，2カ国以上の工場や販売会社（卸売企業）を有機的に連携させる国際ロジスティクスまたはグローバルSCMへと進化する。

輸出マーケティング（直接輸出）の段階に至り，企業は初めて海外市場に本格的に向き合うことになる。海外市場における消費者のニーズを探り，販売チャネルを整備し，効果的なプロモーションを考えるのである。したがって，輸出マーケティング段階以降を国内マーケティングと区別して狭義の国際マーケティングと呼ぶ場合もある。

中小企業においても直接輸出企業数は増加しているが（図表2-4参照），その

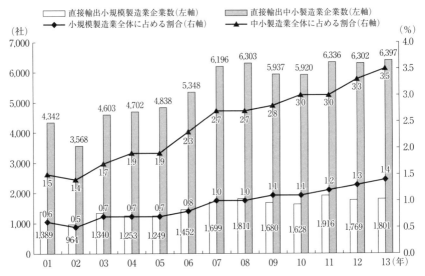

資料：経済産業省「工業統計表」，総務省・経済産業省「平成24年経済センサス―活動調査」再編加工
(注) 1. 従業者数4人以上の事業所単位の統計を，企業単位で再集計している。
　　 2. 「平成25年工業統計表（再編加工）」によると，従業者数4人以上の製造事業所を保有する中小企業数は約18万社，小規模事業者は約13万社である。

(出所)　中小企業庁編［2016］168頁。

比率はいまだ微少である。中小企業においては，間接輸出から直接輸出の切り替え，すなわち輸出マーケティングの実践が大企業以上に困難である。それは資金不足，人材不足，経験不足，情報不足など多くの経営資源が不足しているからである。ましてや海外に工場をつくることはリスクを伴う一大事業である。

中小企業のグローバル・マーケティングは巨大企業と同様にはできない。焦点を絞り，少ない経営資源を集中的に投入する必要がある。進出当初にまず焦点を絞るべきは販売チャネルの構築であろう[20]。販売チャネルを構築し，売上高を伸ばさない限り，何も始まらない。中小企業にとっては，自前で販売チャネルを構築していくことが困難であることが多いため，信頼できる優秀な現地パートナーを見つけ出し，良好な関係を築くことが極めて重要である。

3．途上国企業のグローバル化

第3の新しい課題は，途上国企業のグローバル化である。途上国企業のグローバル化（多国籍企業化）については1980年代前半から注目されていたが[21]，本格化したのはこの10年ほどである。2008年のリーマンショック以降，先進国経済が低成長であえいでいる中，途上国経済は堅調に成長した。それを牽引したのが途上国の巨大製造企業であり，彼ら自身が成長の過程で多国籍企業化した。韓国のサムスン電子やLG，現代自動車，ポスコ，中国のハイアールやファーウェイ，メディア，吉利，タイのCPグループ，サイアムセメント，タイビバレッジ，インドネシアのアストラ・インターナショナル，サリム・グループ，フィリピンのサンミゲル，インドのタタ・グループやリライアンス・グループなど枚挙に暇がない。石油や銀行，通信，小売，不動産，航空などのサービス業を含めると，途上国企業の成長は著しい。

2013年の米国経済雑誌『フォーチュン』に掲載された売上高上位500社の国別分類は，米国が132社で1位，中国が89社で2位，日本が62社で3位である。以下，4位・フランス（31社），5位・ドイツ（29社），6位・英国（26社），7位・韓国（14社），同じく7位・スイス（14社），9位・オランダ（11社），10位・カナダ（9社）となっている。

このような途上国企業のグローバル化を理論的にどのように捉えるかが重要であり、そのような研究も進展しているが[22]、同時に実態が不明なこともあり個別企業の実証的研究も積み重ねられている[23]。グローバル・マーケティングの分野においても研究は進められてはいるが[24]、よりいっそうの研究が求められている。

お わ り に

本章はグローバル・マーケティングの歴史や論争や理論的課題を、あまり事例を語らずに展開してきた。筆者は毎月「グローバル・マーケティング研究会」を主宰し、主としてグローバル・マーケティングの最前線で活躍する実務家の方々から生々しい現実を教示していただいている。さらに、年間40社ほどの海外現地法人を回り、その実態究明に取り組んでいる。それらの事例の一部についてはすでに多くの学会誌や雑誌等で発表しているが、2017年公刊の『実践的グローバル・マーケティング』や『グローバル・マーケティング零』、さらに『進化するグローバル・マーケティング』でも明らかにしていきたい。

〈注〉
1) たとえば森田［1992］、米倉［2001］、中小企業庁［2016］などを参照。
2) たとえば大石・山口［2013］、中澤［2016］などを参照。
3) 大石［2011］。
4) Hymer［1960］。
5) Vernon［1973］。
6) Dunning［1981］．
7) Kindleberger［1970, 1987］。
8) 大石［2000a］。
9) Ghemawat［2007］。
10) Hofstede［1991, 2010］、古川［2016］。
11) Mooij［2014］。
12) Mooij［2014］、金［2016］。
13) 大石［1997］参照。
14) 諸上［2012, 2013］、金［2016］。
15) 馬場［2012］、臼井［2015］。

16) 他にサービスの特徴として在庫できない「消滅性」が挙げられる。
17) Vargo and Lusch［2004］，Lusch and Vargo［2014］および井上・村松［2010］。
18) 詳しくは中澤［2016］を参照されたい。
19) たとえばSimon［2009］。
20) 中小企業庁［2014］。
21) Lall［1983］やWells Jr.［1983］などを参照。
22) 苑［2012］，中川［2013］などを参照。
23) 吉原・欧陽［2006］，丸川・中川［2008］，柳田［2011］，劉［2014］。
24) 筆者が指導している中国からの大学院留学生は，毎年のようにこのテーマで研究している。

〈主要参考文献〉

井上崇通・村松潤一［2010］『サービス・ドミナント・ロジック―マーケティング研究への新たな視座』同文舘出版。
臼井哲也［2015］「リソース・ポジショニング・フレームにより新興国市場戦略の分析視角：本国資源の企業特殊優位化の論理」『国際ビジネス研究』第7巻第2号。
大石芳裕［1997］「国際マーケティング複合化の実態」『明治大学経営論集』第44巻第3・4合併号。
大石芳裕編著［2009］『日本企業のグローバル・マーケティング』白桃書房。
大石芳裕［2000a］「グローバル・マーケティングの概念規定」，高井眞編著［2000］『グローバル・マーケティングへの進化と課題』同文舘出版，第2章。
大石芳裕［2000b］「国際マーケティング」，林倬史編著［2000］『ＩＴ時代の国際経営：理論と戦略』中央経済社。
大石芳裕［2011］「国際経営戦略の展望」，竹田志郎編著［2011］『新・国際経営（新版）』文眞堂。
大石芳裕・山口夕妃子編著［2013］『グローバル・マーケティングの新展開』白桃書房。
金　炯中［2016］『未来を創造する国際マーケティング戦略論』ミネルヴァ書房。
苑　志佳［2012］「中国の対外直接投資に関する理論的考察『後発国型多国籍企業』の仮説」『経済学季報』第62巻第1号。
中小企業庁編［2014］『中小企業白書（2014年版）』中小企業庁。
中小企業庁編［2016］『中小企業白書（2016年版）』中小企業庁。
中川涼司［2013］「中国多国籍企業化～発展途上国多国籍企業へのインプリケーション～」『立命館国際研究』第26巻第1号。
中澤義晴［2016］『サービス産業　海外進出ガイド』JETRO。
ハイマー，S.／宮崎義一編訳［1979］『多国籍企業論』岩波書店。
馬場　一［2012］「国際マーケティング研究における動態的パースペクティブ」『関西大学商学論集』第56巻第4号。
古川裕康［2016］『グローバル・ブランド・イメージ戦略』白桃書房。
丸川知雄・中川涼司編著［2008］『中国発・多国籍企業』同友館。
森田保男［1992］『企業の海外進出：中堅・中小企業の海外直接投資』同文舘。
諸上茂登［2012］『国際マーケティング論の系譜と新展開』同文舘出版。
諸上茂登［2013］『国際マーケティング講義』同文舘出版。
柳田志学［2011］「発展途上国の多国籍企業に関する一考察：タイCPグループの事例に基

づいて～」『早稲田大学大学院社会研論集』第 17 号.
吉原英樹・欧陽桃花［2006］『中国企業の市場主義管理—ハイアール』白桃書房.
米倉　穣［2001］『21 世紀型中小企業の国際化戦略』税務経理協会.
劉　永鴿［2014］「中国多国籍企業の国際化戦略の特徴：中興通訊の事例を中心として」『東洋大学経営論集』第 83 号.
Dunning, J. H. [1981], *International production and the multinational enterprise,* London, Allen & Unwin.
Ghemawat, P. [2007], *Redefining Global Strategy: Crossing Borders in A World Where Differences Still Matter,* Boston, HBR Press.（望月衛訳［2009］『コークの味は国ごとに違うべきか』文藝春秋.）
Hymer, S. H. [1960], "The International Operations of National Firms," ハイマー, S.／宮崎義一編訳［1979］『多国籍企業論』岩波書店所収. ハイマーの死後，1976 年にMIT から公刊されたが，ここでは博士論文として書かれた年を掲げている.
Hofstede, G. [1991], *Cultures and organizations: software of the mind,* NY, McGraw-Hill Book.（岩井紀子・岩井八郎訳［1995］『多文化世界』有斐閣.）
Hofstede, G., G. J. Hofstede and M. Minkov [2010], *Cultures and organizations: software of the mind,* NY, McGraw-Hill Book.（岩井八郎・岩井紀子訳［2013］『多文化世界（第 3 版）』有斐閣.）
Kindleberger, C. P. ed. [1970], *The International Corporation: Symposium,* Boston, MIT.（藤原武平太・和田和訳［1971］『多国籍企業：その理論と行動』日本生産性本部.）
Kindleberger, C. P. [1987], *International Capital Movements,* Cambridge, Cambridge University Press.（長谷川聰哲訳［1991］『国際資本移動論』多賀出版.）
Lall, S. [1983], *The New Multinationals: The Spread of Third World Enterprises,* NY, Wiley.
Lusch, R. F. and S. L. Vargo [2014], *Service-dominant Logic: premises, perspectives, possibilities,* Cambridge, Cambridge University Press.（井上崇通監訳／庄司真人・田口尚史訳［2016］『サービス・ドミナント・ロジックの発想と応用』同文舘出版.）
Mooij, M. De [2014], *Global Marketing and Advertising: Understanding Cultural Paradoxes,* 4th ed., Thousand Oaks, SAGE Publications.（朴正洙監訳［2016］『グローバル・マーケティング・コミュニケーション』千倉書房.）
Simon, H. [2009], *Hidden Champions of the 21st Century: Success Strategies of Unkown World Market Leaders,* Bonn, Springer.（上田隆穂監訳／渡部典子訳［2012］『グローバルビジネスの隠れたチャンピオン企業』中央経済社.）
Vargo, S. L. and R. F. Lusch [2004], "Evolving to a New Dominant Logic for Marketing," *Journal of Marketing,* No.68.
Vernon, R. [1971], *Sovereignty at Bay,* NY, Basic Books.（霍見芳浩訳［1973］『多国籍企業の新展開』ダイヤモンド社.）
Wells, Jr., L. T. [1983], *Third World Multinationals: The Rise of Foreign Investment from Developing Countries,* Cambridge, MIT Press.

（大石　芳裕）

第3章

インターネット・マーケティング論

第1節　インターネットを活用したマーケティング

　今やインターネットは，あらゆる産業がかかわっており，企業が行うマーケティング活動にも大きな影響がある。また経済活動の領域に留まらず，非市場領域にまで広く影響を及ぼしてきている。私たちの日常生活のコミュニケーション1つをとってみても明らかである。ユビキタス社会と言われるように，「いつでも，どこでも，なんでも，誰にでも」アクセスが可能となり，コミュニケーションをとることだけでなく，商品やサービスの売買や提供を可能にした。

　このような経済社会の変化をとらえる理論においても新しい理論や主張ができている。マーケティング研究においても，マス・マーケティングからワン・ツー・ワン・マーケティング（One to One Marketing）や関係性マーケティング（Relationship Marketing）という新しい理論をもたらした。つまり，ICT（Information and Communication Technology：情報伝達技術）の発展は企業と消費者を個別に結びつけることが容易になって構築できるようになった。初期のころのICTのマーケティングの関わりは，企業内部の情報の電子化やネットワーク化にとどまっていたが，インターネットの登場は企業間連携や企業と個

別消費者をより密接に結び付けることを可能にした。

インターネットを活用したマーケティングとして，データ分析をもとにPDCA（Plan Do Check Act）サイクルを確立する手法をもちいるデータドリブンマーケティング，ペルソナを作成し，その顧客が求める情報をコンテンツに入れ込み，商品やサービスへの関心を高めていく手法を用いるコンテンツマーケティング，ネットとリアルを統合した新しい販売方法であるオムニチャネル，膨大なデータを収集，分析することで顧客の像を明確に把握するためのシステムを用いるDMP（Data Management Platform），モノがインターネットに接続されるIOT（Internet of Things），CCOM（Cross Channel Campaign Management）などインターネットを活用したマーケティング手法や考え方が様々でてきている。

また，消費者の行動にも変化がみられる。消費者が店内で買い物中に消費者がインターネットでバーチャル店舗との価格比較を行い，バーチャル店舗が安ければ，店内で商品を購入せずにバーチャル店舗で購入するという新たな消費者行動パターンがうまれている。またあるいは，はじめからバーチャル店舗での購入を決めていて，リアル店舗で商品を実際にみて，購入はバーチャル店舗で行う行動がみられるようになってきた。つまり，リアル店舗が商品を購入する場所ではなく，店舗のショールーム化している現象がでてきた。このような現象は「ショールーミング（Showrooming）」と呼ばれている。ショールーミングしやすい商品として家電，CD・DVD，書籍などがあげられる。また，消費者が買い物に出かける前にオンラインで商品をチェックする行動は，「ウェブルーミング（Webrooming）」と言われている。

このようなインターネットやICTの活用は企業活動だけでなく，消費者行動においても大きな変化をもたらした。本章は，新しい流通情報システムにどのように影響力をもつのか，また理論的に従来のマーケティング論をどのように変容させたのか，あるいは新たなマーケティング論構築が求められているのかという視点から本章は考察することを試みる。

第2節　インターネット・マーケティング先行研究

1. インターネットの進展

　インターネットとは何であるのか，この点から考察をしてみたい。書籍を電子化し電子書籍として世界中に発信していく媒体と捉えるのであれば，インターネットは新しい出版媒体であり，メール広告やバナー広告のような形態をみると新しい広告の媒体である。また，商品やサービスの取引はインターネットを通じて行うことも可能であり，新しい商取引の形態を提供している側面もある。

　Frost and Strauss［1996］は，インターネットは，新しいメディアとしての情報発信や商取引の場であり，新しい技術でもあり，新しいマーケティング・ツールをうみだしたと指摘する。インターネットはテクノロジー，交流の場，マーケティング・ツールという大きく3つの要素が従来の情報通信システムと違うと指摘している。

　O'Reilly［2005］は，「Web2.0」を提唱し，その特徴として，1.ユーザーの手による情報の自由な整理（Folksonomy），2.リッチなユーザー体験（Rich User Experiences），3.貢献者としてのユーザー（User as contributor），4.ロングテール（The Long Tail），5.ユーザー参加（Participation），6.根本的な信頼（Radical Trust），7.分散性（Radical Decentralization）をあげている。インターネット登場前の情報は，送り手と受け手が固定され送り手から受け手への一方的な流れであったが，インターネットの登場は，双方向性に変え，能動的で積極的に送り手，受け手の両方を巻き込んでいくための技術やサービス開発を可能にし，ロボット型の検索エンジン，SNS（Social Networking Service），電子掲示板，ブログなど新しい情報伝達ツールをもたらした。

　インターネットのもつ強みは，価値連鎖活動（Virtual Value Activity）であ

り，情報をインプットと捉え，価値を付加し，アウトプットとしてより価値のあるものを作り出すことである[1]。具体的な価値連鎖活動として，収集，組織化，選択，合成，流通の5つをあげている。デジタル環境で構築されたネットワークは，低コストで格納，アクセスすることを可能にし，収集範囲は世界中になった。その情報を組織化し，選択し，合成することによって新たな情報として流通させることをインターネット環境は実現することができるようになった。

また，このネットワークは，信頼性，効率性，拡大可能性をもっている[2]。商品の供給を確実にさせるためには在庫をもち，遅れないように流通させる必要がある。その商品生産の効率性をあげるためには，在庫を少なくし，発注先にスムーズに届けることが求められる。この信頼性と効率性をあげるためには，流通情報のシステム設計が重要になり，どのように管理し，運営していくのかが重要な課題となる。このシステム間でのネットワークの構築にはデータの互換，システム設計の共有などの課題があったが，インターネットは拡大性のネットワーク構築において他のシステムと共存しながら，稼働することを可能にした。個々のシステムを活用しながら，他のシステムとの共存，交換を可能にしたのである。

2. アメリカにおけるインターネット・マーケティング研究の特徴

インターネットの登場はマーケティング理論において大きな変容をもたらしたといえるのであるが，その研究は2000年以降，急激に増えてくる[3]。本節では，Nagi［2003］とPomirleanu and Schibrowsky［2013］の文献サーベイ論文をもとにアメリカにおけるインターネット・マーケティングに関する研究の現状をみていく。

Nagiは，Leonard［2001］の分類をもとに研究領域として大きく5つにわけ分析を行った。以下5つの領域を示している。

① インターネット・マーケティング環境：消費者行動／法的・政策的・経済的課題／倫理的・社会的責任

②　インターネット機能：マネジメント・プランニング・戦略／小売／流通チャネル／市場構造／物的流通／価格／製品／販売プロモーション／広告／販売管理
③　特別なインターネット・マーケティング・アプリケーション：産業／国際比較／サービス
④　インターネット・マーケティングリサーチ：理論・科学哲学／リサーチ方法／情報技術
⑤　その他：教育・専門的課題／一般的

　Nagi によれば，とくにインターネット・マーケティング機能に関する研究が多くみられ，消費者行動における研究，企業間関係のインターネット活用したマーケティング研究，ソーシャルメディアやネットワーク・マーケティング研究が 2005 年以降増加している。

　この Nagi の研究を引き継いだ Pomirleanu and Schibrowsky は，1993 年から 2012 年の 20 年間のインターネット・マーケティングに関する 1957 本の論文をベースに分析を行った。図表 3-2 に示すように，1993 年から 2004 年の期間におけるインターネット・マーケティングの研究の主流は，消費者行動（24％）とインターネット戦略（17％）であった。2005 年から 2012 年の期間をみると，ソーシャルメディアとネットワークに関する研究が 17％急増している。

　1993 年から 2012 年のインターネット・マーケティングに関する研究の傾向として，以下を指摘している。
①　初期はインターネット・マーケティングの定義に関する論文が多かった。
②　プライバシーや信頼性に関する研究が多かった。
③　消費者行動における研究が増えてきている。
④　企業間関係のインターネット活用したマーケティング研究が増えている。
⑤　ソーシャルメディアやネットワーク・マーケティング研究が成長してきている。

図表 3-1　1987 − 2000 年のインターネット・マーケティング研究に関する論文数

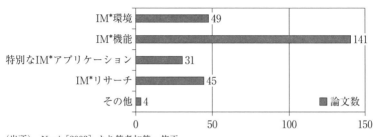

（出所）　Nagi［2003］より筆者加筆・修正。
　　　　＊インターネット・マーケティングをIMと略称。

図表 3-2　1993 − 2012 年のインターネット・マーケティング研究論文数

研究領域	1993 − 2004	2005 − 2012	合計論文数
消費者行動	218 (24%)	520 (27%)	738 (26%)
ソーシャルメディア／ネットワーク	9 (1%)	342 (17%)	351 (12%)
インターネット戦略	208 (23%)	303 (15%)	511 (18%)
コミュニケーション	163 (18%)	274 (14%)	437 (15%)
企業間取引	60 (7%)	30 (2%)	90 (3%)
製品／ブランド	16 (2%)	61 (3%)	77 (3%)
流通	49 (5%)	107 (5%)	156 (5%)
価格	29 (3%)	90 (5%)	119 (4%)
リサーチ	48 (5%)	63 (3%)	111 (4%)
政策	63 (7%)	96 (5%)	159 (4%)
その他	39 (4%)	71 (4%)	110 (4%)
合計論文数	902	1957	2859

（出所）　Pomirleanu, et al.（2013）より筆者加筆・修正。

3. Hanson のインターネット・マーケティング

　インターネット・マーケティングは文字通りインターネットを活用したマーケティングであるが，マーケティング論においてどのような変容をもたらしたのかを多くの研究者に引用されている Hanson［2001］のインターネット・マーケティングのフレームワークを紹介する。Hanson のインターネット・マーケティングのフレームワークは，上述の Nagi［2003］や Pomirleanu and

Schibrowsky [2013] のベースにもなっている。

　Hanson は，マーケティングの基本思想は変わらないが，新しいテクノロジーが優位に立つ時代には，新しいフレームワークを生み出すと指摘している。その特徴として，コミュニケーションを有効かつ低コストなものにするデジタル (Digital)，多様かつ膨大な数の主体と即時に交流できるネットワーク化 (Network)，顧客の要求にこたえることが可能になる個別対応 (Individual) をあげている。これを DNI フレームワークと名づけ，「個人－個別対応」というインターネット・マーケティングの強みであると指摘している。つまり，強力なテクノロジーの力がこの３つの影響力を結合させることによって，最良のマーケティング戦略をもたらすという。さらにそれを継続させるためには，現実的なビジネスモデルが必要だとも指摘している。

図表３-３　Hanson のフレームワーク

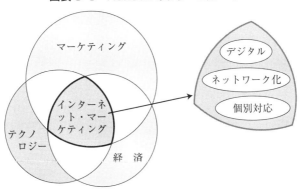

（出所）　Hanson（邦訳 [2001] p.34）。

第3節　インターネット・マーケティングと社会性

1. インターネット・マーケティングの特徴

　インターネット・マーケティングの特徴の先行研究の紹介をしながら，明らかにしたい[4]。Imber and Besty-Ann［2000］は，インターネット・マーケティングとはアイデア，製品やサービスの交換を促進させるオンライン活動を通じて消費者リレーションシップを維持し，構築させるプロセスとして捉えている。

　Frost and Strauss［2001］はeマーケティングという用語を用い，マーケティングの効率性を増加させるためにデジタル技術を使い，企業利益を増加させ，消費者価値を付加することであると定義している。

　進藤は，基盤となるインターネット技術に基づき，価値創造の仕組みを作り（ビジネスモデルの設計，イノベーション），そこで創造された価値を顧客に提供するために可視化して（マーケティング・マネジメント），メディアを通じて顧客やコミュニティに提供することと指摘する。

　久保［2013］は，①双方向化，②ネットワーク化，③個別化，④低コスト化，⑤オープン化をあげている。この5つの特性が，価格競争や新たな付加価値サービス競争をもたらすと指摘する。

　佐久間［2005］は，①インターネットという技術発展の資本蓄積への利用，②企業に対する消費者要求や情報の把握，③消費者活用，④マス・カスタマイゼーションなどにみられる延期化の進展，⑤ＳＣＭにみられる生産・流通の全体最適の追求，⑥優良顧客の囲い込み，⑦販売促進活動の位置づけの向上，⑧競争の促進という。以上の8つの特徴をあげて，インターネット技術がマーケティングに新しい側面をもたらしたことを評価している。しかしその一方で，インターネットは技術に過ぎず，誰がインターネットを活用するのかによって発

揮される効果が異なると指摘する。つまり，「今日の市場が資本主義市場である限り，そこには最大限の利潤を追求する資本の論理が貫徹している。eマーケティングを論じる場合にも，それがビックビジネスによって展開される限り，上記の経済法則に規定されている」[5]と主張する。インターネット・マーケティングのもつ肯定的側面と否定側面を分析的に区別することを提唱している。

上述したように，インターネット・マーケティングはマーケティングの基本思想は変わらないが，新しいテクノロジーが優位に立つ時代にはマーケティングの新しいフレームワークを生み出したとするHansonの考え方に立脚した研究は多かった。ここに紹介したインターネット・マーケティングの特徴を整理すると，①情報共有の容易さ，②低コスト化，③個別対応，④双方向性，⑤ネットワークというキーワードがでてくる。これらの特徴を取り込んだ新しいマーケティングのフレームワークとして「データベース・マーケティング」，「ワン・ツー・ワン・マーケティング」，「関係性マーケティング」がある。これらの新しいマーケティング理論のフレームワークは企業と市場との関係がインターネットを介することにより，従来のマス・マーケティングではできなかった企業と市場との長期安定的な関係性を構築すると肯定的に捉えている。

2．インターネット技術の論理と資本の論理

インターネットという新しい情報伝達技術を活用して可能となるものであるが，従来のマーケティングとの違いを考えると，デジタル，ネットワーク化，オープン性，情報共有，即時対応性，個別対応などが特徴として考えられる。これらの特徴はインターネットのもつ特性を示すものである。インターネットの技術としての特性とマーケティングの持つ特性との融合と捉えることもできるが，その両者の関係性を考察していきたい。Hansonや進藤のインターネット・マーケティングのフレームワークを示すベン図をみるとまさに融合と捉えているが，その融合の関係性について，阿部［2016］の見解を紹介し，両者の関係性の考察を試みたい。

阿部は，馬場［1957］の『個別資本と経営技術』をもとに「技術的側面に由

来するものか，それとも資本の論理によるものなのかは必ずしも明確にはされていないと述べている。この両者を明確にして，その両者の交錯する点の解明にこそ，インターネット発展過程の研究課題がある」と指摘し，技術，資本，社会の関係性の解明が重要であるという。

まず，阿部のいう技術と資本の関係から紹介していく。ここでは技術は上位技術と下位技術にわけられ，上位技術は利潤追求技術と捉え，下位技術を生産技術や販売技術やインターネットなどと捉えている。つまり，上位技術である利潤追求は下位の技術である生産技術や販売技術やインターネット技術に支えられているとする。下位技術であるインターネット技術のもつ多極分散的な特質を利用して，その技術特性を電子商取引に役立てることによって，新たな利潤追求をもたらす。この段階では，下位技術であるインターネット技術が上位技術である利潤追求を支えていると言える。しかし，たとえば，グローバルな展開となると，電子商取引販売でも物的流通と関連したコストが高まり，上位技術としての利潤追求の技術と衝突するかもしれない。このときに上位技術との矛盾がうまれ，資本の論理と交差する点が生れてくると考える。結果として他の企業へこの取引をアウトソーシングするということにより，この矛盾を解決することができると指摘する。

さらに，この阿部の見解をもとにインターネット技術とマーケティングの関係をみていく。マーケティングの目的は，顧客満足や長期継続的関係性の構築である。つまり，企業は，生産性を高める効率性と消費者のニーズを満たすという効果性の2つを両立させるという課題を持っている。需要の異質性と供給の同質性をいかに両立させるという目的をもつ[6]。その目的達成は，上位技術である利潤追求の技術の目的とも重なってくるものである。この上位技術の目的達成のために下位技術であるインターネット技術がもつデジタル，ネットワーク化，オープン性，情報共有，即時対応性，個別対応などが作用し，上位技術を支える。この点は馬場の指摘する「技術が一般にもっているところの目的の重層性」[7]であり，「階層的な目的連鎖」をもたらしていると考えることができる。技術とは資本を支えるものであるが，その一方で技術の進歩はマーケティング活動をより促進させることもできる。インターネット技術とマーケティ

ングは単に融合して社会に作用していくという単純なものではなく，重層的で相互依存的に関わっていくものである。

3. インターネットと社会の論理

　インターネットは，既存の社会への大きな影響を与えた。今までになかったバーチャルなコミュニティの場[8]を提供したのである。このバーチャルなコミュニティの形成は，消費者・市民の積極的な市場への関与や情報共有といった従来の消費者と企業と異なった関係性を生みだし，商品の企画・開発に関わるプロシューマと呼ばれる消費者が出現した。また，消費者間でも情報の発信や共有を行い世論を形成したり社会的な批判を行ったりするようになった。情報化社会では，消費者はより能動的に行動することが求められるようになってきた[9]。

　インターネットと社会との関係性において阿部は「インターネットの利用に関しての社会的批判の多くは，ネットの利用者である消費者・市民のグローバルな広がりと，そのオープンな発言力をいうネットの社会的成功の側面が，逆にネットに対する社会的な批判や懐疑を強めたという皮肉な結果である」[10]と指摘する。つまり，インターネットのもつ社会的な性格の発展は，消費行動において，「ショールーミング」や「ウェブルーミング」という新たな行動様式を生みだし，また，新たなネット・コミュニティという場をつくりだし，個人情報保護やプライバシーの侵害といった新たな課題もでてきた。

第4節　インターネット技術‐マーケティング‐社会の関係性と課題

　インターネット・マーケティングを考えるときには，従来のマーケティングのフレームワークと新しい技術との交錯連関の解明が求められているのではな

図表 3-4　資本の論理，技術の論理，社会の論理

```
        技術の         抑制         資本の
        論理    ⇔              論理
                       促進

              促進            促進
          抑制                    抑制
                    社会の
                    論理
```

（出所）　筆者作成。

いだろうか。阿部は「技術の論理と資本の論理，さらに社会の論理とが矛盾交錯するところに，インターネットの発展過程を解明するカギが，課題がある」[11]と指摘している。

インターネット技術という技術の論理と資本の論理がより動態的に促進，抑制という関係性をもち，かつ社会の論理はそれら2つの論理を促進，抑制するというフレームワークで捉えることによって，課題や特性を捉えることが可能になるのではないかと考える（図表3-4参照）。インターネット・マーケティングは，新しい産業の創出，プロシューマの出現，個人情報保護，ネット世論，信頼性という新しい社会的な課題をもたらした。

阿部［2009］が主張するように，大量生産を基軸とする工業社会がインターネットという技術を取り込むことによって，大きな変容を遂げようとしているのかに，「情報資本主義の現在」の特質があるのではないだろうか[12]。インターネットやICTの技術の発展は急速であり，今では人工知能（Artificial Intelligence）の技術開発までが話題となっている。これらの問題を技術・資本・社会の関連のなかで解明していくことが，今後の重要な課題となるだろう。

〈注〉
1) Rayprot and Svioka ［1995］．
2) Hanson ［2000］．
3) Pomirleanu and Schibrowsky ［2013］．

4) 研究者によってはインターネット・マーケティングという言葉ではなく，eマーケティング，ネット・マーケティング，ネット販売などの用語を用いているが，ここでは，ほぼ同義の用語であると考え，引用のときにはそのまま用いているが，インターネット・マーケティングとして取り扱う。
5) 佐久間［2005］p.73。
6) 村上［2003］を参照のこと。
7) 馬場［1970］p.40。
8) このコミュニティに関する議論は池尾編［2003］，石井・渥美［2002］，石井・水越［2006］，小川［2013］，伊藤［2016］，大野［2016］，河田［2016］，吉村［2016］らの優れた業績がある。
9) 村上［2008］p.433-436 参照のこと。
10) 阿部［2016］p.14。
11) 阿部［2016］p.15。
12) 阿部［2009］p.16。

〈参考文献〉

阿部真也［2009］『流通情報革命』ミネルヴァ書房。
阿部真也［2016］「インターネット時代の始まりとネットスピリット」阿部真也・江上哲・吉村純一・大野哲明編著『インターネットは流通と社会をどう変えたのか』中央経済社。
池尾恭一編［2003］『ネット・コミュニティのマーケティング戦略』有斐閣。
石井淳蔵・渥美尚武［2002］『インターネット社会のマーケティング』有斐閣。
石井淳蔵・水越康介［2006］『インターネット社会のマーケティング』有斐閣。
伊藤祥子［2016］「商用化が進むソーシャル・メディアの問題点」阿部真也ほか編著『前掲書』。
小川 進［2013］『ユーザー・イノベーション―消費者から始まるものづくりの未来―』東洋経済新報社。
大野哲明［2016］「バーチャル・コミュニティとリアル・コミュニティ」阿部真也ほか編著『前掲書』。
河田裕也［2016］「ネット・コミュニティにおける他者との関わり」阿部真也ほか編著『前掲書』。
久保康彦［2013］「インターネット販売における新たなサービスの可能性について―流通コストを手がかりとして―」『相模女子大学紀要 C 社会系』77 巻。
佐久間英俊［2005］「インターネットマーケティングと消費者」山口重克・福田豊・佐久間英俊編『ITによる流通変容の理論と現状』御茶の水書房。
進藤美希［2009］『インターネットマーケティング』白桃書房。
村上剛人［2003］「消費者と企業の協働的製品創造の可能性とその限界」加藤司編著『流通理論の透視力』千倉書房。
村上剛人［2008］「One to One マーケティングから共創型マーケティングへ―インターネットがマーケティングの前提条件を変える―」『福岡大学商学論叢』52 巻 3・4 号。
馬場克三［1957］『個別資本と経営技術』有斐閣（増補版［1977］）。
馬場克三［1970］「個別資本運動説の反省」古林喜楽・三戸公編『経営経済学本質論』中央経済社。

半田正樹［1996］『情報資本主義の現在』批評社.
吉村純一［2016］「ソーシャル・メディア時代の消費生活と企業社会」阿部真也ほか編著『前掲書』.
Barrons Business Dictionaries, Hauppauge, NY.
Frost, Raymond and Judy Strauss［1999］, *Marketing on the Internet Principles of Online Maketing*. 麻田孝司訳［2000］『インターネット・マーケティング概論—ネット時代の新たなマーケティング戦略と手法—』ピアソン・エデュケーション.
Frost, Raymond and Judy Strauss［2001］*E-marketing*, 2nd ed., Routledge.
Hanson, Ward［2000］*Principles of Internet Marketing*, South-Western College Publishing.（上原征彦監訳・長谷川真美訳［2001］『インターネットマーケティングの原理と戦略』日本経済新聞社.）
Imber, Jane and Toffler Betsy-Ann［2000］*Dictionary of Marketing Terms*, 3rd ed.
Leonard, M.［2001］, "Marketing literature review," *Journal of Marketing*, Vol.64 No2.
Nagi, E.W.T.［2003］, "Internet marketing research (1987-2000): a literature review and classification," *European Journal of Marketing* Vol. 37, No. 1/2.
O'Reilly, Tim［2005］, "What Is Web2.0".
http://www.oreilly.com/pub/a/web2/archive/what-is-web-20.html
Pomirleanu, Nadia, John A. Schibrowsky, James Peltier and Alexander Nill［2013］, "A review of internet marketing research over the past 20 years and future research direction", *Journal of Research in Interactive Markeitng*, Vol7 No3.
Rayport, J. F. and J. J. Sviokla［1995］"Exploiting the virtual value chain," *Harvard Business Review*, Nov.-Dec.

（山口　夕妃子）

第4章

クリティカル・マーケティング論

第1節　クリティカル・マーケティング研究の台頭

　クリティカル・マーケティング研究は，欧州を中心に近年急速に台頭してきているマーケティングの新しい研究潮流であり，すでに多くの研究論文のみならず，かなりの数の著作が刊行されている[1]。

　周知のように，マーケティング論は常に消費者のニーズから出発し，消費者を満足させることが組織の利益をもたらすと説いてきた。また，こうしたマーケティングの技術やツールは社会的な諸問題にも適用でき，社会の長期的な目標や福利に役立たせることができるとするソーシャル・マーケティング論や，消費者満足や企業の利益のみならず，社会的利益をも満たさねばならないとするソシエタル・マーケティング論（社会的マーケティング・コンセプト論）も，マーケティング論の中で確固たる地位を占めてきている。だが，それにもかかわらず，資源破壊や生態系への悪影響，非倫理的行動など「マーケティングの暗黒面」[2]への批判はあとを絶たない。そしてそれは，実務家が単にマーケティングのあるべき「規範」から逸脱しているだけといった単純な問題ではなく，マーケティング論の組み立て自体に内在的な問題が含まれているからではない

か。——クリティカル・マーケティング論は，今日，成熟した議論として広く流布しているマーケティング論のあり方，マーケティングと社会との関係のあり方を根本から見直そうとする壮大な知的営みとして登場した。それは，現在のありようとは別な途がありうるという「可能性の喪失を阻止すること，異なった未来への扉という可能性を維持すること」[3]を目指している。

クリティカル・マーケティング研究は，経営学におけるクリティカル・マネジメント研究，会計学におけるクリティカル・アカウンティング研究とともに台頭している。これもよく知られているように，わが国においては，1950年代〜70年代を中心に，批判経営学や批判会計学が隆盛し，マーケティング論でも森下二次也氏を中心とする批判的議論[4]が主流を占めていた。だが，当時のこうした研究は国際的な広がりをもつことはなく，また，その基礎となっていた理論はマルクス経済学であった。これに対して，今日の世界のクリティカルな諸研究は，マルクスに限定されることなく，きわめて広範な理論的基盤を有している。

クリティカル・マネジメント研究は，1990年春に開かれた学会が直接の契機であったとされる。それは批判理論の Max Horkheimer への関心を共有する研究者の会合であり[5]，そこにはマーケティング研究も含まれていた[6]。したがって，クリティカル・マーケティング研究の理論的基礎には批判理論（フランクフルト学派）が存在しているが，それだけではない。クリティカル・マーケティング研究は，今日でも支配的な方法論である論理経験主義に対して相対主義の立場から異を唱えた1980年代の著名な方法論争，1980年代以降の北米を中心とするマクロマーケティング論の展開，デンマークにおけるクリティカル・マーケティング研究[7]，北アメリカにおけるラディカル・マーケティング研究[8]などをも参照しつつ，ポスト構造主義，社会構成主義，解釈主義，クリティカル・リアリズム（批判的実在論），カルチュラル・スタディ，フェミニズム論等々，多様な理論や方法論に基づいて議論されている。「理論的多元主義」[9]こそは，クリティカル・マーケティング研究の旗印である。

第2節　クリティカル・シンキング
―広義のクリティカル・マーケティング論―

　このように，論者のよって立つ理論基盤が多様であるということは，クリティカル・マーケティング研究における「クリティカル」の意味も多義的であることを意味している。英国の研究者がクリティカル・マーケティングの論稿を執筆した研究者や学術雑誌の編集に携わっている研究者に「クリティカル」の意味についてのアンケート調査を行ったところ，「クリティカル」とは，①解釈主義的研究や質的研究を意味する，②マルキストを意味する（「クリティカル」を大文字で書き出す場合），③マーケティングを社会と関連づけ，社会進歩のために役立たせることを意味する，④市場とマーケティングに関する主流派の見解に批判的な研究を意味する，という回答に分かれたという[10]。

　こうした多様な傾向の中で，「クリティカル」の意味を最も広義にとれば，④に関連する論点に行きつく。すなわち，学問研究（アカデミック・リサーチ）は，本来クリティカルなものであるという論点である。特定の経営者や企業，マーケティングのあり方をただ一面的に礼賛するだけといった言説は，日常的に目にするビジネス書などでは定番ともいえるが，検討対象への批判的精神をもたない分析は，それ自体，マーケティングの一翼を担うパブリシティではありえても，学問研究ではありえない。

　この論点は，クリティカル・マーケティング研究の教育論を可能にする。今日のクリティカル・マーケティング論の特徴の1つは，それが極めて専門的な研究に端を発していながら，議論を研究者の仲間内だけの狭い枠内にとどめるのではなく，こうした研究を基礎とした学部・大学院の学生のための教育論をも展開している点にある。実際，Hackley［2009］とEllis et al.［2011］の著作は，こうしたマーケティング論の教科書として書かれている。たとえばEllis et al.［2011］は，「本書を貫く中心的な信念は，『クリティカルで倫理な』志向性こそ21世紀におけるマーケティング教育の中心であるべきであるということで

ある」とし[11]，Hackley［2009］は，「教育的に重要な点は，学生たちが物事自体をよりよく理解できるように，クリティカル・シンキングを啓発し可能にすることを通じて，競合的な観点を理解し，評価することを学ぶこと」であるとする。「古い考え方を新しくするために，敵対的な精神でではなく，知的活力の精神をもって，当然視されている仮定や事実に絶えず疑問を投げかけ，理論に新たな緊張関係を導入すること」がクリティカル・マーケティング教育の目標である[12]。

このように，「クリティカル・シンキング」として捉えられたクリティカル・マーケティング論では，①機能的クリティーク，②倫理的クリティーク，③知的クリティーク，④政治的クリティークが必要であるとされる[13]。

ここに，機能的クリティークとは，マーケティング研究が問題解決のための管理論的アプローチであることを前提とした上で，マーケティングの技術やアイデアが有効であるか否かを吟味することを意味する。たとえば，ほとんどの教科書が採用している AIDA（Attention - Interest - Desire - Action）モデルは 1925 年の Stoke, Jr. の著作に出てくるものである――実際には，Stoke, Jr. 自身は，この考え方は 1898 年の E. St. Elmo Lewis にまで遡るとしている[14]――が，こうした古いリニアなモデルがいまだに無批判に使用されているのはなぜかが問われる。

次に，マーケティングの技術やアイデアがうまく機能したとしても，マーケティングは，環境破壊，資源の無駄遣い，高価格，労働の搾取，強欲・貪欲の一般化など多くの倫理的批判にさらされ，またマーケティングの言説と論理は，市場をはるかに超えて市民の日常生活にまで深く入り込み，人間同士の関係さえ商品化している。倫理的クリティークでは，組織の諸活動がもつ道徳的・社会的価値観や，それらが世界と諸個人に対して有する含意を吟味する。

さらに，知的クリティークにおいては，マーケティング論，管理論，組織論は，一般に，純粋な知的営為というより，応用的な分野であり，人文学・社会科学の他の多くの分野から借用している理論が多いが，それらは恣意的に選択され，内部的一貫性を欠いていないのかどうかが検討される。また，マーケティングは単なる管理研究とみなされるべきなのか，市場と消費のプロセスと諸

活動,およびこれらが個人とより広い世界に対してもつ様々な含意に関する社会的・人文的研究と考えられるべきなのかが問われる。

最後に,政治的クリティークでは,マーケティング論の現在のありようは,誰にとって,なぜ都合がいいのかを検討する。マーケティングの言説は,組織内においては,何が「消費者志向」であり,どのようなサービスレベルが適正なのかを判断する管理者のパワーを正当化し,社会においては,非営利組織や公共セクター,慈善セクターなどに広がり,生活のあらゆる部面を「市場化(marketization)」する力をもっている。政治的クリティークではこのようなマーケティングのイデオロギー面が検討される。

だが,こうした教育論を可能にするためには,より専門的で深いクリティカルな研究が必要であることはいうまでもない。この面でのクリティカル・マーケティングの研究上の論点は多岐にわたり,決して単一の理論的傾向に収斂するものではないが,以下では,3つの代表的な論点を検討する。

第3節　クリティカル・マーケティング研究の諸論点

1. マーケティング・イデオロギーとマーケティング・コンセプト

クリティカル・マーケティング研究のユニークな概念の1つは,マーケティング・イデオロギーである。ここに「イデオロギー」とは,支配階級が体制を維持・強化するために流布する「虚偽意識」といったマルクス的な意味[15]ではなく,特定の時間・空間において人々が共有する価値観,規範,信念,意味,シンボル,慣習などの「集合的表象」という文化人類学に由来する概念である[16]。それは,特定のコンテクストの下で期待され,受け入れられる行動の範囲,人間活動の範囲に関する制約と現在の行為者への期待,ゲームのルールとゲームがいかにして行われるのかを指し示す。そして,このような社会の「統

合機能としてのイデオロギー」は，社会で一般的・慣習的に受け入れられている秩序の「正統性」をもたらすが，そればかりではなく，社会の中で多様に存在している集合的表象（価値観，規範，信念，慣習等）の中で，支配的な立場にある人たちのそれを「正統化」する役割をも果たす。したがって，こうした多様性が見出されたり，批判されたりしない場合は，支配的な表象は過度のパワーを享受することになるという[17]。

マーケティング・イデオロギーの典型例はマーケティング・コンセプトである。「マーケティング・イデオロギーの中心原理の１つは，顧客のニーズと欲望は，消費者自身にとってだけでなく，組織と社会全体にとってきわめて重要であるということである。こうした考え方は，マーケティング・イデオロギーのなかでおそらく最も発展した議論といえるマーケティング・コンセプトの中心に位置している」と Ellis et al.［2011］は指摘している[18]。Marion［2006］は，マーケティングには，①実践，②知識，③イデオロギーの「３つの層」が存在するとしているが[19]，マーケティングの実践が受け入れられ，当然視されるようになるほど，マーケティング・イデオロギーは，マーケターたちの集合的な行動フレームとして機能するようになる。「マーケティング・コンセプトの約束事を絶えず反復することは，解釈上のスキーマを提供し，マーケティング実践を正統化する」[20]のである。

だが，マーケティング・コンセプトに関しては，その正統性に対する疑問も絶えず投げかけられてきた。1950年代にアメリカで定式化されたと一般に信じられている――実際にはそれ以前から存在していたという点はクリティカル・マーケティング研究では頻繁に指摘される――マーケティング・コンセプトは，コンシューマリズムと呼ばれた1960年代の激しい消費者運動の批判にさらされ，その内容が①消費者中心主義，②統合的活動，③報酬としての利益と再定式化されたこと[21]は，わが国でもよく知られている。だが，その後も，消費者のニーズとウォンツにある種の優先権が与えられるとする「マーケティング・コンセプトの理想」と，消費者をコントロールし，予測し，管理しようとする管理実践との間で緊張関係が続いてきた[22]。Kotler and Levy［1971］が提唱した「デマーケティング」――顧客全体またはある特定の層の顧客に，一時的ま

たは永久に，購買を思いとどまらせようとするマーケティング[23]——は後者の議論の一例である。また，Houston [1986] は，マーケティング・コンセプトの支持者と批判者の議論を総括し，ある特定の状況の下では生産志向や販売志向の方がマーケティング志向よりも適切であるとし[24]，さらに，Kohli and Jaworski [1990] の実態調査は，企業の全部署がそれぞれ市場から各種の情報を得たとしても（Bell and Emory [1971] の①消費者中心主義と②統合的活動），必ずしも成果（Bell and Emory [1971] の③報酬としての利益）には結びつかないことがあるとし，ある特定の状況の下では「市場志向はビジネスの成果と強くは結びつかないであろう」[25]とする。Ellis et al. [2011] は，顧客は将来のニーズや欲望に関しては極めて貧困な情報源であるに過ぎず，マーケティングは，単に明示的に表現された顧客の欲望を満たすというだけでなく，彼らに影響を与える存在として，顧客の欲望を創造するという事例は，日本のソニーの事例などに典型的にみられるとしている[26]。

このように，マーケティングの教科書がマーケティング・コンセプトという信念を絶えず「正統化」している一方で，その「正統性」に疑問が投げかけられ続けてきたというのが，このイデオロギーを取り巻く状況である。

2．マーケティング・ディスコースとマネジリアリズム（管理主義）

一方，マーケティングの知識の層をディスコースとして分析することは，クリティカル・マーケティング研究において頻繁に行われている。同じく「ディスコース（言説）」という概念を使用していても，その力点は論者によって異なっているが，その典型例は，これを，知に内在する権力を分析したフーコー的な概念として使用することである。

たとえば，Skålén et al. [2006] [2008] は，ディスコースとは「世界（ないし世界のある側面）を語り，理解するための特定の方法」[27]であるが，それはフーコーの「統治性」概念と結びついているとする。「統治は，知の諸様式に依存しており，権力は知に織り込まれている。人々は，彼らが真であると信じる事柄，正しいあり方へ向けて，自己と他を統治する」。「統治性分析の中心的な

問いは，ディスコースに埋め込まれ，主体性を生み出すことになるこうした統治の合理性を明らかにすることである」。だが，「ディスコースは『真の』主体性を規定しはしない。むしろ，人々は，ある主体的な立場を採用することによって，自己を統治するための諸方法を選択するのである」。したがって「統治をフーコー的に分析するということは，統治の合理性を明らかにするために，社会を統治する試みを貫く理論と実践との集合的システムに焦点を当てることである」とする[28]。こうしてディスコースは，それに合致する思考や行動を「主体的に」行うように自己と他を統治する言説なのである。そこには，個人を個人として成り立たせる司牧システム――中央集権的な国家権力ではなく，羊飼い（牧人）が個々の羊（信者）の状態や内面を把握するような権力システム[29]――が成立する。

マーケティングにおいて，このような意味でのディスコースとして焦点が当てられるのは，マネジリアリズム（管理主義）である。この概念も論者によって多様な意味合いで用いられ，これをイデオロギーとする分析もあるが[30]，マネジリアリズムがテイラーの科学的管理法に始まり，米国を中心に展開されてきたこと，管理者を社会の中心に据え，能率と効率，成果と業績を過剰なまでに重視した言説であること，管理論的思考法が人間生活のあらゆる局面に浸透していることなどは，マネジリアリズムにほぼ共通した特徴づけである[31]。そしてマーケティングのマネジリアリズムには，マーケティング分野に独自の論点がある。

すなわち，Skålén et al.［2006］［2008］は，初期においては多様で異なった内容を含んでいたマーケティング論は，当初からテイラー主義の影響を受けると同時に[32]，マーケティング・コンセプトと類似の言説も散見されていたが，1950年代〜60年代初頭にマーケティング管理とマーケティング・コンセプトが明示的に結びつくことによって，マーケティング管理ディスコースがヘゲモニーを確立するようになったとする。「マーケティング・ディスコースの内部にマーケティング・コンセプトが結実したのは，顧客志向に関する新たな言い訳がなされたのではなく，マーケティング・コンセプトを軸にマーケティング・ディスコースを強化し統一することを可能にしたのである」[33]。そして，セグ

メンテーション,ターゲティング,マーケティング・ミックス (4P) は,「組織がその諸活動にマーケティング・コンセプトの統治的合理性を統合させる」ための「管理技術」であった。すなわち,セグメンテーションは市場調査によって顧客のニーズ・ウォンツを発見しそれをセグメントする方法を説き,ターゲティングは企業の能力と手段に応じてセグメントを選択する手法を,マーケティング・ミックスは企業の統制可能な諸要素を戦略的に展開する手法を説く。こうして,マーケティング・コンセプトはマネジリアル・マーケティング・ディスコースの「集光点(ノーダル・ポイント)」として確立され,セグメンテーション,ターゲティング,マーケティング・ミックスという技術は,それに内在するマネジリアリズムを遂行するために推奨されるようになった。さらに,周知のマーケティング概念の拡張提案は,こうしたマーケティング・ディスコースを社会全体に拡張させる役割を果たし,今日のサービスドミナント・ロジックにみられるようなサービス・マーケティング論の展開は,マーケティングのマネジリアリズムをいっそう精緻化させようとしているという。

以上のようなディスコース分析によるクリティカル・マーケティング論は,マネジリアル・マーケティング・ディスコースに合致するように自己と他を統治し,自発的に服従する主体が生み出されてきた由来と構造を明らかにし,その脱構築によるマーケティングの知の組替えを目指して展開されているといえよう。

3. クリティカル・マーケティング論の存在論と認識論

Tadajewski and Brownlie [2008] が「クリティカル・マーケティングは特定の批判的な理論のブランド名ではない。それはエートスないし態度と考えた方がよい。われわれは,それを,『われわれのあり様に対するクリティーク』であると考える」[34] と強調しているように,クリティカル・マーケティン論には多様な論点や方法論的視点が存在しており,1つの傾向には収斂しない。

たとえば,すでに述べたように,クリティカル・マーケティング論の背景の

1つに，1980年代に展開された相対主義陣営からの論理経験主義への批判があることや，「クリティカル」の名称から解釈主義を連想するという前掲のアンケート調査などから，「クリティカルな」思考法には相対主義の影響力が強いであろうことは比較的容易に想定できようが，クリティカル・マーケティング研究の中には，存在論（オントロジー）—事物そのものの存在・性質に関する問いかけ[35]—上の相対主義をむしろ明示的に否定するクリティカル・リアリズム（批判的実在論）に依拠するマーケティング分析も存在している。クリティカル・リアリズムは，各種の相対主義では一般に否定される，認識主体とは独立に存在する構造やメカニズムの存在をむしろ積極的に認め，知識が社会的産物として人間の社会的活動が知識をつくり出すという側面と，人間によっては決してつくり上げられることのない事物の知識という側面との「知識の二面性」[36]の「弁証法的」な相互関係を明らかにしようとする。これまで発表されてきたこの方法論に基づくクリティカル・マーケティング研究[37]では，認識主体から独立の存在とされる客観的な構造やメカニズムの内容自体がやや安易に想定されるという傾向が感じられないわけではなく，その「客観性」をいかにして担保するのかという課題が残されているようにも思われるが，存在論をめぐる各種の相対主義とクリティカル・リアリズムの論争は，今後も決着することなく継続していくであろう。

　一方，認識論（エピステモロジー）—事物に関する知識を得るための方法に関する問いかけ—のレベルにおいては，知のコンテクスト依存性を強調し，実践を媒介として認識が深まることを重視する実践論が台頭している。この潮流は，「実践論的転回」と呼ばれる社会的諸理論を土台とし，経営学では「実践としての戦略」，マーケティング論では「実践としてのマーケティング」という理論潮流を生み出している[38]。

　たとえば，ナレッジ・マネジメント（知識経営学）研究において，Hislop[2013]は，「暗黙知」が「場」を介して「形式知」に転換されるとする国際的に著名な野中らの知識創造論[39]を「知の客観主義」であるとして退け，「知は実践に埋め込まれている」[40]などのテーゼを掲げる「知の実践論的視点」を提唱している。同じHislop[2013]の「知は社会的に構築される」というテーゼ

から，相対主義的な存在論を読み取る向きがあるかもしれないが，知のこうした側面はクリティカル・リアリズムでも認識されている問題である。Lave and Wenger［1991］が「社会的実践，プラクシス，活動，および，変化しつつある社会的世界への参加を通じて人間の知が発展することを理論化することは，社会科学における長いマルクス主義的伝統の一部である」[41]と述べているように，実践と知の関係に関する議論は，相対主義的な存在論とは対極に位置するマルクス以来の長く伝統のある議論でもある。知の実践論が，存在論の問題としてではなく，認識論の問題として，マーケティング研究でどのように理解されるべきなのかという問題は，クリティカル・マーケティング論の重要な論点の1つを形成しているといえよう。

おわりに

　以上，本章は，経営学・会計学およびマーケティング研究において台頭してきている「クリティカル」な研究を，クリティカル・マーケティング論に焦点を当てて論じてきた。再三指摘しているように，その論点や視点は多岐にわたり，本章で検討した内容はそのほんの一部に過ぎない。特に，本章では，紙幅の関係で十分に論じることはできなかったが，わが国ではマーケティング研究とは別の分野とみなされる傾向が強い消費社会の批判的検討も，海外ではクリティカル・マーケティング論の一部とみなされており[42]，こうした社会学的性格の強いマクロマーケティング研究（マクロマーケティング的な消費研究）は，現代社会のクリティークとして極めて重要である。

　以上のように，クリティカル・マーケティング研究は，広範な広がりを有しており，その射程と理論の多様性は，マーケティングの主流派的な研究に多様な含意や示唆を与えることが可能である。わが国学会では，批判経営学・批判会計学が下火になってから久しいが，「創造的議論」には「批判的視点」を欠かすことはできない。かつてのように，単にマルクスに依拠するというだけでは

なく，柔軟で多様な視角から様々なレベルでのクリティークが活発になることこそは，マーケティング研究を発展させるための不可欠の途であるといえよう。

　　　［付記：本稿は科学研究費助成事業（挑戦的萌芽研究）（平成 25 ～ 27 年度，課題番号：25590092）による研究成果の一部である。］

〈注〉
1) Brownlie [1999], Naskrent [2007], Saren et al. [2007], Skålén, Fougrè and Fellesson [2008], Tadajewski and Brownlie [2008], Hackley [2009], Tadajewski and Maclaran [2009], Ellis [2011], Brownlie and Tadajewski [2013] など。
2) Tadajewski and Maclaran [2009] Vol.1, p.1.
3) Kompridis [2005] p.340; Tadajewski and Brownlie [2008] p.2.
4) See Usui [2011].
5) Alvesson and Willmott [1992] p.2.
6) See Morgan [1992].
7) Hansen [1981] pp.215-216.
8) たとえば Firat, Dholakia and Bagozzi [1987].
9) Tadajewski and Brownlie [2008] p.9.
10) Scott [2007] p.4.
11) Ellis et al. [2011] p.5. 傍点は原文がイタリック体。
12) Hackley [2009] p.17.
13) 以下，4つのクリティークの叙述は Hackley [2009] pp.12-16 を参照。
14) Stoke, Jr. [1925] p.349.
15) Pines [1993].
16) Marion [2006] p.246.
17) Marion [2006] p.246.
18) Ellis et al. [2011] p.79.
19) Marion [2006] p.247.
20) Marion [2006] p.250.
21) Bell and Emory [1971] p.41
22) 以下の叙述は，Ellis et al. [2011] pp.88-93 参照。
23) Kotler and Levy [1971] p.75.
24) Houston [1986] p.85.
25) Kohli and Jaworski [1990] p.15.
26) Ellis et al. [2011] pp.89-90.
27) Jorgensen and Phillips [2002] p.1; Skålén et al. [2008] p.6.
28) Skålén et al. [2006] p.277.
29) 桜井 [1996] p.321。
30) たとえば，Klikauer [2013].
31) See Trank [2014]; Stoke [2011] pp.85-87.
32) この限りにおいて，Skålén et al. [2008] の分析は，薄井 [1999]; Usui [2008] と

33) Skålén et al.［2008］p.88. 以下，本段落の叙述は Skålén et al.［2008］に基づく。
34) Tadajewski and Brownlie［2008］p.18.
35) 存在論と認識論については，鈴木［2007］p.402 注3を参照。なお，クリティカル・リアリズムの検討として榊原［2008］をも参照。
36) Bhaskar［1998］p.16.
37) Easton［2002］; Ryan et al.［2012］など。
38)「実践としてのマーケティング」については，とりあえず，薄井［2013］を参照されたい。
39) Nonaka and Takeuchi［1995］; Nonaka and Kono［1998］など。
40) Hislop［2013］p.32.
41) Lave and Wenger［1991］p.50.
42) たとえば，Tadajewski and Maclaran［2009］Vol. III.

〈主要参考文献〉

薄井和夫［1999］『アメリカ・マーケティング研究―マーケティング管理論の形成基盤―』大月書店。

薄井和夫［2013］「『実践としてのマーケティング』研究と実践コミュニティ―『実践論的転回』によせて―」『商学論纂』第 54 巻第 5 号，pp.165-205。

榊原研互［2008］「超越論的実在論の批判的検討―R・バスカーの所説を中心に―」『三田商学研究』第 51 巻第 4 号，pp.43-57。

桜井哲夫［1996］『フーコー―知と権力―（現代思想の冒険者たち 26）』講談社。

鈴木英規［2007］「書評　スティーヴ・フリートウッド著（佐々木憲介・西部忠・原伸子訳）『ハイエクのポリティカル・エコノミー―秩序の社会経済学―』」『経済志林』第 75 巻第 1 号，pp.401-408。

Alvesson, Mats and Hugh Willmott, eds.［1992］, *Critical Management Studies*, London: Sage.（CMS 研究会訳［2001］『経営と社会―批判的経営研究―』同友館。）

Bell, Martin L. and C. William Emory［1971］, "The faltering marketing concept," *Journal of Marketing*, 35(4).

Bhaskar, Roy［1998］, "Philosophy and scientific realism," in Archer, Margaret et al. eds., *Critical Realism: Essential Readings*, London and New York: Routledge, pp.16-47.（Source: *A Realist Theory in Science*, London: Verso, 1997, Chap.1.）

Brownlie, Douglas et al. eds.［1999］, *Rethinking Marketing: Towards Critical Marketing Accountings*, London: Sage.

Brownlie, Douglas, Paul Hewer and Mark Tadajewski eds.［2013］, *Expanding Disciplinary Space: On the Potential of Critical Marketing*, Abingdon: Routledge.

Easton, Geoff［2002］, "Marketing: A critical realist approach," *Journal of Business Research*, 55.

Ellis, Nick et al.［2011］, *Marketing: A Critical Textbook*, London: Sage.

Firat, Fuat A., Nikhilesh Dholakia and P. Richard Bagozzi, *Philosophical and Radical Thought in Marketing*, Lexington MA: Lexington Book.

Hackley, Chris［2009］, *Marketing: A Critical Textbook*, London: Sage.

Hansen, Flemming［1981］, "Cotemporary research in marketing in Denmark," *Journal

of Marketing, 45(3), pp.214-218.
Hislop, Donald [2013], *Knowledge Management in Organizations: A Critical Introduction*, 3rd ed., Oxford: Oxford University Press.
Houston, Franklin S. [1986], "The marketing concept: What it is and what it is not," *Journal of Marketing*, 50(2).
Jorgensen, Marriane and Louis Philips [2002], *Discourse Analysis as Theory and Method*, London: Sage.
Klikauer, Thomas [2013], *Managerialism: A Critique of an Ideology*, Basingstoke, UK: Palgrave Macmillan.
Kompridis, Nikolas [2005], "Disclosing possibilities: The past and future of critical theory," *International Journal of Philosophical Studies*, 13(3).
Kotler, Philip and Sidney Levy [1971], "Demarketing, yes, demarketing," *Harvard Business Review*, 49(6).
Lave, Jean and Etienne Wenger [1991], *Situated Learning: Legitimate Peripheral Participation*, Cambridge: University of Cambridge.（佐伯胖訳［1993］『状況に埋め込まれた学習―正統的周辺参加―』産業図書。）〈本章の訳は邦訳版とは異なる部分がある。〉
Marion, Gilles [2006], "Marketing ideology and criticism: Legitimacy and legitimization," *Marketing Theory*, 6(2).
Morgan, Glenn [1992], "Marketing discourse and practice: Towards a critical analysis," in Alvesson and Wilmott [1992] pp.136-158.（CMS 研究会訳［2001］pp.167-193。）
Naskrent, Julia [2007], *Marketing Activities: A Critical Analysis from an Ethical Point of View*, Saarbrücken: VDM Verlag Dr. Müller.
Nonaka, Ikujiro and Hirotaka Takeuchi [1995], *The Knowledge-Creating Company: How Japanese Companies Create the Dynamics of Innovation*, Oxford: Oxford University Press.（梅本勝博訳［1996］『知識創造企業』東洋経済新報社。）
Nonaka, Ikujiro and Noboru Kono [1998], "The concept of 'ba'," *California Management Review*, 40(3).
Pines, Christopher L. [1993], *Ideology and False Consciousness: Marx and His Historical Progenitors*, New York: State University of New York Press.
Ryan, Annarie, et al. [2012], "Putting critical realism to work in the study of business relationship process," *Industrial Marketing Management*, 41.
Skålén, Per, et al. [2006], "The governmentality of marketing discourse," *Scandinavian Journal of Management*, 22(4).
Skålén, Per, et al. [2008], *Marketing Discourse: A Critical Perspective*, Abingdon: Routledge.（折笠和文訳『マーケティング・ディスコース―批判的視点から―』学文社，2010 年。）〈本節の訳は邦訳版とは異なる場合がある。〉
Saren, Michael et al., eds. [2007], *Critical Marketing: Defining the Field*, Oxford: Elsevier.
Scott, Linda M. [2007], "Critical research in marketing: An armchair report," in Saren et al. [2007] pp.3-17.
Stoke, Peter [2011], *Critical Concepts in Management and Organization Studies*, Basingstoke, UK: Palgrave Macmillan.

Strong, Jr., Edward K. [1925], *The Psychology of Selling and Advertising,* New York: McGraw-Hill Book Co. Inc.
Tadajewski, Mark and Douglas Brownlie eds. [2008], *Critical Marketing: Contemporary Issues in Marketing,* West Sassex: John Wiley & Sons.
Tadajewski, Mark and Pauline Maclaran eds. [2009], *Critical Marketing Studies,* 3 Vols, London: Sage.
Trank, Christine Quinn [2014], "Managerialism: Born in the USA," *Academy of Management Review,* 39(4).
Usui, Kazuo [2008], *The Development of Marketing Management: The Case of the USA c.1910-1940,* Aldershot, UK: Ashgate.
Usui, Kazuo [2011], "Legacy of critical marketing in Japan: Rise and fall of Morishita's paradigm," in M. Tadajewski and L. C. Neilson eds., *Marketing History in the New World: Proceedings of the 15th CHARM,* New York: CHARM Association.

（薄井　和夫）

第Ⅱ部

消費理論におけるマクロ視角

第5章

消費文化理論と流通機構の解明

第1節　台頭する質的アプローチと消費文化理論

　近年，商業，流通，マーケティングに関係する学会で質的アプローチと呼ばれる定性調査や解釈学的な調査手法を用いた消費研究に接する機会が増えた。その中でも，消費文化理論（Consumer Culture Theory = CCT）は短期間に業績を増やし，わが国においても本格的な業績がみられるようになった。さらに初学者向けの消費者行動論のテキストにおいてもかなりのページ数を割いて消費文化理論の意義について説明しているものさえ出てきている[1]。ベルク（R. Belk）は，「消費文化理論（CCT）の呼び名は定性調査をおこなう多くの人に，ブランドとして採用されてきた」[2]と述べている。

　もっとも，質的アプローチをとっている業績がすべて消費文化理論に包含されるようになったわけではなく，消費文化理論にはいくつかの特徴がある。社会経済的な変化とともに重要性を高めてきた消費文化について論じるだけではなく，マーケティングと消費の間には相互作用が存在することを念頭に置いている点や，社会歴史的な消費パターンが存在し，それは消費現象の発現に影響を及ぼしていると考えている点などである。

本章の目的は，第1に，より現代的なマクロの消費パターンを明らかにする新しい研究方法としての消費文化理論について，若干その前史的な文献のサーベイなども行いながら紹介することである。主要な研究領域や中心的なテーマについても言及することにしている。第2に，これまで研究の中心であった米国の研究者やその共同研究者による業績を紹介するのはもちろんのこと，近年本格的な業績が現れ始めているわが国における研究状況についても論じておくことにしたい。そして第3に，最終的には現代の流通機構の解明に消費文化理論の方法をどのように生かすことができるのか，まとめてみたいと考えている。

第2節　消費文化理論展開の背景と中心的な関心領域

1．マクロ消費研究と快楽的消費研究

1980年代初頭以降，消費研究に新しい波が押し寄せた。それは大きく2つに分けられ，1つは，フィラート（F. Firat）やドラキア（N. Dholakia）などによるマクロ消費についての一連の業績であり，もう1つは，ハーシュマン（E. Hirshman）やホルブルック（M. Holbrook）などによる快楽消費についての一連の業績であった。ともにそれまで消費者行動研究の主流であった，刺激―反応型モデルや消費者情報処理アプローチに依拠した研究に対するアンチテーゼとして展開されている[3]。

マクロマーケティングの研究者たちによって展開されたマクロの消費パターンについての研究は，社会経済的な環境変化とともに消費パターンも変化するという発想に立つものであり，特にマーケティングが盛んに行われる時代における消費者行動のパターンの抽出において優れた業績を残した[4]。1980年代初頭当時の消費者行動は，受動的で，個人的で，私的で，そして疎外された消費として描かれている。彼らの研究は，マクロ消費研究者たちの中から育ったポ

ストモダン消費分析へと進化を遂げ，フラグメンテーションやカスタマイズなどの概念を生み出しながら[5]，より複雑性を増すマーケティング時代に対応する消費研究をリードすることとなった。後続の議論にも受け継がれることとなる消費文化の形成過程に対する批判的な研究姿勢において特徴的であるが，ポストモダンの評価における楽観論をめぐっては後に議論を生むことになった[6]。

マクロマーケティングの研究者たちが消費研究の対象を拡張しようとしていた同時期に，やはり文化的製品や集団としての消費といった領域に着目して「快楽的消費」研究を進めたのがハーシュマンらであった[7]。一方でマーケティング戦略に積極的に芸術的な要素が取り入れられ，他方で芸術作品の消費が大衆的に行われる時代の消費を反映していたといえよう。もはや文化を取り扱うことが消費研究にとって避けがたいところまで来ていたのである。文学作品を読み込むかのような解釈学的な分析手法が取り入れられることになり[8]，それまでの消費者情報処理アプローチに対する鋭いアンチテーゼを形成することになった。

マクロの消費研究と快楽的消費研究はともに，後に消費文化理論の研究者たちによって先駆的な業績として消費文化研究の端緒的な業績として位置づけられる。いうまでもなくいっそうの成熟段階を迎えたマーケティングと消費の関

図表5-1　消費文化理論の形成（1980年代以降）

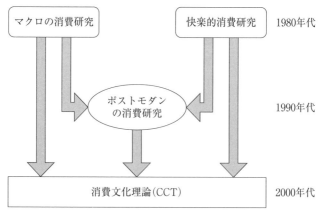

（出所）　筆者作成。

係性の解明という時代の要請をいかに受け止めるのかという認識において両者は一致しており，また消費者情報処理アプローチに代表される認知心理学的な消費研究の実効性への疑問という点においても共通の見方があったと思われる。

両者の研究潮流の中から2つの中核的なアイデアが消費文化理論に継承されていった。その1つが消費パターンというアイデアであり，もう1つが文化的消費の拡大というアイデアであろう。これらのアイデアは，消費文化理論の研究領域において中心的な位置を与えられることになる。

2. 4つの研究領域

2005年に発表されたアーノルド（E. Arnould）とトンプソン（C. Thompson）による研究の歴史をまとめた有名な論文によれば，CCTの研究領域は，4つに分けられる[9]。

第1の領域は，消費者アイデンティティプロジェクトの領域である。消費者と市場は，消費者のアイデンティティ形成において共同の生産者であるとされた。いうまでもなく消費者は自らアイデンティティを形成しようと試みる。これに対して市場は，消費者がアイデンティティ形成をなす上で必要な商品やサービスの提供を通じて消費者に心地よい選択肢を提供することになる。近年の業績の中には，大型SUV車であるハマーをめぐる物語形成において消費者の道徳的なアイデンティティが果たした役割についての研究や[10]，家族間のコミュニケーション形成においてそれぞれのアイデンティティを有する成員の相互作用を管理するために財やサービスが導入されていることを論じた研究[11]などがある。

第2の領域は，市場文化である。ここでは消費者は文化の作り手とみなされる。共通の関心をもつ消費者間の連帯などについて考察され，特殊性，分裂性，一時性などの様相を帯びながら形づくられる消費者による文化的世界に関する研究が多い。サブカルチャー，消費世界，ミクロ文化の研究などと称されることもある。近年の業績としては，「シェア」に関する一連の研究がある。家族やコミュニティにおけるシェアや，インターネット上のファイルのシェアなどに

ついて取り扱っており，ベルクは，シェアを贈与や市場交換などといった伝統的な経済的統合概念と比較しながら議論を展開した[12]。また中国人消費者が，政治的アイデンティティを主張するために西欧社会のブランドを採用している事例を取り上げながら，市場文化の複雑性に言及する業績もある。中国の消費者は，ブランド消費という実践を通して中国の国家的アイデンティティに対する不支持の態度を表明しているという[13]。

　第3の領域は，消費の社会歴史的なパターン化である。階級，コミュニティ，民族，ならびにジェンダーといったシステム的に消費に影響を与える制度的および社会的な構造に焦点を当てる領域であり，消費社会とは何か，あるいはそれはどのように形成され維持されているのかについて議論される。ブルデュー（P. Bourdieu）の業績[14]にみられるような社会階級と消費との構造的な関係を論じるものや，特定の消費行動を生み出すパターンについて解明するような業績もある。いずれにしても，中期的な消費のパターンを明らかにしようとする領域であるといえよう。近年では，トルコのヘアサロンを研究対象として，貧しく教育を受けていない従業員グループと豊かで高い教育を受けている顧客グループの間の支配関係をめぐる分析[15]があり，長期的で多面的なステータスゲームと美容産業の関係を明らかにした。経済資本，社会関係資本，ならびに文化資本において異なるバックグランドを有する消費者とサービス提供者の間の関係性について総合的な分析がなされている。

　そして第4の領域は，マスメディアによるイデオロギーと消費者の解釈戦略である。広告やメディアに映し出される消費者のアイデンティティやライフスタイルの理想についての支配的な表現に消費者がどのような反応を示すのかに焦点が当てられる。消費者は支配的なイデオロギーを暗黙的に受容するような行動から，このようなイデオロギー的な強制から逸脱を試みる行動に至るまでの範囲にポジションをとる。消費者による支配的なイデオロギーに対する異議申し立ても消費研究の中に位置づけられた点で意義があった。最近では，北インドにおける反コカコーラ運動における消費者パワーについて論じた業績[16]や，共産主義から消費社会へ向けての改革が進行中の中国においていかにしてそのイデオロギー的な対立は架橋されたかについて論じた業績[17]などがある。

以上の4つの領域それぞれにおいて多くの業績が出されている。また多くの場合，1つの業績が複数の研究領域にまたがる形で研究は進められており，その他の領域についても論者の問題意識におかれているといえよう。

第3節　消費文化理論の現代的課題と理論展開の方向

1．研究領域間の相互関係

　アーノルドとトンプソンは，2007年の論文において消費文化理論の4つの研究領域について再度検討し，領域間の相互関係を探りながら，近年の研究動向について整理している。ここではその議論を参考にしながら，CCTの多様な方向性について考えてみたい。図表5-2は，4つの研究領域間の相互関係を示している。反時計回りに向けられた矢印に沿って研究領域間の関係が説明されている。

　第1に，底辺から右上に向けられた矢印には，イデオロギーによる消費者のアイデンティティ，目標ならびに欲求の形成と書かれている。過去のCCTの業績においては，支配的イデオロギーと消費選択の相互関係について弁証法的な見方が定着してきているという[18]。

　たとえば，原子力発電や有害物質で地球環境を汚染するような電力の購入を正当化する支配的なイデオロギーの押し付けを避けたい場合，消費者は，それらの電力の消費を回避しつつ，太陽光エネルギーや風力発電によるエネルギーなどの購入を可能にするような選択を採用するかもしれない。このような対抗的なイデオロギーによる影響力の行使によって，スマートグリッドなどの消費選択の可能性が生み出されるようになると，競合的な消費選択が偶有的なものとなる[19]。

　第2に，右から上に向けての構造とエージェンシーの緊張と書かれた矢印に

図表5-2 消費文化理論における理論的関心の共通構造

消費の社会歴史的なパターン化
階級，人種，ジェンダー，ならびにその他の慣習化された社会的カテゴリーによって形づくられた消費，弱体化した文化資源のもとでの消費，社会経済的なヒエラルキーを通したパワー関係の制度化と再生産

グローカリゼーションとグローバルフローの「スケープ」

構造とエージェンシーの関係

市場文化
ブランドコミュニケーションに埋め込まれた社会文化的ダイナミクス，ファンコミュニケーション，消費者のミクロ文化，消費サブカルチャー，社会的つながりや社会関係の媒介者としての市場

消費者アイデンティティプロジェクト
アイデンティティプレイ，身体イメージと自己プレゼンテーション，ジェンダー行為遂行性，象徴的特質，拡張自己，文化的矛盾の交渉，消費の経験的次元

マスメディアによる市場イデオロギーと消費者の解釈戦略
散漫で，想像主観的で，物質的な，市場における消費者イデオロギーの表現，消費者によるメディアの積極的活用やヘゲモニーに関するコードについての批判的で対抗的な読み込み，ダイナミックな協調行為，グローバル化するメディアスケープや消費スケープの影響力

市場媒介的なネットワークと埋め込まれた消費

イデオロギーによる消費者のアイデンティティ，目標ならびに欲求の形成

(出所) Arnould and Thompson [2007] より作成。

注目してみる。このフェーズでのCCT研究の特徴は，階級，ジェンダー，民族などの社会構造によって消費パターンが固定されると考えるのではなく，そこからの逸脱や内部での微妙な差異に着目しながら，それでも繰り返されるパターン化や新しいアイデンティティの形成プロセスの究明へと進んでいく[20]。

たとえば，前述したトルコのヘサロンにおける従業員は，美容師としての技術やマネージャーとしての管理スキルを習得し，異なる消費パターンを有する顧客との多様かつ継続的なかかわりを経ることで，社会階層の階梯を上昇し，自らのアイデンティティの再構築を達成するかもしれない[21]。

3番目の矢印は，上から左へ向いており，グローカリゼーションとグローバルフローの「スケープ」とされる研究対象であり，近年のCCT研究の発展に1つの方向性を与えつつあるといえよう。グローカリゼーションとは，よく知

られているように,グローバルな文化や経済と地方の文化や経済の構造間の相互浸透によって生み出され,アパデュライ (A. Appadurai) によるグローバル化のスケープ概念などがその理解に用いられている[22]。

アーノルドとトンプソンは,近年の業績として,メディアによるグローバルフローの適用と民族的アイデンティティの交渉を分析した,グリーンランドの若者文化におけるグローカリゼーションの様式についての研究を紹介している[23]。

そして第4の矢印は,左から下へ至る市場媒介的なネットワークと埋め込まれた消費である。市場交換のネットワークが,ローカルに確立されたコミュニティ的な互恵や相互関係を破壊しつつそれぞれの境界線を超えて媒介的機能を果たすようになり,その中に,社会的関係や社会的実践は埋め込まれているとされる。

このような包括関係に対する着目は,インターネット化以降,大きく促進されており,このフェーズでの研究も増加してきた。たとえば近年のクラウドファンディングなどにもみられる贈与的行為の革新的な試みは,デジタル世代の技術的インフラストラクチャー抜きには成立せず,サイバースペースのリゾーム的なネットワークに埋め込まれることになるのだという[24]。

以上のように,アーノルドとトンプソンは,CCT の4つの研究領域間の関係を近年関心が広がっている研究対象の紹介を織り交ぜながら整理している。今後発展可能性がある方向を示すと同時に,それぞれの研究領域が別個のものとして展開されうると受け取られることや,あるいは特異な消費現象だけを取り上げているという CCT 研究への批判を退ける意図もあるかもしれない。

2. CCT 研究の独自性と理論展開の方向

これまでに論じてきたことから消費文化理論の研究領域について,次のようにまとめることができる。第1に,研究領域は,消費者アイデンティティプロジェクト,市場文化,マスメディアによる市場イデオロギーと消費者の解釈戦略,消費の社会歴史的なパターン化の4つの領域に分けられる。第2に,それ

ぞれの研究領域は明確に区分できるわけではなく，また同一業績が2つ以上の研究領域にまたがっていることも多い。第3に，研究領域間の関係に着目することで，新しい研究の方向性を展望することが可能である。ところで，消費研究において，質的分析，定性調査，解釈学的研究などと呼ばれる研究手法への関心がしだいに高まってきた。その多くは文化や芸術的な消費を分析対象に含むとすれば，これらの研究手法の中でCCTの独自性はどこに求められるのであろうか。

明確に他の研究手法とCCTを分けているのは，消費の社会歴史的なパターン化という研究領域が置かれているように，歴史的な視点が存在していることである。質的あるいは解釈学的な研究手法をとることは必ずしも歴史的な視点をとることと連動するものではない[25]。研究領域の1つとして消費の社会歴史的なパターン化を置くことで，CCTはマーケティングと消費現象の現代的相互関係の分析という現代への視点を獲得しているという点で独自性があるといえるのである。

このようなCCTにおける歴史的視点を重視した研究姿勢は，たとえばブランド戦略研究でも応用されることになった。ホルト（D. Holt）などによるカルチュラルブランディングの議論は，まさにこのCCTの独自性と連動している。カルチュラルブランディングをめぐる議論は，1996年のアーカーのブランドアイデンティティ論以降の起点としてのブランド戦略論の1つとして登場してくるが，CCTと同様にブランドと社会の歴史的な関係に着目して展開される点で独自性を有する。従来の「マインド・シェア」型のブランド戦略が製品の属性要素から抽象化のプロセスを経て得られる普遍性にブランド戦略の軸を置くのに対して，カルチュラルブランディングにおいては社会における歴史的文化的な転換点の解釈にブランド戦略の軸が置かれることになった[26]。

質的，解釈学的方法が消費研究に導入されること自体，時代的な要請であると考えることもできる。消費過程における人間の主体的行為や消費対象の選択は偶有性を増してきた。この偶有的な消費について探究する方法として解釈学的方法が有効だと目され始めている。このように研究対象の変化に応じて研究手法の動向が形成されていることはもっともな流れであるといってよい。しか

し，社会歴史的な消費パターンの抽出や，社会構造的な分析と解釈学的な方法との接続について否定するような方法には疑問を感じざるを得ない。歴史的視座を明らかにすることによってのみ，消費パターンの抽出とそのマーケティング実践への適用は確かなものになるといえるのではないだろうか。

第4節 わが国における消費文化研究の展開

1. マクロの消費分析

よく知られているように，マーケティング分野における消費研究は1960年代に体系化されていく。その中心として確立されていったのが認知心理学に基づく消費者情報処理モデルであった。このような消費者行動論における動きは量的アプローチと呼ばれる精緻化された数量分析をマーケティング研究に導入することになり，調査研究手法における「科学化」を推し進めたのである。もっとも，「科学化」の推進は，研究対象を消費生活全般ではなく購買過程に限定し，消費実践と社会経済的な歴史的文脈との関連を切断し，特異な消費者行動をノイズとして排除することによって推し進められることになった。このような消費者行動論の状況に対して前述したように消費パターン分析やポストモダンアプローチといった動きが生じたのである。

1980年代を迎えると，成熟社会に入ったわが国の消費のあり方について再考が始まる。豊かさ論である。私的生活領域に投入される市場で購入された消費財は豊かになったものの，果たして心の豊かさは得られたのかといった問題提起であった。このような時代状況の中で，公共的で集合的な消費について議論が展開されていく。

阿部真也は，豊かな社会における消費研究の拡大方向を次の2点から整理している。非市場的に行われる消費活動へ向けての拡大，および情報や記号の消

費へ向けての拡大である。非市場領域における消費については，公共的集合消費という概念が提示されている。その概念には，「教育や医療あるいは環境保全などの生活の再生産の重要な分野，しかもその欲求充足がきわめて不十分な分野において，多数の消費主体の共同行動や協力関係によって政治参加を進めていく，能動的な消費者像を定立できるのではないか」[27]という思いが込められていた。もっとも阿部における関心の中心は，個別に市場領域で行われる消費活動とこの公共的集合消費の中間領域で行われる現代的な消費活動にあった。

もう1つの消費研究の拡大方向として示された情報や記号の消費については，とりわけマーケティング戦略による消費への影響とそれが消費者間に普及するプロセスに関心が置かれた。阿部は，「歴史上のある時期には幻想的な価値を持つに過ぎなかった色彩の差異やパッケージ・デザインが，現代では実質的価値をもつにいたる」[28]と述べた上で，このような転換が，たとえば商業施設のディスプレイや店舗デザインに波及すると論じている。

阿部によるマクロの消費研究は，フィラートやドラキアの消費パターン分析と同様に，資本主義経済の特定の蓄積様式と関連づけながら消費パターンを理解しており，またその消費パターンの中におけるたとえばブランド消費研究の新しい方向性をも含む分析対象の拡張を意図するものであった。このようなマクロの消費研究を志向する動きは，企業社会と生活世界の相互浸透関係から現代マーケティングを解明しようとする試みや[29]，生活論的なアプローチから小売業の文化表現機能を探究する業績[30]などを生み出している。

2．偶有性の消費分析

阿部などによるマクロの消費研究が進展していた同時期に，マーケティングと消費のコミュニケーションに着目する議論が展開されるようになった。マーケティングプロセスの恣意性あるいは偶有性といった性格に着目するものであり，議論は，決定論的な研究姿勢に対する批判へと向かい，局所的秩序の潜在性を読み解くといった方法を試行することになる[31]。

発端は，石井淳蔵のマーケティングプロセスの恣意性についての議論であっ

た[32]）。決定論的あるいはシステム論的として石井が批判の標的とする伝統的なマーケティング論の理解[33]）とは異なり，マーケティングプロセスは曖昧なものとして理解されなければならないと強調した。歴史的に事前に決定されているものなど何もなく，価値も使用価値も恣意的にしか決定されないのだと論じられる。またそこに客観的根拠となる実体などもなく，マーケティングプロセス，とりわけそのコミュニケーションプロセスにおけるメディアとメッセージとの対話による異質の地平の融合としてマーケティングプロセスは理解されるべきとされた[34]）。

　バブル経済崩壊後の消費者がみえなくなったといわれた時代的背景を受けながら，石原武政と石井の間の消費者欲望の理解などをめぐる論争によって多くの業績が生み出された[35]）。中でも栗木契による消費の偶有性についての議論は，石井によるマーケティングプロセスの恣意性についての理解を正統に継承したものと考えることができよう。たとえば，商品あるいは広告における物語について，社会的秩序を表現するものであるとしながらも，それは「偶有性すなわち他でもありうる可能性に開かれている。記号が秩序を創発するプロセスには，偶有性が常に並存している」[36]）と述べ，消費者による他の解釈の可能性があることを繰り返し強調している。

　偶有性のアイデアは，伝統的なマーケティング論の枠組みの中で消費についての議論を行う者の中でも共有されつつある。たとえば，中西大輔は消費における偶有性の存在を認めており，現代消費論の中心的なテーマとして取り扱っているが，「消費者がポストモダン化，つまり偶有化しているといっても，その内実は，資本の論理とそれを纏うマーケティングが作用したSAAC（消費パターンを派生させる構造—筆者）および消費パターンの枠内でのみ『自己イメージのコントロールに参加できる』に過ぎない」[37]）と論じた。同様の主張は，河田祐也にもみられる。河田は，個性的な消費者であろうとするために嗜癖的な消費選択を繰り返す消費者達について論じながら，このような消費者達がマーケティングにとって都合がよい人たちであったと論じている[38]）。

　近年の議論が示唆しているように，消費における偶有性の問題がより重要化するのは，石井が決定論者として批判する森下二次也が唱えたマネジリアル・

マーケティングが全面化して以降であり，その意味では偶有性それ自体が社会歴史的に規定された概念であるといえるのかもしれない。消費パターンの存在を認めるのかどうか議論は分かれるところであるが，偶有性の議論は，トンプソンとアーノルドが示した消費文化理論の4つの研究領域のうち，消費の社会歴史的パターン化を除く3つの領域に関係していると考えてよい。また，普遍的秩序の確定が困難な時代に，数量化などの手法ではなく質的リサーチの必要性を訴えている点でも，消費文化理論に連なる業績であるといえよう。

3. 消費文化研究の本格化

マクロの消費分析や偶有性の消費分析の他にも解釈学的アプローチやポストモダン消費論などにおいて，同様の時代的要請を受けて生まれてきた研究が蓄積されてきたのであるが，そのすべてを紹介するのがここでの目的ではない。先に，アーノルドとトンプソンが消費文化理論の業績においては，少なくとも研究領域のうち2つかそれ以上の領域における貢献があると論じていることを紹介した。ここではそのような要件に照らして，消費文化理論の功績として位置づけることが可能だと思われるいくつかの先駆的な業績を紹介しておきたい。

最初期の本格的な業績として南知恵子のギフト・マーケティングについての研究がある。社会歴史的に形成される消費パターンを明確に意識している点や，市場文化の形成におけるマーケティング側からのアプローチや消費者の受容プロセスなどについて論じている点などから，本格的な消費文化理論の業績であったといえよう。方法論的にも，一方で丁寧なマクロの市場分析がなされるのと同時に，他方でブライダル市場をめぐるマーケッターと消費者の両方に対する面接調査を中心に据えるなど画期的であった。消費者に対する面接においては，「調査対象者を誘導することを極力避け，自由に語らせる形態をとった」[39]としている。

クリスマス消費の分析に消費文化理論を用いたのは，木村純子である。論題にもあるように構築主義のアプローチがとられている。構築主義とは，「現実がそこにもともとあると考えるのではなく，人々の活動によって社会的に構成さ

れると考える」[40]方法であり，またクリスマス消費は，なにか特定の1つの要素に還元して説明できないという「非還元主義」[41]をとる方法である。調査においてはテキストデータとして雑誌および新聞記事，新聞広告が用いられ，またクリスマス消費に詳しい人々と限定的ではあるがインタビューも実施されている。消費文化理論の研究領域との関連でいえば，クリスマス消費という市場文化を主題として取り扱っており，またマーケッター側からのアプローチと消費者側の理解など複層的にクリスマス消費をめぐる消費者アイデンティティプロジェクトに関する議論を試みた業績であったといえるであろう。

より近年の業績として，松井剛の「癒し」ブームについての研究がある。すでに消費文化理論について直接的な言及がみられるようになる。もっとも松井は，消費者自身によるアイデンティティ形成へ向けての動きなどについて論じることはない。その関心の中心は，消費をめぐる文化が商業的にどのように生産されるのかという問題であり，癒しという市場文化形成におけるメディアとマーケティングによる影響力の行使にある。また第二次世界大戦以降のマーケティングが日本に定着する時代から「癒し」ブーム誕生に至る2000年代までの消費者観の変遷について論じ，さらに癒しの普及過程＝世俗化については1988年代以降を4期に分けてデータ解析を実施している[42]。この点で，消費文化理論の研究領域における消費の社会歴史的なパターン化にも対応しているといえよう。なお，データ解析には新聞記事および雑誌記事タイトルなどが用いられた。

これら代表的な業績の他にも，消費文化理論の枠組みと方法を都市のまちづくり戦略形成プロセスの解読に用いた業績[43]や，ホルトなどを参考にしながら消費文化理論の成果を企業のブランド戦略の理解に生かそうとするカルチュラルブランディング[44]などが議論され始めている。消費文化理論の研究対象やその方法が確定されるようになると[45]，明確にそれを意識しながら議論が展開されるようになっているとみることができる。

第5節　消費文化理論の流通研究における意義

　一定期間ある程度の安定感をもって存在する流通の様式を流通機構という。マクロの流通システムといってもよいだろう。自由競争時代の流通機構や独占時代の流通機構といわれるものである。自由競争時代の流通機構を説明する理論として自立化した商業資本の理解を中心とした，商業経済論パラダイムがある。しかし，独占時代の流通機構を説明する「配給論パラダイム」は未完であるといわれてきた[46]。この問い自体に現在も意味があるかどうかは議論を必要としそうであるが，明らかなのは，少なくともマーケティングが誕生して以降の流通機構において消費がもつ意味は格段に重要になってきたということである。もっともそれぞれの消費行為は気まぐれで捉えどころのないものでしかない。しかし，それが選択的，偶然的なものに過ぎないからといって説明を放棄できるわけではない。理論的にも実践的にも中間的で一定期間確定することができる消費様式＝消費パターンを理解することは，現代の流通機構を明らかにするためには不可欠の作業であるといえよう。

　最後に，以上のような現代の流通機構解明という課題も含めた上で，消費文化理論が流通・マーケティング研究において果たすと思われる貢献を3点からまとめておくことにしたい。

　第1に，消費文化理論は，現代的消費を明らかにするための分析手法を提供している。数々の業績に明らかなように，消費文化理論においては，奇妙であると感じられたり通常であればノイズとして済まされたりするような消費行為にスポットが当てられることさえしばしばである。これらの消費行為を解明するために導入される方法も，被験者を限定した長期にわたるインタビューや各種のテキスト解読の手法など多様であり，これまで捨象されてきた消費者行動の明確化に貢献している。

　第2に，消費文化理論は，自律的な消費者行動を明示化している。従来から，

マーケティングによる消費者行動への影響を明らかにするものは多くあった。消費文化理論の特徴をなし理論的にも実践的にも大きな貢献となると思われるのは，従来の流通・マーケティング研究において主要な秩序形成の要因とみなされることがなかった消費者の自律的行動を明確に研究領域の1つに加えていることである。

そして第3に，消費文化理論は，消費の社会歴史的なパターン化の解明に関心をもっているということがある。この点で，消費文化理論は，情報処理パラダイムに代表される従来の消費者行動論のアプローチと明確に異なるのはもちろん，近年注目されることが多くなった定性的調査手法や解釈学的調査手法を用いたアプローチ一般とも異なる位置に置かれているといえよう。消費パターンが日常的に繰り返される消費者行動に影響を及ぼしたり，あるいは逆に個々の消費者行動のあり方が消費パターンに影響しその転換を促したりすることになるが，このような消費パターンの変化の理解こそ，マーケティングが中心に座って以降の流通機構の解明にとって不可欠の理解であることはいうまでもない。

かつて人類が自給自足を行っていた時代に，財の配分を含む経済的な制度は，我々の生活の中に埋め込まれていた。しかし経済活動の活発化に伴ってやがてそれは外部化し，生活と対立する独立した存在として立ち現れることになる。企業社会と生活世界が相互作用する様子[47]をいかにして解明するのか，これは現代の流通理論に課せられた重要な課題である。このような課題に応えうる消費研究の方法として消費文化理論の意義は大きい。

〈注〉
1) 田中［2015］p.189。
2) Belk, Fischer and Kozinets［2013］. (訳書, p.18。)
3) これらと分かちがたく結びついた研究方法や研究姿勢として，解釈学的分析手法やポストモダニズムなどがあり，それぞれ多くの業績を生み出していった。このCCTに至るまでの経過については，吉村［2010］を参照いただきたい。
4) Firat and Dholakia［1982］などを参照。
5) Firat and Venkatesh［1993］などを参照。
6) ポストモダンの解放的性格を積極的に評価したのは，Firat and Venkatesh［1995］であった。これに対してその楽観的な姿勢を批判しているのは，Holt［2002］, pp.72-73

である。
7) Hirschman and Holbrook [1982].
8) Sherry and Schouten [2002] などがある。
9) Arnould and Thompson [2005]. 本章で紹介する議論は，主として2005年以降に発表された業績を中心にまとめている。それ以前の業績は吉村 [2010] を参照していただきたい。
10) Luedicke, Thompson and Giesler [2010] p.1020.
11) Epp and Price [2008] p.52.
12) Belk [2010] p.721.
13) Dong and Tian [2009] p.508. 日本を含む西側諸国は，中国の消費者にとって時に支配者として，時に解放者としての位置づけを与えられており，ブランドはその象徴であるとされる。
14) Bourdieu [1979].
15) Üstüner and Thompson [2012] p.800.
16) Varman and Belk [2009] p.697.「スワデーシ」といわれる国産品愛用のイデオロギーが運動において果たした役割が明らかにされる。
17) Zhao and Belk [2008], p.233. 毛沢東死去と鄧小平による改革開放路線以降の中国におけるイデオロギー的変遷の中で広告が果たした役割を明らかにしている。日本製品の広告も取り上げられている。
18) Arnould and Thompson [2007] p.9. アーノルドなどは，薬品の選択について論じている。原子力発電に対する代替案の提起については，竹濱 [2013] を参照。
19) Arnould and Thompson [2007] p.10.
20) Arnould and Thompson [2007] p.11.
21) Üstüner and Thompson [2012].
22) Appadurai [1996]（訳書，p.69。）
23) Kjeldgaard and Askegaard [2006].
24) Arnould and Thompson [2007] p.12.
25) たとえば，偶有性の議論を展開する栗木契は，決定論とは異なる形でマーケティング理論を構築しようと試みるとして法則性や客観性の解明を研究プログラムから排除する（栗木 [2008] p.2)。もっとも，他方で栗木は局所的秩序の潜在性を読み解くとしており，消費パターン的なものの存在を全く否定しているわけではない。
26) Holt [2004] および Holt and Cameron [2010].
27) 阿部 [1993b] p.69。
28) 阿部 [1993a] p.18。
29) 吉村 [2004] とくに終章を参照願いたい。
30) 大野 [1993]。
31) 栗木 [2008] p.12-13。
32) 石井 [1993] p.42。
33) 石井は，田村 [1971] および森下 [1993] において採用されているシステム論的あるいは構造主義的な方法を批判している。石井 [2012] p.21. もっとも，両者（森下および田村）のマーケティング論は，主体と客体が交錯する姿を動態的に描いており決定論的だとする批判は当たらないように思われる。
34) 石井 [1993] p.321。

35) 論争の出発点に置かれたのは，石原武政のマーケティングと消費者需要の理解についての先駆的な業績であった（石原［1978］）。
36) 栗木［2003］p.122。
37) 中西［2007］p.77。
38) 河田［2012］p.78。
39) 南［1998］p.165。
40) 木村［2002］序文。
41) 木村［2002］p.84。
42) 松井［2013］p.86。
43) 草野［2010］。
44) 吉村［2013］。
45) Arnould and Thompson［2005］および［2007］，吉村［2010］などを参照願いたい。
46) たとえば田村正紀は次のように述べている。「配給論の理論体系はその存在可能性が予言されているだけであって，その基本的輪郭すら与えられていない」（田村［1984］p.7）。マーケティングが誕生して100年以上を経過した現在において，商業か「配給」かといった二分法が妥当かどうか検討の必要がある。
47) 企業社会と消費生活の相互作用，そしてそこで生活世界原理が有する重要性については，福田［2013］，吉村［2004］などを参照願いたい。

〈主要参考文献〉

阿部真也［1993a］「消費・流通研究の現代的課題」，阿部真也監修『現代の消費と流通』ミネルヴァ書房。
阿部真也［1993b］「『公共的集合消費』と生活の質」，阿部真也監修『現代の消費と流通』ミネルヴァ書房。
石井淳蔵［1993］『マーケティングの神話』日本経済新聞社。
石井淳蔵［2012］『マーケティング思考の可能性』岩波書店。
石原武政［1978］『マーケティング競争の構造』千倉書房。
大野哲明［1993］「現代の生活と小売業の社会的機能」，阿部真也監修『現代の消費と流通』ミネルヴァ書房。
河田祐也［2012］「『『個性消費』の反復性とその嗜癖性」『日本大学経済学部経済集志』第82巻1号，4月。
木村純子［2002］『構築主義の消費論―クリスマス消費を通したプロセス分析―』千倉書房。
草野泰宏［2010］「現代のまちづくりと市民参加―消費文化理論（CCT）調査の応用―」『流通』第26号，7月。
栗木 契［2003］『リフレクティブ・フロー』白桃書房。
栗木 契［2008］「構築主義の視角によるマーケティング・リサーチ再考（後編）―マーケティングにおける質的リサーチの有効性―」『流通研究』第10巻第3号，3月。
竹濱朝美［2013］「電力における消費者選択，再生可能エネルギーによる電力グリーン化」，吉村純一・竹濱朝美編『流通動態と消費者の時代』白桃書房。
田中 洋［2015］『消費者行動論』中央経済社。
田村正紀［1971］『マーケティング行動体系論』千倉書房。

田村正紀 [1984]「流通システム論」田村正紀・石原武政編『日本流通研究の展望』千倉書房。
中西大輔 [2007]「偶有的マーケティング市場の内実―ポストモダン・マーケティングを手がかりに―」『日本大学経済学部経済集志』第77巻第1号，4月。
福田 豊 [2013]「流通経済と生活世界」，吉村純一・竹濱朝美編『流通動態と消費者の時代』白桃書房。
松井 剛 [2013]『言葉とマーケティング：『癒し』ブームの消費社会史』碩学社。
南知惠子 [1998]『ギフト・マーケティング―儀礼的消費における象徴と互酬性―』千倉書房。
森下二次也 [1993]『マーケティング論の体系と方法』千倉書房。
吉村純一 [2004]『マーケティングと生活世界』ミネルヴァ書房。
吉村純一 [2010]「消費文化理論がマーケティング研究にもたらすもの」『熊本学園商学論集』第16巻第1号，9月。
吉村純一 [2013]「現代マーケティングにおけるカルチュラル・ブランディングの位置―ブランド戦略における歴史性をめぐって―」『流通』第33号，12月。
Appadurai, A. [1996], *Modernity At Large, Cultural Dimensions of Globalization*, Minneapolis, University of Minnesota Press.（門田健一訳（2004年）『さまよえる近代―グローバル化の文化研究』平凡社。）
Arnould, E. J. and C. J. Thompson [2005], "Consumer Culture Theory (CCT): Twenty Years of Research," *Journal of Consumer Research*, 31(4).
Arnould, E. J. and C. J.Thompson [2007], "Consumer Culture Theory (and We Really Mean Theoretics): Dilemmas and Opportunities Posed by an Academic Branding Strategy," in R. Belk and J. F. Sherry, Jr (eds) *Consumer Culture Theory, Vol. 11 of Research in Consumer Behavior*, 3-22. Oxford, UK: Elsevier.
Belk, R. W. [2010] Sharing, *Journal of Consumer Research*, 36(5), pp.715-734.
Belk, R. W., E. Fischer and R. Kozinets [2013], *Qualitative Consumer and Marketing Research*, Sage（松井剛訳 [2016]『消費者理解のための定性的マーケティング・リサーチ』碩学舎。）
Bourdieu, P. [1979], *La Distinction: Critique Sociale du jugement*, Paris: Éditions de Minuit.（石井洋二郎訳 [1989]『ディスタンクシオンⅠ』新評論。）
Dong, L. and K. Tian [2009], "The Use of Western Brands in Asserting Chinese National Identity," *Journal of Consumer Research*, 36(3).
Epp, A. and L. Price [2008], "Family Identity: A Framework of Identity Interplay in Consumption Practices," *Journal of Consumer Research*, 35(1), pp.50-70.
Firat, A. F. and N. Dholakia [1982], "Consumption Choices at the Macro Level," *Journal of Macromarketing*, 2(2).
Firat, A. F. and A. Venkatesh [1993], "Postmodernity: The age of marketing," *International Journal of Research in Marketing*, 10(3).
Firat, A. F. and A. Venkatesh [1995], "Liberatory Postmodernism and the Reenchantment of consumption," *Journal of Consumer Research*, 22(3).
Hirschman, E. and M. B. Holbrook [1982], "Hedonic Consumption: Emerging Concepts, Methods and Propositions," *Journal of Marketing*, 46(3).（大津正和訳 [1993]「快楽的消費」『マーケティング・ジャーナル』第49号。）

Holt, D. B. [2002], "Why Do Brands Cause Trouble? A Dialectical Theory of Consumer Culture and Branding," *Journal of Consumer Research*, 29(1).

Holt, D. B. [2004], *How Brands Become Icons*, Harvard Business School Press.（斉藤裕一訳［2005］『ブランドが神話になる日』ランダムハウス講談社。）

Holt, D. B. and D. Cameron [2010], *Cultural Strategy: Using Innovative Ideologies to Build Breakthrough Brand*. Oxford Univ Pr.

Humphreys, A. [2010], "Semiotic Structure and the Legitimation of Consumption Practices: The Case of Casino Gambling," *Journal of Consumer Research*, 37(3).

Kjeldgaard, D. and S. Askegaard [2006], "The glocalization of youth culture: The global youth segment as structures of common difference," *Journal of Consumer Research*, 33(2).

Luedicke, M., C. J. Thompson and M. Giesler [2010], "Consumer Identity Work as Moral Protagonism: How Myth and Ideology Animate a Brand-Mediated Moral Conflict," *Journal of Consumer Research*, 36(6).

Sherry, J. F. and J. W. Schouten [2002], "A role for poetry in consumer research," *Journal of Consumer Research*, 29(2).

Üstüner, T. and C. J. Thompson [2012], "How Marketplace Performances Produce Interdependent Status Games and Contested Forms of Symbolic Capital," *Journal of Consumer Research*, 38(5).

Varman, R. and R. W. Belk [2009], "Nationalism and Ideology in an Anticonsumption Movement," *Journal of Consumer Research*, 36(4).

Zhao, X and R. W. Belk [2008], "Politicizing Consumer Culture: Advertising's Appropriation of Political Ideology in China's Social Transition," *Journal of Consumer Research*, 35(2).

（吉村　純一）

第 6 章

消費者自立論

第 1 節　消費者自立論の規範性

　資本の運動に対して，労働者が唯一イニシアティブを発揮することができる場は，剰余価値が最終的に実現される消費の場である。労働力商品を「売る立場」にある受動的な労働者が，貨幣をもち「買う立場」として能動的にふるまうことができるのは，消費者として存在することができる消費の場だけであり，「資本の運動に対抗できる場所は，そこだけ」[1]となる。

　こうした「売る立場」と「買う立場」の非対称性に注目すれば，「買う立場」にある消費者の意識の変化は，「売る立場」にある企業のマーケティング活動に対して直接的な影響を与えていくことになる。これまで，消費者問題研究などの領域において，消費者の自立の重要性が繰り返し論じられてきたのは，このような理論的な下地がある

　しかし，ここで冷静に考えなければならないのは，消費者はそのような優位なポジションにあるとしても，果たして，実際に自立的な主体として能動的にふるまい，マーケティング活動に対して有意な影響を与えているのかということである。そもそも，消費者の自立の重要性が繰り返し論じられてきたこと自

体，それがいまだ現実のものとなっていないことの現れだと理解することもできる。これについて，マーケティングとの関係から消費者問題を研究してきた江上哲は，次のように述べている。

　「多くの消費者問題研究において，『賢い消費者』論や消費者の自立が論じられている。それらの内容や結論的な論調を分析すると，いわゆる規範論とよべる次元での論理が多い。つまり，結局は『消費者はかくあるべし』という展開が多い。」[2]

　確かに，江上がいうように，消費者の自立論は規範的な「べき論」の次元にとどまっているものが多いようにみえる。たとえば，支配的な消費モデルに対して対抗的（オルターナティヴ）な価値観もつとする「生活者」概念も，それに近いものであるといえる。天野正子は，様々に展開されてきた「生活者」概念を整理しながら，それは「時代により，さまざまな意味をこめられ，一つの理想型として使われてきた」[3]としている。つまり，規範的にも理想的にも，消費者は自立的な主体として消費にかかわることを期待され続けながらも，それを裏切り続けているということである。

　マクロ消費研究における消費者の自立性の位置づけは，さらに悲観的である。マクロ消費研究においては，現在の消費様式は資本蓄積の論理と矛盾しないかたちで発展しており，消費の場において消費者は受動的な役割を引き受けているとする。たとえば，フィラートらは，資本主義が発展した社会においては，「受動的－個人的－私的－疎外」という消費傾向が確認できるとしている[4]。マクロ消費研究においては，自立的な主体として能動的にふるまう消費者を見出すことはできない。

　以上の議論からわかることは，消費者の自立論はロジックを欠いた規範論になっていることが多く，消費者が十分に自立性を発揮できていない状況については何も説明が行われないまま，期待や理想だけが膨らみ続ける楽観的な議論が繰り返されているということである。問わなければならないのは，消費者の自立性を理論的にどのように位置づけるのかということであり，それが十分に発揮できていない現状をどのように説明するのかということである。以下では，

マーケティング論において提示されてきた消費者像を理論的に検討し，消費者が自立性を発揮できていない状況を，「再帰的近代」の議論などを援用しながら明らかにしていくことにする。

第2節　マーケティング論における消費者像

1．マーケティングの二面的性格

　マーケティングと消費の関係をどのように捉えるのかということは，消費の分析枠組みを設定する際には，決して避けて通れない問題である。特に，「マーケティングの二面的性格」[5]をどのように捉えるのかによって，消費者の自立性に対する評価は，肯定的なものと否定的なものへと分かれていくことになる。

　ここでいう「マーケティングの二面的性格」とは，マーケティングと消費の関係を捉える分析枠組みにおいては，同じ現実を対象にしているにもかかわらず，消費欲望への「適応」の論理と消費欲望の「創造」の論理という相異なる論理が併存しているという問題である。当然のことながら，「適応」の論理と「創造」の論理のどちらを採用するかによって，消費者の自立性に対する評価も変わってくることになる。

　たとえば，マネジリアル・マーケティングなどの領域で伝統的に掲げられてきた「マーケット・イン」のコンセプトは，前者の「適応」の論理に基づくものである。一般的に「消費者志向モデル」や「消費者主権モデル」などと呼ばれるこの分析枠組みでは，マズローの欲求階層理論などを下敷きにしながら，生得的で外部の影響を受けずに自動的に発展していく消費欲望が仮定され，それへの「適応」がマーケティングの課題とされる。

　消費がマーケティングを導くという「適応」の論理を採用すれば，実務においては，消費者は生産を規定する究極的な主権者とみなすことができ，マーケ

ティング活動を正当化することができるようになる。また，マーケティング研究においても，消費者行動研究を独立した研究領域として切り離すことができるようになる。その意味で，「適応」の論理を採用し消費者の自立性を仮定することは，「企業マーケティングの実践倫理であっただけでなく，同時に，マーケティング研究上の重大な仮定」[6]だったということができる。

　しかし，この「適応」の論理に基づく「消費者主権モデル」に対しては，多くの批判が行われており，消費欲望はマーケティングによって「創造」され，消費はマーケティングによって導かれるという対立的な構図を描く論者も少なくない。そもそも，マーケティングとは，資本制システムの矛盾に直面した寡占企業の対市場活動として位置づけられてきたのであり，当初から「市場獲得，支配のための諸方策，諸活動」[7]，より具体的にいえば，消費欲望の操作を予定した活動ではなかったのかということである。こうした理解からすれば，「消費者が寡占企業のマーケティングによって，程度の差こそあれ，寡占企業の意図した方向に誘導されるのでなければ，およそマーケティングは意味をもたない」[8]ということになる。

　こうした消費欲望の操作に焦点を当てた代表的な議論として，ガルブレイスの「依存効果」モデルを挙げることができる。ガルブレイスによれば，供給能力が無制限に拡大していく大規模な生産体制においては，「欲望を満足させる過程が同時に欲望をつくり出していく程度が次第に大きく」[9]なり，消費欲望の発展は生産やマーケティング活動に依存するようになるという。つまり，過剰生産能力を安定的に処理していくためには，消費欲望の操作は不可欠であり，消費はマーケティング活動に従属するようになるということである。ここでは，消費者の自立性は否定的に理解されている。

　このように，消費の分析枠組みを設定しようとすれば，消費はマーケティングの働きかけから自立したものなのか，それとも従属したものなのかという，二項対立的な問いに引きずり込まれることになる。この「問題は，解答不能の謎をかけて，現代消費論に入ってくる多くの人を立ち往生させてしまう現代消費論のスフィンクス」[10]として立ちはだかってきた難問である。この謎かけに答えるためには，安易な還元論に陥ることなく，マーケティングと消費の相互

作用を捉えようとする関係論的な分析枠組みへの転換が必要となる。

2. 競争的使用価値モデル

このスフィンクスの謎かけに，マーケティング論や消費論の研究者は何も応答してこなかったのかといえば，そうではない。たとえば，田村正紀は「全体としての消費者行動は寡占的製造企業の勢力の部分的な支配下にありながら，同時にそれ自体として部分的な自律性をもつ」[11]ことを早くから指摘していた。つまり，マーケティングによって消費欲望は規定されるとしても，それは，マーケティングによって消費欲望を意のままに操作できるということとイコールではないということである。こうした欲望操作の限界を織り込んで，マーケティングと消費の相互関係を捉えようとした分析枠組みが，石原武政の「競争的使用価値」モデルとなる。

石原の「競争的使用価値」モデルでは，まず，消費欲望は「抽象的欲望」と「具体的欲望」という2つの区分が設定され，マーケティングとの複雑な相互関係の説明が試みられている[12]。簡単にその要点だけを確認しておくと，マーケティングは，食欲などのように「何かを食べたい」といった生物的，あるいは人間の生理組織に基づく欲望（＝「抽象的欲望」）を直接的に操作することはできないが，その具体的な充足の仕方，たとえば，「ノンフライのポテトチップスを食べたい」などといった特定の対象と結びついた欲望（＝「具体的欲望」）は消費対象の実存，より抽象的にいえば，生産力の発展に規定されているため，一定の範囲で操作することができるのではないかとするのが，この2つの欲望を設定したポイントとなる。

もちろん，ここではマーケティングによる欲望操作の完全性が強調されているわけではなく，あくまでもその可能性が指摘されているだけである。そのことは，具体的欲望と対応する消費対象の有用性（＝使用価値）の理解の中に如実に現れている。石原がこうした消費欲望の理解に続けて強調することは，「製品差別化によって与えられた製品の物的属性は，それが対応すべき人間の欲望が創出されることによってはじめて使用価値となる」[13]ということである。つ

まり，マーケティングの働きかけによって，抽象的欲望が具体的欲望に昇華するのであれば，使用価値も超歴史的なものとみなすことはできず，具体的欲望と同時に生成すると考えなければならないということである。

こうした議論から導き出されたのが，「競争的使用価値」モデルである。このモデルでは，具体的欲望とそれに対応する使用価値が，寡占企業間のマーケティング競争という完全に制御することができない不安定な場で出現することが強調される。石原は，こうしたマーケティング競争を体現した使用価値を「競争的使用価値」と名づけ，マーケティングによる欲望操作の限界が生じる要因を明らかにしようとする。そこでまず導入されるのが「競争による操作の相殺」という要因である。これについて，石原は次のような説明を行っている。

「自己の銘柄に欲望をひきつけようとする努力は，競争企業の同様の努力をきりくずすことなしには十分な効果を発揮しえない。各企業は自己の製品の差別性を訴求するが，すべての企業がそうする結果，消費者の手もとでは訴求の差別性自身が中和化される………。」[14]

もちろん，こうした企業間のライバル競争によって，欲望操作の効果は完全に失われるわけではないが，個々の企業の水準でみれば，その直接的な効果はかなりの程度で失われていくことになる。ここに，石原は欲望操作の1つの限界を見出すわけであるが，さらに加えて，ライバル競争は操作を受ける消費者の側にも次のような限界をつくり出すことになるという。

「欲望操作の限界は，企業＝説得者と消費者＝被説得者との内的な関係からも画される。………他ならぬ企業の説得活動が消費のそれへの抵抗力をきたえあげ，それ自身の限界をつくりだす………。」[15]

消費者はマーケティングによる欲望操作を無批判的に受け入れるわけではない。ライバル競争によって欲望操作が強まれば強まるほど，消費者はそのような過剰な操作に対する抵抗力を高めていく。こうした「消費者の抵抗力」も，欲望操作の限界をつくり出す大きな要因となる。

3. 記号論モデルと自省的な消費者像

「競争的使用価値」モデルは，消費欲望とそれに対応する使用価値がマーケティング競争という不安定な場で出現することを示すことで，マーケティングによる欲望操作の限界を説明しようとするものであった。しかし，一見万能にもみえる「競争的使用価値」モデルにおいても，次のような問題があることを指摘しておかなければならない。

それは，マーケティングによって与えられた消費対象の有用性に関する定義自体が，消費者の「意味の読み換え」によって変容する可能性があることをうまく説明できないことである。つまり，「競争的使用価値」モデルは，マーケティングによって与えられた消費対象の有用性に関する定義を，消費者が受容するか否かという問題に対しては「操作－抵抗」という枠組みから説明することができても，その当の有用性の定義自体がマーケティングによる欲望操作の過程で変容するという事態に直面した場合，それをうまく説明することができないということである[16]。

たとえば，石井淳蔵は，当初は「洗面」や「歯磨き」くらいの用途しか想定されていなかった洗面台が「洗髪」や「化粧」や「洗濯」という用途で利用されたり，高機能を追求したはずの眼鏡のレンズ拭きが「ファッション・アイテム」や「贈答品」として利用されるといった事例を挙げながら，「製品が開発者の思わぬ用途で使われるとか，………，開発企画者が製品に対して与えたアイデアが消費者によって違った意味で読み換えられる例は少なくない」[17]ことを指摘している。「競争的使用価値」モデルにおいては，こうした欲望操作の過程で生じる「意図せざる結果」についての認識が十分ではなかった。

マーケティングによる欲望操作は，常に意図した通りに消費者の反応を引き出せるわけではない。こうした問題を説明するために，新たに導出されたのが「記号論」モデルである。その代表的な論者である栗木契によれば，「競争的使用価値」モデルの問題は，欲望操作の限界を「操作そのもの」ではなく，その外部の要因に求めてしまった点にあり，マーケティングによる「操作が，読み手に向けて多元的な可能性に開かれた記号を用いるということから」[18]，操作

の過程で「意図せざる結果」が生じてしまうという認識が十分ではなかったとする。つまり，マーケティングによる欲望操作は，「記号」を用いた操作である限り，どうしようもなく読み手の多様な応答に依存していまい，送り手の意図は常に置き去りにされていくことになるというわけである。これが，「意図せざる結果」に対する「記号論」モデルの説明になる。

　マーケティングによる欲望操作が読み手である消費者の応答に依存し，多様な「意味の読み換え」に直面する可能性があるのであれば，マーケティングによる「操作は必然を求めるものでありながら，その結果を可能性のもとでしか論じることができない」[19]ものとなり，消費者を捉える枠組みも単純な「操作－被操作」の構図の中に収まりきらなくなっていく。マーケティングの成否は，「意味構成的」[20]な主体である消費者の多様な解釈に委ねられている。

　こうした理解から生まれたのが，自省的な行為の主体としての消費者像である。マーケティングによる欲望操作が，受け手の多様な解釈に委ねられているのであれば，消費者はコンピュータのメタファーに代表されるような，与えられたコードの中で反応を示すだけの受け身的な主体ではなくなり，「ものごとに反応するとともに，その反応を自覚化し，さらにそれを方向づけたり，形成させたり，阻害したりする，自省的な行為の主体」[21]として位置づけられるようになる。

　いうまでもなく，「買い手」である消費者が，自省的な行為の主体として消費にかかわるようになれば，消費の場は「豊かな意味創造の場」，あるいは，「対抗的読解の場」として機能するようになり，「売る立場」にある企業のマーケティング活動に対して有意な影響を与えていくことになる。

第3節　再帰的近代論と嗜癖的主体

1. 再帰的近代論における自省の位置づけ

　マーケティングと消費の関係を捉えようとする一連の議論から導出された自省的な行為の主体としての消費者像は，その後，解釈主義的なアプローチを用いるハーシュマンらの「快楽的消費」[22]などの概念と結びつき，「新しい消費論」としてその理解も多様な広がりをみせていくことになる。石井淳蔵は，こうした新しい消費論は，「『自分自身を部分として含む社会全体を主題化し自省する』消費者，そして『自分たちの手で現実を構成し確認する』有能な消費者像が提案されていること」[23]に大きな特徴があり，従来の目的合理的な消費論に対するアンチ・テーゼになっていると指摘する。

　しかし，ここで問わなければならないのは，「自省」という行為様式がもつ歴史的・社会的な意味である。「競争的使用価値」モデルから「記号論」モデルの自省的な行為の主体としての消費者像の導出には，あまりにも飛躍がありすぎる。確かに，消費者は自省的で意味構成的な有能な主体であるかもしれないが，そのような自省的なふるまいが一般的な態度として，消費において広がりをみせてきたのは比較的最近のことである。どのような時代においても，それが一般的な態度として現れていたわけではない。そのように考えると，「自省」という行為様式が消費において広がりをみせていくためには，一定の条件が整っていなければならないと考えた方がよい。

　こうした問題に取り組むときに，まず参照されるのが，アンソニー・ギデンズの「再帰的近代」の議論である。ギデンズによれば，近代社会が他の社会と明確に区分されるのは，「脱埋め込み」によってローカルな共同体内部で自明視されていた伝統的な規範が相対化され，社会全体が「再帰性」を基礎に据えるようになった点にあるという[24]。ここでいう「再帰性」とは，「自らを他者に

映し出して，それによって自己を規定していく」[25]ことであり，それによって「自明性に浸されていた選択前提が，選択対象になること」[26]を指す。こうした近代社会の再帰性の高まりについて，ギデンズは次のような説明を行っている。

「近代という時代の到来とともに，再帰性は異なる特質を呈するようになる。再帰性は，システムの再生産の基礎そのもののなかに入り込み，その結果，思考と行為とはつねに互いに反照し合うようになる。日常生活で確立された型にはまった行いは，『以前なされた』ことがらが，新たに手にした知識に照らして理に適うかたちで擁護できる点とたまたま一致する場合を除けば，過去とは本来的に何の結びつきももたない。………。近代の社会生活の有する再帰性は，社会の実際の営みが，まさしくその営みに関して新たに得た情報によってつねに吟味，改善され，その結果，その営み自体の特性を本質的に変えていくという事実に見いだすことができる。」[27]

共同体内部における伝統的な規範が行為の前提として通用するのは，それが「変えられるのではないか」，あるいは「別の仕方もあるのではないか」といった懐疑的な問いにさらされていないからである。しかし，近代社会においては，ヒト・モノ・カネ・情報の流動性が上昇することによって，共同体内部で自明視されていた伝統的な規範は絶えず懐疑的な問いにさらされ，相対化されていくことになる。つまり，近代社会は，選択の根拠に対する「思考を係留していたタガがはずれてしまった社会」[28]であり，自省的なふるまいが常態化した社会であるということである。

こうした事情は消費においても同じである。自省的なふるまいが消費において常態化するためには，「欲望主体の，伝統的な共同体とその積層による限定と固定性からの解放」[29]が十分に達成されていなければならない。家父長制的な規範などの「欲望を限定し固定化する力から自由」[30]でなければ，自明視されていた選択前提そのものが選択の対象となることはなく，自省という行為様式は消費において広がりをみせていかない。つまり，様々な関係性や共同性の桎梏から解放され，「主体としての規律が弛緩した消費者」[31]が生み出されて，初めて自省という行為様式が消費において常態化するのである。

もちろん，こうした消費における再帰性の上昇は，「欲望のフロンティアの拡張」[32)]を方向づけてきたマーケティングの歴史的な展開と無関係ではありえない。「資本主義とはある時点では唯一絶対であると信じられている規範を，その外部を見出すことによって相対化し，より普遍的な規範の下に位置づけ直していく運動」[33)]であり，マーケティングはその尖兵としての役割を担ってきた。しかし，新しい消費論，とりわけ近年のそれにおいては，こうしたマーケティングとの関連を断った没歴史的な自省概念を採用しているものが多いようにみえる。いうまでもなく，こうした無理解は，有能な消費者像の提案を無批判的に受け入れ，消費の場における対抗的読解の可能性を誇大に描き出すことにつながっていく。

2．再帰性の上昇と嗜癖

　欲望を限定し固定化する力から解放され，自明視されていた選択前提が選択の対象となることによって，自省的なふるまいが消費において常態化する。消費者が自省的な行為の主体として消費にかかわるようになれば，消費は豊かな意味創造の場となり，マーケティングの意思決定に対して有意な影響を与えていくことになる。こうした強い主体性の想定が，有能な消費者像を支える。

　しかし，消費において再帰性が上昇していくと，消費者は次のような問題に直面することに注意しなければならない。それは，再帰性の上昇によってどのような選択前提も選択の対象となっていくと，「どのような選択も最終的には『当事者がそれを選んだ』という以上の根拠を持ち得ない」[34)]ことになってしまい，選択における根拠を失ってしまうのである。確かに，消費者が自省的に消費にかかわることができるようになったのは，再帰性の上昇がもたらしたポジティブな効果だということができるが，他方でそれは，選択における確からしさを喪失させ，消費者を常態的な不安にさらすことになるのである。

　それでは，このようなとき消費者はどのようにふるまうことになるのか。新しい消費論のような有能な消費者像を想定すれば，消費者は強い主体性を発揮させ，多様な解釈や意味付与によって，再帰性の上昇をうまく乗りこなしてい

くことになるのかもしれない。しかし，他の研究領域においては，これとは異なった理解を示していることが多い。

たとえば，思想家のジグムント・バウマンは，選択における足場が不安定化すると，消費者は少しでも足がかりになりそうな継続性のあるものに選択の根拠を係留しようとし，依存症などの様々な嗜癖的行動に陥りやすくなることを指摘している[35]。また，社会学者の樫村愛子もこれに関連して，強い主体性を想定する「再帰的個人主義は，理想的なモデルであり，エリート主義であって，理想的な再帰的能力をもたない嗜癖（アディクション）に陥る自己を逸脱例として排除する」[36]と指摘する。ここでは，マーケティング論における強い主体性の想定とは異なり，何かに依存してしまう弱い主体性が想定されている。

これについては，再帰的近代論を展開するギデンズ自身も認めているところであり，「制度的再帰性が普段の社会生活のほぼすべての領域に及んでしまえば，ほとんどの行動様式や習慣は，すべて嗜癖になる可能性がある」[37]としている。もちろん，マーケティング論においても，こうした嗜癖に陥ってしまう消費者の弱い主体性について注目してこなかったわけではないが，その多くは逸脱例として取り扱うだけで，正面から研究の対象としてはこなかった。

しかし，近年においては，依存症などの嗜癖的行動は広範な広がりをみせており，簡単に逸脱例として片づけるわけにはいかなくなっている。たとえば，経済学者の安冨歩は，マーケティングの研究者が「消費らしい消費」としてポジティブに位置づけてきた自己目的化した消費を，統制の効かなくなった消費依存症とみなして，次のような厳しい評価を下している。

「消費を自己目的化するということは，消費依存症になることである。………。それなしでは生きていけない，という気分になることがその症状の特徴であり，消費者の多くがそうなったときにはじめて，その業種は産業として安定するのではなかろうか。今日では，企業活動の主たる目的は，消費者を自社の商品やサービスの依存症にすることであると言うこともできる。」[38]

こうした消費依存症にみられる脅迫的な反復行動は，決して無意味なルーテ

ィンではない。「反復行動は，『自分たちが承知している唯一の世界』にとどまるための方法，つまり，『相容れない異質な』生活価値や生活様式に身をさらすことを避けるための手段」[39]であり，嗜癖的な反復行動は，再帰性の上昇によって，選択における常態的な不安にさらされた消費者がとる防衛反応であるということができる。現在における嗜癖の広がりは，こうした寄る辺をなくした消費者が増加していることを表す負の指標となっているのである。

3. 外部の隠蔽による消費の自閉化

どのような根拠も，すぐに相対化されてしまうような状況においては，消費者は少しでも持続性のありそうなものに，選択の根拠を係留しようとする。もちろん，消費者は自省的な行為の主体であり，そのようにしがみついた根拠も，新たに獲得した知識によって相対化・無効化されてしまう可能性があることに，決して気づいていないわけではない。それに気づいていながらも，あえてコミットしているのであり，ここに嗜癖が「否認の病」といわれる所以がある。

否認とは，「現実を認めてしまうことで喚起される不安を回避するために，現実の一部または全部を，それを現実として認知することを拒絶する」[40]ことであり，精神分析論においては，心的防衛機制の1つとして位置づけられてきた。否認は，認めたくない現実に直面したときの一時的な防衛手段ではあるが，これに固執してしまうと，消費は自閉化し様々な嗜癖的行動に発展しやすくなる。

たとえば，それを安冨が消費依存症の典型例として挙げていた自己目的化した消費で考えてみることにしよう。自己目的化した消費は，消費することそれ自体が目的となっている消費である。それゆえ，消費の根拠を誰かに問われるようなことがあれば，「AするためにAする」という自己準拠的なロジックしか見出すことができず，消費の根拠を支えてくれるものが何もないことに気づいてしまう。こうした消費の無根拠性という不都合な問題が意識にのぼらないようにするためには，否認によって適当な根拠にしがみつき，「疑問の出現を無理矢理抑え込んで（隠蔽して）」[41]いくしかない。このような否認による隠蔽が行われれば，消費を外部から規制するものは何もなくなり，統制の効かない嗜

癖的行動へと発展しやすくなる。

とはいえ，こうした否認を，1人で行うには限界がある。なぜなら，否認によって適当な根拠にしがみついたとしても，それを安定的に支えてくれる他者が存在しなければ，持続性のある根拠とはならないからである。「否認があるところには，『否認されているものについて何も知りたくないという共通の関心で封印された』共同体，すなわち『否認共同体』が存在している」[42]必要があるのである。

インターネットなどの情報通信技術が発展した今日においては，こうした「否認共同体」を構築することはたやすい。インターネットは，自分が知りたいものを，知りたいときに知ることができるメディアである。自分が知りたくないものを，あえて知ろうとはしないはずであり，インターネット上においては，特定の興味や関心に従って限定的な情報のやりとりを行う，排他性の強い同質的なコミュニティが形成されやすい。こうしたコミュニティにおいては，ブランド・コミュニティの議論に代表されるように，「たとえ外部に批判的な意見が存在していても，あえてそれに触れないようにする」という暗黙のルールのようなものが成立しており，コミュニティの崩壊につながるような外部の存在は集団的な否認よって隠蔽されている[43]。

消費の根拠に確からしさをもたせようとすれば，否認であれ何であれ，外部の隠蔽が不可欠となる[44]。とりわけ，再帰性の上昇によって，絶対的にみえていた根拠もすぐに相対化・無効化されるような状況においては，こうした外部の隠蔽が巧妙に行われやすくなる。しかし，そうなると消費は自閉化し，自省の及ぶ範囲も限定的なものになっていく。外部を隠蔽することによって特定の根拠にしがみつくこと，あるいは「『よいと思って何ものかにこだわる，そのことがすなわち病理性を生み出す』という，パラドックスがそこには存在」[45]しているのである。こうした消費の病理性は，研究者自身も不都合な現実として隠蔽してきた問題だということができる。

第4節　知っていることを知らない

　自省（reflection）とは，「自分自身を『外部の視点から見る』こと」[46]であり，自分自身を他者の視点から意識的に対象化していくことである。他者の視点を媒介にしたメタ・レベルからの反省的な問い直しがなければ，自らがこれまで自明としてきた選択前提は再考の対象になることはなく，解釈は多様な広がりをみせていかない。

　それゆえ，消費者が自省的な行為の主体として消費にかかわるということは，他方では，消費者が他者の視線を気にしながら消費にかかわらざるを得ないということを意味しているのであり，他者との関係に対する敏感さが増していることの現れと理解することができる。ホルブルックが，消費の根拠が不安定化したときに消費者が患うことになるという「露出症と窃視症」の病は，こうした他者との関係に対する敏感さ表したものであるということができる[47]。

　脱埋め込みによる制度の弱体化から，自省という行為様式がもつ歴史的・社会的な意味を捉えようとしたのが，ギデンズの「再帰的近代」の議論である。再帰性が上昇し，外部（＝他者）とつながった瞬間に，絶対的にみえていた選択の根拠もすぐに相対化されていくような状況においては，消費者は自らの選択の根拠を相対化・無効化しかねない他者の視点を否認によって隠蔽しようと企てる。このときに現れやすいのが嗜癖である。

　何度も繰り返すが，ここで注意しなければならないのは，消費者は自らがしがみついた根拠が外部とつながった瞬間に相対化・無効化される可能性があることを「知らない」わけではなく，よく「知っている」ということである。なぜなら，消費者が自省的に消費にかかわっているのであれば，他者との関係にことさら敏感になっているはずだからである。否認によって外部を隠蔽するということは，単に「知らない」ということではなく，「知っていることを知らない」[48]ということであり，これによって嗜癖のような意識と行動の乖離が生じ

てしまうのである。

　17世紀の思想家のパスカルは，「われわれは絶壁が見えないようするために，何か目をさえぎるものを前方に置いた後，安心して絶壁のほうへ走っているのである」[49]という言葉を残している。こうした状況は現在においても変わらないかもしれない。いわれるほど，外部（＝他者）と向き合うことは容易なことではない。こうした弱い主体性を認めていくことが，規範的な消費者自立論からの脱却につながっていく。

〈注〉
1) 柄谷［2000］p.58。
2) 江上［2013］p.219。
3) 天野［1996］p.236。
4) Firat and Dholakia［1982］.
5) 石井［1996］p.iv。
6) 石井［2004］p.252。
7) 森下［1993］p.133。
8) 石原［1982］p.39。
9) Galbraith［1998］.（邦訳，p.206。）
10) 澄川［1995］p.223。
11) 田村［1971］p.364。
12) 石原［1982］pp.43-48。
13) 石原［1982］p.59。
14) 石原［1982］pp.63-64。
15) 石原［1982］p.65。
16) 栗木［2003］p.109。
17) 石井［2004］p.20。
18) 栗木［1996a］p.57。
19) 栗木［1996a］p.57。
20) 石井［2004］p.235。
21) 栗木［2003］p.15。
22) Hirschman and Holbrook［1982］.
23) 石井［2004］p.235。
24) Giddens［1990］.（邦訳，pp.13-74。）
25) 中西［2007］p.4。
26) 宮台・北田［2005］p.37。
27) Giddens［1990］.（邦訳，p.55。）
28) 筒井［2006］p.122。
29) 見田［1996］p.30。
30) 見田［1996］p.28。

31) 浅野［2013］p.130。
32) 佐伯［1993］p.95。
33) 浅野［2013］p.184。
34) 浅野［1997］p.69。
35) Bauman［2000］.（邦訳，pp.69-118。）
36) 樫村［2003］p.33。
37) Giddens［1992］.（邦訳，p.115。）
38) 安冨［2008］pp.210-211。
39) Giddens［1994］.（邦訳，p.137。）
40) 白井［2015］p.86-87。
41) 石井［2012］p.204。
42) 立木［2013］p.229。
43) 河田［2016］p.106。
44) 栗木［1996b］pp.278-281。
45) 石井［1998］p.18。
46) 野村［1994］p.47。
47) Holbrook［2001］。
48) Žižek［2004］.（邦訳，p.19。）
49) Pascal（邦訳［1973］，p.120。）

〈参考文献〉

浅野智彦［1997］「自我論になにができるのか」，奥村隆編『社会学になにができるか』八千代出版。

浅野智彦［2013］『「若者」とは誰か』河出ブックス。

天野正子［1996］『「生活者」とはだれか』中公新書。

石井淳蔵［1996］「マーケティング・ダイナミズムの焦点」，石井淳蔵・石原武政編『マーケティング・ダイナミズム』白桃書房。

石井淳蔵［1998］「ルールは遅れてやってくる」，石井淳蔵・石原武政編『マーケティング・インタフェイス』白桃書房。

石井淳蔵［2004］『マーケティングの神話』岩波現代文庫。

石井淳蔵［2012］『マーケティング思考の可能性』岩波書店。

石原武政［1982］『マーケティング競争の構造』千倉書房。

江上　哲［2013］『ブランド戦略から学ぶマーケティング』ミネルヴァ書房。

樫村愛子［2003］『「心理学化する社会」の臨床社会学』世織書房。

河田祐也［2016］「ネットコミュニティにおける他者とのかかわり」，阿部真也ほか編『インターネットは流通と社会をどう変えたか』中央経済社。

柄谷行人［2000］『可能なるコミュニズム』太田出版。

栗木　契［1996a］「記号論によって消費とマーケティングの過程はどのように関連づけられるか」，石井淳蔵・石原武政編『マーケティング・ダイナミズム』白桃書房。

栗木　契［1996b］「消費とマーケティングのルールを成り立たせる土台はどこにあるのか」，石井淳蔵・石原武政編『マーケティング・ダイナミズム』白桃書房。

栗木　契［2003］『リフレクティブ・フロー』白桃書房。

佐伯啓思［1993］『「欲望」と資本主義』講談社現代新書。

白井　聡［2015］「反知性主義，その世界的文脈と日本的特徴」，内田樹編『日本の反知性主義』晶文社．
澄川真幸［1995］「現代消費論」，阿部真也ほか編『流通研究の現状と課題』ミネルヴァ書房．
田村正紀［1971］『マーケティング行動体系論』千倉書房．
立木康介［2013］『露出せよと現代文明は言う』河出書房新社．
筒井淳也［2006］『制度と再帰性の社会学』ハーベスト社．
中西眞知子［2007］『再帰的近代化』ナカニシヤ出版．
野村一夫［1994］『リフレクション』文化書房博文社．
見田宗介［1996］『現代社会の理論』岩波新書．
宮台真司・北田暁大［2005］『限界の思考』又風舎．
森下二次也［1993］『マーケティング論の体系と方法』千倉書房．
安冨　歩［2008］『生きるための経済学』NHK ブックス．
Bauman, Z.［2000］, *Liquid modernity,* Polity Press.（森田典正訳［2003］『リキッド・モダニティ』大月書店．）
Firat, A. F. and N. Dholakia［1982］, "Consumption Choice at Macro Level," *Journal of Macromarketing,* Fall.
Galbraith, J. K.［1998］ *The Affluent Society*（*New Edition*）, Houghton Mifflin Company.（鈴木哲太郎訳［2006］『ゆたかな社会（決定版）』岩波現代文庫．）
Giddens, A.［1990］, *The Consequences of Modernity,* Polity Press.（松尾精文・小幡正敏訳［1993］『近代とはいかなる時代か』而立書房．）
Giddens, A.［1992］, *The Transformation of Intimacy,* Polity Press.（松尾精文・松川昭子訳［1995］『親密性の変容』而立書房．）
Giddens, A.［1994］, "Living in a Post-traditional Society," Ulrich Beck, Anthony Giddens and Scott Lash eds., *Reflexive Modernization,* Polity Press.（松尾精文訳「ポスト伝統社会に生きること」松尾精文・小幡正敏・叶堂隆三訳［1997］『再帰的近代化』而立書房．）
Hirschman, E. C. and M. B. Holbrook［1982］ "Hedonic Consumption: Emerging Concepts, Method and Propositions," *Journal of Marketing,* Vol.46.
Holbrook, M. B.［2001］ "The Millennial Consumer in the Texts of Our Times: Exhibitionism," *Journal of Macromarketing,* Vol.21, No.1.
Pascal, B, *Pensées*.（前田陽一・由木康訳［1973］『パンセ』中公文庫．）
Žižek, S.［2004］ *IRAQ,* Verso.（松本潤一郎ほか訳［2004］『イラク』河出書房新社．）

（河田　祐也）

第Ⅲ部

地域と流通理論

第7章

都市と商業経済論

はじめに

　日本で小売商店数が初めて減少を経験したのは1985年の商業統計でのことであった。多くの先進国で小売商店数が減少する傾向がみられているのに日本では高度成長やその後の低成長時代を通して80年代半ば近くまで，商店数は増加していた。この理由についての有力な見解の1つが大店法の存在である[1]。大店法は1983年の成立時から既存の大型店に有利な参入制限である，あるいは消費者利益を重視すると謳っており，大型店の出店は禁止できない大型店有利の立法であるなどの中小小売商側からの問題点が指摘されていた。しかし現実には大店法の実施過程では「中小小売商の事業機会の確保」を，事前商調協や事々前商調協といった非公式な組織，そこでの全会一致を求めるという運用などにより，大型店の出店が著しく遅延する例が多発した。結局，出店を断念するに至った例も多かった。確かに1970年代を通して大型店の出店は多かったが，それをもって大店法の中小小売業保護効果はなかったということはできないだろう。もし大店法がなければ，あるいは法の文面通りに運用していればより多くの大型店が出店したであろうことは想像に難くないからである[2]。

　しかしその大店法が存在しており，運用適正化措置もなされていない80年代

の半ばに，すでに小売商店数が減少し始めたのである。このことがこの段階では大店法で中小小売商を守れないことを明らかにした。そこで大店法に対する反省がなされた。大型店対中小小売商という対立構図は間違いではないが，それは郊外対中心市街地という空間競争でもあった。その時点では中小小売商は郊外型大型店に客を奪われて衰退していると考えれたのである。空間という要素を考える必要性が，ここから主張されてきた。実際にその後のいわゆる「まちづくり3法」の中の改正都市計画法や中心市街地活性化法は，都市という空間的器の中で商店街という中小小売商を考えている。こうしたことが商業・流通研究者にそれまで考えてこなかった都市と小売商の関係を意識することを要請した。

また近年の「まちづくり」に対する興味の高揚も，商業・流通研究者に小売業と都市・まちの関係を考える必要性を求めている。「まちづくり」は決して商店街活性化そのものではないが，地方都市の衰退にともなって「まちづくり」が叫ばれるようになると，商業・流通研究者もそれに対する対応が求められる。商店街を地方都市の一部として都市の中で語る必要性があるのである。

しかし現実の要請が大きくなる一方で，商業・流通研究の場はこうした要請を捌くに足る理論的足場を構築しているわけではなかった。そのために都市や「まちづくり」と小売業の関係を研究した業績の多くは，特定の都市や「まちづくり」での小売業の事例を紹介するにとどまることが多かったのである。だがこうした現状に対して，いくつかの理論的な指向があらわれている。本章ではその指向の，代表的なものを取り上げてその特徴を検討する。

第1節　商業経済論における商業集積

石原［2006］は商業研究者に突き付けられている「まちづくり」という現実に，従来の商業論が応えられていないという問題意識をもって，商業論の枠組

みを拡張することを意図した。商業論をそのままに，他の研究分野の何かを付加するのではない。商業論そのものの枠組みを拡張して，商業理論として新たな要因を取り込むことができる形を模索したのである。新たな要素とは小売業が「消費者の欲望を喚起し，まちに賑わいを創出し，ときにはイベントなどを通じて消費者・住民相互の交流を媒介する」側面に関わるものであり，「これらの側面は小売業を『物販業』として位置づけるだけでは決して浮かび上がってはこない」ものである（p.4）。

この問題意識に従って石原［2006］は売買の集中をもたらす具体的な形として店舗を，そして商業集積単位で売買の集中をもたらすものとして街並みをあげている。つまり売買の集中という抽象的な概念が具現化する際に，商業集積が必要であることを示そうとしたのである。これは商業資本の自立化の論理の現れた姿として，店舗や街並みを描いて見せたことになる。

だがこれ以外にも商業理論を拡張する方向性が論じられてきた。これがコミュニティの形成である。大型店と中小小売商という対立の図式が考えられていた当時から，商店街の存立根拠を消費者への近接性と対面販売に求める見解は存在していた[3]。この見解は「毛細血管論」と呼ばれているが，きめ細かいサービスは消費者に近接して対面販売を行う中小小売商にしかできないこと，そしてそれら中小小売商は商店街を構成する要素であるため商店街が必要であることを主張してきた。これらの見解は商店街が対立する相手をスーパーであると考えていた。

この見解では商店街は必要であるはずなので，商店街衰退の理由は郊外型大型店との価格競争に敗れたためと考える。郊外型大型店は郊外というよりセルフサービスであるがゆえに低価格であり，それが消費者を引き付けていることになる。しかしこの論理では商店街を守ることは消費者の利益を損なうことになりかねない。そこで商店街は地域のコミュニティ創出に不可欠なものであり，商店街を守るためには中小小売商を守らなければならないという論理に転換したのである。

その場合に重要になるのが対面販売である。セルフサービスと異なり対面販売では売買に付随して会話が伴う。これをもってコミュニティの形成と読み替

えるのである。田中［2009］は地域商業が関連するコミュニティを「流動し移動している人々が一定地域に定住し，共住することを契機として，少しでも住みよいまちづくりへとお互いが努力し，取り組んでいくなかで創られていく地域的なまとまり」と考えている（p.208）。この考え方ではコミュニティは商店街とは別個に存在し，そのコミュニティになかに包摂されるという形になる。小売商はコミュニティの中で住民の購買代理機能を果たすというという立場であり，商店街によってコミュニティが作られるとは考えない。しかしこれではコミュニティにとって地域商業が必要であることは言えても，それが商店街の対面販売でなければならないことは出てこない。コミュニティの形成で商店街の必然性を説くには，商店街こそがコミュニティを作るといわなければならないのである。コミュニティの形成で商店街の必要性を説く考え方の欠点は，そのコミュニティを消費者が望まなかったからこのような状態になっているという現状を一切無視したこともあるが，なにより商店街での対面販売をもってコミュニティの形成に短絡的に結び付けた点にある。コミュニティの形成に会話は必要ではあるが，会話のある所にすべてコミュニティが存在するわけではないのである。

　以上のような欠点は対面販売が非市場的なものを取引していると考える方向にも当てはまる。社会は市場領域（売買がなされる部分）だけで構成されず，生活にはインフォーマルな組織が必要とされる。地域や職場などで何らかのインフォーマルな集団に帰属して人間は生活しており，その中の人間関係に存在する信頼や互恵などを伴った社会的ネットワークは必要なものである。対面販売ではものの売り買いという経済的な領域だけでなく，金銭的なやり取りのない非市場的な部分もやり取りされている。しかしセルフサービスはものが売買されるという経済的な領域だけで完結している。この見解は対面販売の意味を経済学的に捉える点で興味深いが，しかしそれでもインフォーマル組織に商店街が必要であるという論理ではない。商店街の住民も地域というインフォーマル組織の一員であるというだけである。

　一方で石原［2006］は小売商が商業集積という形をとって売買の集中を具現化すると考えることにより，商業集積の必然性を説こうとした。商業資本の自

立化の論理の延長線上に商業資本の商品別専門分化がある[4]。商品種類によって取扱技術に質的な差があり，そのために社会的分業が生じる。その結果が商品別専門分化である。ただ無限に分業が細かくなっていくわけではない。商業資本が自立化する根拠は売買の集中にあるのであって，そこを損なうほどに細分化することはない。石原［2000］はそれを一本の論理ではなく，理論と現実の乖離と考えた。つまり売買の集中によりあらゆる商品が商人の手の中に入っていくことを理論，そしてそれとは異なって商品別に専門分化した商店の姿が現実である。この両者の間を埋めるために，中間的な理論が必要だというのである。

　各商店は社会的分業の結果として商品別に専門分化する。しかし一方で売買の集中は必要である。それは個別の店舗ではなく商業集積レベルで行われる[5]。ここに商業集積が必要とされる論拠がある。しかし商業集積レベルで売買が集中したとしても，それは商店街の必然性を説くものではない。商店街以外にも総合型大型店という商業集積のかたちがあるからである。

　石原［2006］は店舗の存在を重視することで，商店街の必要性を説明しようとした。店舗は単に商品を陳列するだけの入れ物ではなく，そこに需要を創出する効果を見出すのである。取り扱っている商品そのものは変わらずとも，陳列の方法や店舗の雰囲気で購買が促進されることはある。また最寄品では少ないが買回品の場合，買物を楽しむという側面が消費者にあり，店舗に引き付けられて来店した消費者が，欲望を喚起された結果として購買することがある。そしてそれは商店が連続して立地した商店街の場合により一層，大きくなると考えるのである。それが街並みの形成であり，街並みによってより一層の買物目的ではない人々を引き付け，当初は考えていなかった買物を行う人が現れることで需要が創造されるのである。これが売買集中のかたちである。

　一方で郊外型ショッピングセンター（SC）は内部に秩序を求めるために外部に向かって巨大な壁を作る。街並みは形成されないのである。したがってそこは買物目的の人々しか訪れない。予定になかった需要の発生も限定的になる。こうして商店街のほうが郊外型ショッピングセンターより売買の集中の論理に沿っていることになり，そのために商店街の必然性が自立化論の延長線上で説

かれるのである。

　石原［2006］は商店街の競争相手としてSCを考えているといってよいだろう。SCを構成する各店舗は，必ずしもセルフサービスを行っているわけではない。低価格を競争力にしているわけでもない。したがってこの認識では価格競争に敗れた商店街は描かない。また必ずしも中心市街地の買物客が減少しているということもない[6]。そこで商店街は内部要因によって衰退したと考えるのである。

　石原［1986］，石原［2000］，加藤［2003］は商店街の組織を所縁型組織と規定する。明確な目的意識をもって存在しているのではない所縁型組織の商店街では，集積がメンバーを選ぶことができず，メンバー間の異質性を前提にしなければならない。内部の調整は商業集積内の競争によって行われ，コントロールされる程度は低い。逆にSCは仲間型組織とされ，メンバーの選定はデベロッパーによって行われるという権限関係がある。企業組織と異なるのは各店舗の運営が階層命令によらないことにあるが，所縁型組織と比較するとコントロールの程度は高い。企業組織と異なる点は各店舗の運営のすべてが階層的な命令によって行われていないことである。

　このような組織の違いはあれ，商業集積は魅力が高いと集客力が上がり，多くの店舗が新しく立地することになる。そうすると品揃えが一層豊富になり商業集積全体の魅力が増す。すると商業集積は一層拡大するという「拡大均衡」モードに入る。しかし逆に集客が落ちるとどんどん店舗が抜けていくことで集積全体の魅力が低下する「縮小均衡」モードに入る。商店街は所縁型組織であるため，「縮小均衡」モードに入れば，それを止めることが困難である。商店は別の店舗の行動に影響を及ぼすことができないため，競争によって「縮小均衡」が進行していくのである[7]。

　売買の集中の原理で商業集積の必要性が説かれ，かつ商店街の衰退を外部との競争だけに求めるのではなく，基本的には組織の特質に求めることで商店街の衰退を説明した点が石原［2006］の独自性であると考えてよいだろう。だがSCを競争相手と考えてよい買回品中心の商店街だけでなく，かつての毛細血管論が意識したスーパーを競争相手と考えることが適した最寄品中心の商店街も

ある。こうした商店街は石原［1997］ではコミュニティ型小売業と呼ばれている。かつては狭い商圏内のかなり特定された消費者を相手に，商品販売と同時に会話を通じて特別な個人的関係を形成してきた。人間は単に商品の価格と品質の関係にだけ反応して買い物をする機械ではないので，現実にはこうしたコミュニティは必要である。現在でも人間の生活にコミュニティは必要である。しかしそれを商店街での買い物に求めてはいないのであり，それゆえに最寄品中心の商店街は衰退したのである。商店街での買い物を「暖かい」と評する向きも多いが[8]，湿度が高いのである。

最寄品では買物目的をもって買物に行くため街並みが人を引き付ける効果が薄い。そのため売買集中の効果をより優れて具現化することができない。スーパーに負けていくのである[9]。そのため石原［2006］でもコミュニティ型小売業については「新たな形を求めて模索を続けるのかもしれない」と述べるにとどまっている（p.123）。商業集積の必然性論からは，最寄品中心の商店街の必要性は導き出せなかったと考えてよい。

第 2 節　地域商業論

商店街を対象とした研究はかつて中小商業論で行われていたといえる。それが現在では地域商業論が商店街研究の場となっている。地域商業論という言葉がいつから使われるようになったのかは明確ではないが，中小商業論から地域商業論へ転換された理由は明確である。それは集積間競争という空間競争の要素を含めて商業集積としての商店街を考えなければならないという背景，そして「まちづくり」という現実的な要請にこたえなければならないということからである。単に商店街は中小小売商が集まったものだから，彼らは弱者であるからという理由では商店街を守る論拠が生まれてこなかったのである。

この点を出家［2002］は中小小売商を経済的弱者として救済する立場からの

中小商業擁護論は,「自分たちの既得権益擁護を目的とする『エゴ』的な主張であるという批判にさらされることによって,擁護の論理の中に商業の『社会性』を組み込む必要にさらされた。そこから『地域の商業』を守るという視点に立って中小小売商を守るという論理が組み立てられた」と述べている (p.57)。中小小売商を守るために商店街の必要性を唱えていたものが,商店街を守るために中小小売商を守るという論理に転換したのである。そのために初期の地域商業研究では,商店街を地域商業と規定する傾向があったと指摘されている[10]。

　山口［2011b］は,地域商業研究は昔から行われてきたものであり,かつてはそれが商店街振興と結びついて論じられたと考えている。そのうえで商店街のために行われてきた議論を商店街活性化論（ないし商店街活性化論的地域商業研究）と呼んでいる。これが次第に変わってきたのは『80年代の流通産業ビジョン』以降である。このビジョンでは大型店対商店街にセルフ販売対対面販売を重ね合わせ,大型店＝セルフ＝低価格で効率的,商店街＝対面販売＝社会的有効性という2軸で小売業が考えられていた (p.74)。ビジョンが提示したコミュニティ・マート構想は対面販売を行う商店街がコミュニティ機能の担い手として社会的有効性を保有していると考えていた。つまり対面販売がもつ機能は物販に限定されず,この発想の延長線上に小売業を物販でのみ把握する考え方への疑問が現れるのである。それ以前の流通近代化が効率性＝物販機能の低コスト化と考えられていたのに対し,この段階から新しい小売業の姿が考えられ始めたのである[11]。

　この段階ではまだ地域商業研究は商店街活性化論なのだが,これが次第に変化した。山口［2011b］はその理由を3点に求めている。一つは理論志向の登場である (pp.77-78)。商店街研究が中小商業論であったときにはいわゆる「小商人問題」として,既存の商業経済論の枠内にあった[12]。そのため商業経済論の理論を援用することで理論と結びついていた。しかし商店街をそのものとして論じるには既存の商業経済論には空間的な視点が欠けていたのである[13]。そのため商店街活性化論では単なる事例紹介にとどまる研究が多く見られたのである。こうした事例がもつ理論的な含意が考慮されなかった。石原［2006］の問題意識もこの点にあったといえる。商店街,まちづくりを分析する理論を生み

出すために商業経済論を拡張したのである。だが石原［2006］の理論拡張は商業集積の存在を理論内に捉えたといえるが，それは商店街の必要性ではなかった。理論的な，あるいは方法論的な考察を行う場合，商業集積を商店街と読み替えることができなくなっていたのである。

　第2に「はじめに商店街ありき」への反省があったと山口［2011b］は指摘している。商店街は地域社会にとって役に立つ住民に不可欠なものであるという認識は，疑問視されることなく前提として受け入れられてきた。しかし商店街がコミュニティ機能を果たすことができるとしても，それが住民に求められているとは限らない。新［2012］はかつての商店街は近隣の消費者と対立するものであったと述べている[14]。この見解ほどではないがコミュニティ機能の必要性は認めながらも，それを商店街のみに求めず，「まちづくり」と商店街活性化を切り離して，住みよい地域づくりを指向する研究が現れた[15]。「まちづくり」が幅の広い領域であり，商業研究で関与できる部分が少ないことを考えれば当然のことであった[16]。

　第3は地域商業の範疇をどう考えるかに関係する[17]。第1と第2の理由を踏まえ地域にとって必要な小売業という視点で地域商業を考えたときに，地域商業を商店街だけではなく大型店やSCを含めて考える立場が現れる[18]。これは石原の議論の延長線上にあるものといえるだろう。

　コミュニティ・マート構想は商店街の存立根拠を述べるために新しく商業の機能を物販以外に拡張したが，そのことは理論志向を経て商店街活性化論をやがて縮小させたことになる。商店街に関わる強い問題意識と，現実の要請の微妙なバランスの上に，地域商業論は存在している。

　それにしても地域商業が論者によって異なることは間違いない。地域商業をどの範囲で考えるかは地域商業論の方法によるものと思われる。たとえば山口［2011a］は多くの論者は使用する言葉は異なるが，「都市ないし地域社会と相互規定的に結びついた小売商」を地域商業と考えていると指摘している[19]。たしかに都市や地域の状況にその地域の小売商は規定される。それは小売商にとって外部環境であり，変えることができないか，あるいはすぐには変えることのできないものだからである。しかし小売商によって規定される地域はどのよう

に把握すればよいのかが明確ではない。

　住民の消費構造の差，それをもたらす気候や文化の差が小売集積の内部編成に影響を与える。また都市の性格，工業都市か観光都市かといったことや，それに影響される所得水準や年齢構成によって小売業は地域差をもつ。このように外部環境に小売業が影響を受け，その結果として小売構造に地域差があることは確かである。しかし現実に小売商の間の地域差と，小売商を規定すると考えられている外部環境の地域差は，圧倒的に外部環境のほうが大きいように思える。むしろ小売商は様々な地域から商品を取りそろえることで，地域差を生み出すより消費構造を均質化させる方向に作用するともいえる。小売商は消費者の購買行動に影響を与えることも確かだが，それは地域差を形成する方向に作用するとした研究はあまりないと思える[20]。

　多くの論者は明確には地域商業を規定してはいない。それは商店街を地域商業の代表と考えていたため，明確な地域商業の規定をする必要がなかったのであろう。また地域と地域商業の相互規定関係についても明示的に示しているものはあまりない。むしろ地域によって規定される商業を地域商業と考えていることが多いと思われる。

　だが地域によって一方的に規定される小売業を考えると，それは地域商業論という独自の分野ではなくなる。それは地域の商業を対象とした商業経済論であり，地域商業を対象とした地域商業論ではないといえるだろう。地域の商業を研究しただけでは，それは「まちづくり」のケースを紹介しただけのものと変わりがない。

　地域の独自性を踏まえて小売構造を検討したとしても，その地域にのみ通用する傾向が導き出されるだけなら，やはり地域商業論とは言えないだろう[21]。もちろんこうした研究が無意味であると言っているわけではない。それが地域商業論という分野の研究ではないというだけのことである。山口［2011b］が地域商業研究の変化理由として指摘した理論志向があるとすれば，部分理論でも地域商業研究の理論が必要であろう。

　では地域の商業を研究領域として理論的な研究が行われなかったのかというとそうではない。2つの方向で理論的，あるいは理論とつながりをもつ研究が

なされてきた。1つは都市論と商業経済論を結びつける方向で、もう1つは小売商が地域に影響を与えると考える方向である。

第3節　都市と中心地の階層性

　流通政策や商店街の問題を考える際に都市との関係を含めて考えるべきであるという考え方の方向性を、早い時期に、そして体系的に示して見せたのは宇野［1998］である。宇野［1998］は都市を形成する産業として卸売業を、そして小売業を都市に奉仕する産業として認識し、独自に運動する都市システムと独自の論理で動く市場的流通システムの相互作用を都市的流通システムと呼んだ。卸売業は域外に域内の生産物を販売することで域内に外部から所得を流入させる基盤産業の1つであり、小売業は域内の所得の循環をもたらす非基盤産業ととらえることで、都市の発展を卸売業で、都市内部の商業集積の立地を小売業で説明し、それぞれを関連させることで1つのシステムとして説こうというのである。このような概念を使って、宇野［1998］［2005］［2012］は卸売業によってもたらされる都市の盛衰をクラッセンの都市発展段階にあてはめ、その際に小売業でどのような変化が起きるのかを分析した。

　以上の認識に対しては大枠では賛意が評されていると思われるが、いくつかの疑問点が出されている。1つは都市を形成する産業としての卸売業の位置づけである。川野［1999］は都市を形成する産業を卸売業に収斂させてしまっていることの問題を指摘している。大都市の中でも卸売業の占める位置は異なる。小売販売額に比して圧倒的に卸売販売額が多い大都市もあれば、同じ大都市でも卸売販売額の比重が高くないものもある。「卸売業が小売業と比べてそれほど販売額が大きくなくとも大都市が形成されているということは、こうした商業区分から都市を説明するのではなく、都市総体から商業の意味合いを考える必要性を示している」のである（p.228）。

都市に限らずある地域が存在するためには，そこに所得を流入させる機構が必要である。それが地域内の生産物を域外に販売する場合，それが卸売活動ということになる。地域の範囲を狭くとって自治体で考えた場合には，域外から買い物客が流入することによって小売業が所得を獲得することがありえるが[22]，宇野［1998］では小売業を非基盤産業と考えるため都市圏が都市として把握され，それ以外の地域からの恒常的な買い物は例外的であるため卸売業だけを考えることになる。域内にある製造業が販売する製品は，製造業者の支店や営業所が販売したとしても，それは卸売販売額なのである。以上の意味で卸売が都市を形成すると解することは可能である。しかしそれでも大都市によって卸売の重要性が異なることは確かである。それは大都市にある卸売業は必ず他地域に商品を販売しているとは限らないということが関連している。宇野［1998］の意味で卸売業が都市を形成する産業となるためには，域内の製品を他地域に販売しなければならない。だが卸売業は他地域から仕入れてきた製品を域内に販売することも行っている。その意味では所得を流出させている産業なのである。売るためにはいずこからか製品を買ってこなくてはならない。卸売業が所得を獲得しているかどうかは，どこから買ってどこに売るかという2面で見なければわからないのである。この点では卸売業は都市を形成する産業であるとは単純には言えないのである。

また川野［1999］が指摘しているもう1つの問題点は，クラッセンモデルの扱いである。クラッセンの都市発展段階モデルは，都市の中心部に人口・産業が集中して都市が発展する「都市化」段階，やがて郊外に人口が分散する「郊外化」段階，次に都心部が空洞化する「逆都市化」段階，そして最後に行政の介入などにより再び都心部に人口が集まる「再都市化」段階を経由するというものである。宇野［1998］は，このモデルが「1960年代から70年代にかけての欧米の大都市圏の衰退現象を踏まえて定式化されたものであり，わが国の都市の発展過程に直接そのままあてはまるわけではない」としながら，逆都市化という都市の衰退段階が明示されていること，それが日本の中小都市に強く表れていることから，このモデルを評価している。

しかし川野［1999］では，クラッセンモデルが日本に当てはまらないのは人

口動態についての考慮が欠けていることにあると指摘している。極端な表現をすればクラッセンモデルの魅力は，都市自体の論理で都市の栄枯盛衰を説くところにある。つまり都市間の関係で都市は成長したり衰退したりしない。しかし現在の日本で生じている郊外化はこうした内容ではない。大都市部での郊外化は中心部からの人口移転ではなく，他の都市からの流入によって生まれている。そこへの流出によって中小都市は衰退している。日本での都市の衰退，とくに中小都市の衰退を逆都市化で説明するのには問題があると思われる。むしろ都市圏で考えれば郊外の中小都市の人口が都市圏内の大都市に流入することは，都市化が進行しているともとることができるのである。

　だが以上のような問題点の指摘はあっても宇野［1998］は都市圏の成長を（卸売かどうかはともかく）基盤産業と関連させ，流入した所得の循環で都市圏内の小売業の成長を説く形を示したのである。通常，都市圏は通勤通学都市圏で考えられることが多い。宇野［1998］も獲得された所得が循環する圏域を都市圏とすることから，通勤を中心に都市圏を捉えていると考えてよいだろう。

　だが都市圏を消費で考える方法がある。それが中心地理論である[23]。商品には固有の商圏がある。一般に最寄品では小さく，買回り品では広くなる。そして特殊な財では広大になる。これは消費者が購買のためにどれだけの距離を移動するかということに影響される。遠くまで買いに行くことは多くの買い物コストを支払うことになるため，無限に遠くには消費者はその財を買いに行かない。これが財の到達範囲の上限といわれる。また商店がどれだけ販売すれば経営が成り立つのかによって必要な人口が決まる。その人口を抱える面積が商圏となり，そのラインまでが財の到達範囲の下限といわれる。最寄品では購買頻度が高く，消費者は遠くまで買いに行かない。しかし一人当たりの買物回数が多いため，販売量が多くなり少ない人口でも商店の経営が成立する。逆に買回り品では一人当たりの購買頻度が低いため多くの人口がないと商店が成立しない。そのため商圏が広くなる。こうして商圏が作られるが，商店間には競争があり，販売する価格が等しいとすると顧客は近いほうの商店で買い物をする。余分な買物費用を払わないためである。商店間の中間地点に市場を分割する境界線ができる。商店間の競争が2店舗で行われていれば境界は2つの商店を結

ぶ線分の中間点にある。実際には競争は平面上で行われており，そのためある店舗は多数の店舗との間に境界線ができ，境界線の内側がその店舗の商圏となる。すべての平面が埋め尽くされ，かつ商店間に経営上の差がないと考え，人口の分布が規則的ならば，商圏は6角形の形状となるのである。

　商店のある場所を中心地として，生鮮食品のような最寄り品では小さな6角形で市場が埋め尽くされ，買回り品では大きな6角形になる。大きな6角形の中心地は，小さな6角形の中心地を兼ねるとすると，2つの中心地が重なった場所と，中心地ではあるがほかの中心地と重なっていない場所が現れる。商品の種類ごとに消費者の買物行動に差があるため，大小様々な6角形が重なり，多くの中心地が重複する場所を高次の中心地，中心地が重ならない場所を低次の中心地と呼ぶ。このように人口が規則的に分布し，平面上のあらゆる方向へ同じ効率で向かうことができ，商店間に差がないと考えるとき，商店を成立させるための必要人口の差から中心地に階層性が現れることを中心地理論は提示している。

　中心地理論は小売業のことだけを想定して作られたものではないが，これを都市内部に当てはめると都心部が高次の中心地となり，最高次の中心地がもつ6角形がその中心地の都市圏ということになる。そして他の都市圏と接する小さい中心地の商圏が最も低次の中心地である。中心地理論にはいくつかの欠点は指摘されているが，中心地の階層性を説明することを可能にし，それを使うことで広域型商店街や近隣型商店街といった，商店街という中心地の性格の違いを理解することができるものである。

　しかし宇野［1998］はこうした中心地理論体系に対し，均衡的で規則的な階層性があったとしても一時的であり，現実は常にダイナミックかつ不均衡な状態にあるとして批判している。そしてもう1つ，対外的な都市流通システムの形成・発展を説明できないことを問題視している（pp.20-22）。

　たしかに中心地理論はある中心地と，同じ次元の次の中心地の関係について同様の6角形商圏が作られることしか語らない。それは高次の中心地とその周辺の低次の中心地の間の関係が階層的であることを示す論理だからである。だから都市の発展，いいかえれば中心地の発展を示す論理はない。しかし都市が

発展すれば中心地の階層性が変化する方法を中心地理論で考えることは可能である。中心地理論で重要なことは商圏が6角形になることではなく，いびつになったとしても商圏が中心地ごとに存在し，そこに階層性があることなのである。

また中心地理論は均衡を示す静態的な体系であるが，均衡することが重要なのではない。何もなければ均衡に向かう力が働くことが重要なのである[24]。したがって現実には商圏は6角形にもならないし，均衡もしない。均衡を成り立たせる諸条件が変動するなら，変動にあわせてゆがんだ商圏ができるし，それがまた変化することも当然である。中心地理論を批判するには，中心地の階層性などは存在しないと批判するべきなのである。

中心地理論が想定する小売業は，他の商圏からの消費者の来訪を考えず，平面的にいくつかの商店街が存在し，かつ中心に大きな中心地が存在すると考えている。むしろこの想定は宇野［1998］が考える都市圏の姿であり，宇野［1998］の小売業は中心地理論の上にあると思われる。

問題は中心地理論そのものにあるのではなく，中心地の階層性を形成するためのなにが大きく変わっているのかであり，その結果としていくつかの段階の中心地が消滅した（近隣型商店街の衰退）こと，郊外に異業種複合型集積として高次の中心地が成立することである。宇野［1998］は都市の成長と流通を結びつけてきたが，都市圏内部の変動要因を明らかにしなければ，変動する都市小売流通システムを説明できないと思われる。

第4節　中心地の変動と立地創造

中心地理論で前提とされているのは個別の商店である。財の性格により到達範囲の上限と下限が異なると考えられ，そこでは生存に必要な利潤が得られるだけと考えるのだから，ここで想定される店舗は業種店である。しかしこの想

定では都市を中心地として取り扱うことも，商業集積を中心地として取り扱うこともできない。個別の業種店が中心地として想定されているだけで，複数の業種店が集積する必然性がないのである。この点に対し先行研究では多次元の集積が隣接して立地する異業種集積を，買物の多目的出向を理論に組み込むことで説明してきた。多目的出向をすると消費者は買物に要する移動費用を節約できる。そのため移動費用が節約できない近隣の中心地を飛び越して，距離としては遠い高次の中心地に買い物に向かうのである。「多目的出向者をより遠くから吸引することによって，異業種集積の大きい中心地の商圏は拡大する。この結果，異業種集積に立地すれば，より多くの需要が得られるという需要外部性が生まれる。需要外部性は店舗集積が生み出す最も重要な集積の経済である」[25]。そしてこうした傾向が単独の業種店を集積させ異業種集積が形成されるのである。

だが田村［2008］はこうしたモデルは高次の商品と低次の商品の2種類の財を想定するという極めて単純化した業種カテゴリーを採用しているため，なぜ様々な業種が集積するのかを説明するには不足していると指摘している（pp.47-48）。つまり高次の中心地が低次の中心地を兼ねること（中心地の階層が上がれば次数の低い中心地の商品も取り扱う異業種集積が現れること）は説明できるが，低次の中心地に同じ中心地レベルの異業種が複数現れることは説明していないのである。

そこで田村［2008］は京阪神都市圏を対象に主成分分析を行い，3つの主要集積タイプと機能的に無視できない3種の特化集積タイプを発見している。3つの主要集積とは買回り集積，最寄集積，生鮮集積である。そしてこれらの集積は相互に関連のない独立した集積である（pp.49-51）。

このことから田村［2008］は中心地理論が想定した異業種集積の仮説は当てはまらないとしている。最寄集積と生鮮集積は等しく低次の中心地にある業種であるが，これらは別に集積しており，同じ低次であるからといって異業種集積を形成してはいない。また買回り集積は高次の集積であるが，低次の集積である最寄集積と同居してはいない。つまり高次の中心地は，低次の中心地を兼ねてはいないのである（pp.51-61）。

一方で同業種集積について Christaller［1933］は何も語っていないが，おそらく6角形内の人口の差によって生まれると考えていたのであろう。6角形の大きさは財の到達範囲の上限で決まり，その中に多くの人口が存在するならば6角形が分割されるのではなく，中心に人口規模に見合った数の同業種店舗が集まるという想定である[26]。

この点についても田村［2008］は同業種集積を京阪神での同じデータを使用して集積の特徴をみている。同業種集積にも複数のタイプがあり，集積しない（同一集積内に1店舗しかない）場合もあれば，比較的に規則性をもって集積が形成される業種，集積するかどうかも含めて傾向が見えない業種，少数の集積地に集中して同業種集積が現れる業種があることが明らかにされている。そして異業種集積は同業種集積しやすい業種を構成要素として作られていることが述べられているのである（pp.73-81）。

田村［2008］の主張することは中心地体系が現在では当てはまらないということである。この主張は古くは Berry［1967］以来，様々な形で述べられてきたものだが，そこでの主張はすでに大型店という商業集積はかつての自然発生的な集積ではなく計画的な集積であること，そして大都市圏内部では異業種集積が高次に形成されるのではなく，立地の専門化という同業種集積が現れるという点にある[27]。

田村［2008］は中心地体系が揺らいだ理由を消費者行動の変化に求め，さまざまな要因をあげている。中でも重要だと思われるのは女性の就業率の上昇によって自宅を出向起点としない買物が増加したこと，冷蔵庫や自動車の普及によって多目的出向を可能にしたこと，そしてそれによって最も近い中心地を利用するという仮定が崩壊したことなどをあげている。さらにこうした新しい消費主体は娯楽型の買物を求め，様々なアメニティを要求するようにもなったことも，中心地理論の買物の仮定をあてはならないものにした（p.112）。これらの要因により大きな変化が生まれている。1つは地域大型店の増加であり，もう1つは商店街での店舗数の減少である（pp.143-175）。これは換言すれば大都市圏での高次中心地の分散であり，低次の中心地の高次への集中である。

こうした商業集積場所の変化は大型SCと大型専門店による立地創造の結果

である。それまで集積がなかった場所を集積地に変え，買物出向ではない車での移動過程の顧客をロードサイドで取り込むなど，集積についてのイノベーションを引き起こしてきたのが大型 SC と大型専門店である（第6章・第7章）。

これは消費者行動が変化したことに対応した変化であるが，一方で小売側の立地創造を通じた変化に消費者が対応したものでもある。しかしそこで立地創造によってうまれた商業集積が，なぜ低次の中心地に向かっていた需要を引き付けたのかが問題となる。低次の中心地で販売されていたものは生鮮食品や日用品が主なものであると考えてよい。こうしたものは 1 つの商品だけを買いに行くというわけではなく，関連購買を行うものである。かつては低次の中心地（商店街）で複数の店舗を巡りながら，必要なものを買いそろえていた。しかし現在ではスーパーで買いそろえることになる。田村［2008］によると，そのスーパーは立地創造された SC の中に核店舗として入っている。スーパー，とくに食品スーパーは以前から多く存在していたが，それが SC に入ったことでそれ以前より広い商圏を持ち，多くの顧客を吸引するようになったことになる。

この原因はまず買物の多目的出向であると考えられる。食品と日用品以外の商品を取り扱っている集積と，食品と日用品だけを取り扱っている集積では，前者の方が当然多目的出向に適していると考えられる。しかし一方で多目的出向に適していると考えられた GMS は長期低落傾向にある。不調の原因を，ワンストップショッピングの考え間違いに帰すものもある。「ワンストップショッピング機能を提供することの意味は，アソートメントに含まれる商品が相互に何らかの関連性を持っていることが前提」であったのに[28]，無原則に取扱商品を拡大したことが GMS 衰退の要因であるとするものである。関連購買は限定された範囲で作用するもので，たとえば生鮮食品とファッション衣料は同時に買われることは少なく，関連購買されなかったのである[29]。

このことから遠い場所にある SC での買物は，近隣の大型店と比べて，移動コストを節約できる形態であるとは考えられない。むしろ購買品種より購買品目が多い近隣大型店で移動コストの節約が発生すると思われる[30]。この購買品目の多さは食料品において大きくなる。このことが近隣の商店街という中心地を飛び越して，より遠い近隣大型店で食品を購入する理由と思われる。

そしてもう1つ考えられることは地域大型店のほうが低価格である可能性である。この場合も多くの移動コストをかけても遠い集積に向かう可能性がある。中心地理論の前提にはすべての小売店が同様の営業を行っていることが含まれるが，その前提を変えるのである。しかし両者の価格差を明示した確たる研究結果が存在するわけではない。

だがいずれにしてもそれらの説明では中心地の配置は秩序だったものではないが中心地理論の説明があてはまる。重要なのはこうした近隣大型店型の集積がSCであるということであり，そこでの「ついで買い」はGMSでは生まれなかったということである。田村［2008］は商品間の波及効果を調べて，食品や軽衣料を取り扱う大型店から，買回品専門店への波及効果が存在すること，それが存在して多目的出向が行われるのは自宅付近SCや近隣大型店であり，大都市中核ではないことを述べている（pp.200-201, pp.265-267）。つまり「ついで買い」が行われるのは最も高次の中心地ではなく，その下の中心地，SCということである。

高次の買回品と低次の最寄品の「ついで買い」が成立するためには商圏が買回品に対しては適切であるが，最寄品を供給する大型店（キーテナント）には広すぎるにもかかわらず，商圏内のほかの地域に多過ぎる顧客を狙った新しい集積が生まれない場合か，あるいは逆に大型店の商圏としては適切であるが，買回品を提供するテナントには狭いにもかかわらず，大型店に来店した消費者が関連していない商品までテナントで「ついで買い」することで顧客が確保できる場合である。田村［2008］は後者を説明としてあげている[31]。

後者の場合は「ついで買い」をどのように取り扱うかが問題となる。前述したが異なったカテゴリーの商品は関連購買されないのはGMSの衰退が示している。SCで生じているのは関連していない商品の「ついで買い」である。大型店で食品を買いに行ったついでに，大型書店に行く。あるいはその逆といった行動である。

GMSではできなかったが，SCなら可能となった「ついで買い」として，次のように考えることができる。GMSが衣料品を取り扱いながら「ついで買い」を生み出せなかったのは，取り扱っている衣料品が中心性の高いものではなか

ったためではないかと考えられる。衣料品はひとくくりにして統計として集計するしかないが，現実には多様な中心性を持っている。かつては最寄品の買物頻度に近い，つまり近隣で購入する衣料品を GMS は取扱ったが，これは遠方から消費者を呼び寄せるものではなく，そこで本来なら来るはずのない消費者の「ついで買い」を誘発することはなかった。中心性が低かったのである。そこではもともと最寄品購買で来店する消費者は変わらないので，SC のように最寄品だけなら来なかった消費者を呼び込むことができなかった。つまり SC によって高い次元の買回品を購入するために高次の中心地に向かった消費者の，最寄品購買を取り込むという「ついで買い」行動が生み出されたと考えられるのである。

　このように小売業が消費者の購買行動に影響を与えることで，地域の商業構造を変化させることがある。立地創造の効果をそう考えることもできる。しかし影響や効果を実証するためには，より詳細に次元を分けた集積の分析が必要となるだろう。また効果があるとしても，それは都市圏の内部での構造変化である。石原［2006］は SC が買物客しか引き付けないと述べたし，アミューズメントを利用するといったことを除けば現実に買物客だけが来る場所であることは間違いないが，買物に行くついでにそこで需要が生まれることは想定される。これも売買の集中の1つの現れ方と考えることもできる。しかし石原［2006］が述べた店舗と品揃えによる新しい需要ではない。それはほかの場所で購買されていた商品の購入地点が，「ついで買い」によって移動するだけである。

お わ り に

　下位の中心地がより高次の中心地に吸収されていった背景として消費者の買物行動の変化がある。とくに買物頻度の減少は大きな影響を与えたと考えられる。買物の頻度が高ければ，一回の購買品種数も購買品目数も少なくなる。一

般に買物頻度は最寄品で高く，買回品で低い。近年ではかつてより最寄品での買物頻度が低くなっていると思われる。自家用車や冷蔵庫の普及が低い買物頻度での生活を可能にした。

買物頻度が低くなると，まとめ買いによる移動コストの節約が大きくなる。より遠い高次の中心地で買物をすると移動コストは高くなるが，まとめ買いをすれば影響は軽減される。さらに高次の中心地の最寄品のほうが低価格であれば，移動コストが高くついてもまとめ買いによる購買金額の節約が大きくなるため，より高次の中心地での買物が選択されやすくなるだろう。

だがより重要なのは最寄品の買物頻度は低下してきたが，買回品ではそうではないということである。買回品はかなり少ない購買頻度で購入されるが，そのたびに最寄品が「ついで買い」がなされる高次の中心地で買われる。すべての最寄品購買が高次の中心地でなされるわけではなく，近隣の低次の中心地で多くの購買はなされるであろうが，頻度の減った数回に1回は買回品購買の「ついで買い」として高次の中心地に流失してしまう。中心性でいえば最寄品の中心性が買回品の中心性に近づいてきたと思われる。

しかしこうした見解は小売業が地域に与える影響の要素として取り扱うことができたとしても，それ自体は商業地理学の理論的見地である。本章の序盤で述べた石原［2006］や地域商業論の問題意識とは異なるところにある。一方で商業経済論の枠内に商店街という商業集積を捉える方法論は確立してはいない。

前述したようにコミュニティの形成で商業集積を地域コミュニティと結びつける方向がある。このためにはコミュニティを作る対面販売を理論の中に取り入れる必要がある。その際には商業資本の自立化論でとられた論理構成を使わなければならないだろう。商業経済論は自立化論がその基礎にあることからわかるように分業論である。なぜ生産者が自ら販売を行わず，商業ひいては小売業が販売を行うのかを説明しており，その延長線上に段階分化・機能分化・商品別専門分化が述べられている。生産者が販売を行うことはできるが，小売商のほうが優れていることを「売買の集中」で説くのである。このことから商店街の対面販売がコミュニティを作れるとしても，他には作れないかあるいは優れて作れると説明しなければ理論の枠内に対面販売を入れることはできないだ

ろう。

　この方向以外にも都市の中で商業集積を語る方向は存在するであろうし,「まちづくり」にはより多くの研究分野がかかわっている。こうした研究が誤っているというつもりは全くない。ただそうした研究が商業経済論ではないというだけである。もっとも何論であろうと「まちづくり」ができればそれでよいと思われる方には, 本章のような検討は無用のものであろう。

〈注〉
1) 代表的なものとして田村［1981］。ここでは中小小売商が存続することをネガティブに捉えている。
2) 出家［2002］は大店法の「『運用』が充分でなかったにもかかわらず, 相対的に規制効果がみられた」と評しているが, むしろ運用が充分でなかったからこそ規制効果があったと考えられる。
3) たとえば西村［1994］p.24
4) 商業資本の商品別専門分化については森下［1960］pp.145-149
5) 石原［2000］p.65
6) 加藤［2009］ここでは大阪市内の商店街を例に, 都心部の商店街が必ずしも衰退していないことを指摘している（pp.25-28）
7) 加藤［2009］pp.160-162
8) たとえば岩田［2011］p.83
9) 最寄品中心の商店街がスーパーに負けていくことについては価格競争に勝てなかったことが大きいと考えられている。しかしそもそもセルフサービスは省力化を目的としたものではなかったと指摘されている（徳永［1990］p.60）。セルフサービスのほうが「乾燥した」買物であり, 対面販売の「湿気の多い」買物より好まれたと考えることもできるのである。
10) 山口［2011b］pp.73-75。
11) 石原［2013］pp.35-38。
12) たとえば糸園［1975］。
13) これは商業経済論に限ったことではない。空間自体を取り扱う経済地理学などを除けば, 多くの経済学の分野で理論は, 空間を輸送費をもって処理してきた。たしかに空間を克服するには輸送費などのコストがかかる。だがこのような空間を輸送費に還元する方法は, 空間を資本の運動や理論を阻害する要因をして取り扱うことになる。それがなければ理論が貫徹するといった形である。つまり一般的なのは空間を意識しない理論で, その応用編として空間を含んだ研究があるというわけである。しかし現実の経済行為はいうまでもなく空間の中で行われている。むしろ空間を含んだ理論が（あるならば）一般的なのであり, 空間を無視できるような状況が特殊理論と考えることができる。この点で空間を含んだ理論は非常に重要なのである。
14) 新［2012］の見解の特徴は小売業の成長をそれ独自の発展として考えず, 相対的過剰人口の増加ととらえるところにある。小売業は自ら大きくなることを考えないのであ

る。近代的な小売業の姿を想定していないわけである。
15) 山口［2011b］pp.78-80。
16) 宮崎［2013］。
17) 山口［2011b］pp.80-81。
18) 大橋［2005］は地域商業とは地域が必要とする商業を意味すると述べ，必要性の判断は住民に任せられ，その基準に規模の大小は無関係であると主張している。そして地域に不要な商業を排除し必要な商業を創出・確保するのが都市流通政策であると述べている（pp.37-38）。
19) 山口［2011a］p.54。もっとも山口［2011b］は，この地域商業規定を「地域社会に密着した小売商業と理解しても差し支えない」と述べている（p.71）。だがこれでも密着とは何かが問題となる。
20) 小売商の行動が消費者の購買行動に影響を与えることを示したものとして田村［2008］がある。しかしこれも小売商が地域差を形成するという見解ではない。
21) 山口［2013］は，戦前にすでに地域商業と地域の関係を研究する必要性に着目していた岡本理一を評価している。そこでは地域によって小売商が規定される関係であり，地域の気候・風土や産業構造の違いが小売商の差を生み出しているにも関わらず，採用される全国一律の中小商業政策が問題意識になっていることが指摘されている。この規定関係が相互規定ではないことに山口［2013］は問題を感じているが（p.100），より問題なのは地域性を強調することで創られる見解が無限に細分できるということである。岡本は農業経済論では北海道農業論という分野が存在することをみて，北海道商業論を構想したと記されている（山口［2011b］p.87）が，北海道は日本の他地域と比べて農法上の差が大きく，それを経済発展の遅れに還元できないために北海道農業論が存在するのであり，それはアメリカ農業論と日本農業論の違いと思ってよい。しかし地域ごとに違いがあるからといって東京農業論や佐賀県農業論，あるいは千代田区農業論（千代田区に農業があればだが）が存在するわけではない。地域差はどこにでもあり，それによって小売業のみならず製造業も消費者も影響され，規定されている。それが小売業の経営に大きな差を生み出し，ある程度は固定的と考えられるかどうかが焦点なのである。外部環境の差があればただちに研究領域として独自性が持てるわけではないのは当然である。
22) 加藤［2009］p.6。
23) 中心地理論については以下の文献を参照。Christaller［1933］，Lösch［1962］，森川［1980］，林上［1986］。
24) Lösch［1962］は秩序の存在を否定する見解について次のように述べている。「秩序の存在を否定する見解が事実によっていかに裏づけられるにせよ，このような見解は無価値なばかりでなく，危険でもある。無価値であるというのは，理にかなっていることが大切なのであって，結局この方が単なる目前の事実よりはるかに重要だからである（邦訳p.256）」。Löschは望ましい立地という面から以上の言葉を述べているが，均衡に導く諸力こそ重要なのであって，均衡することそのものが重要なのではないことは，この著書が当初に均衡状態について説明し，それが変化する要因を検討していることからも十分うかがえる。
25) 田村［2008］p.46。もともとChristaller［1933］でも医師と薬局が立地する中心地が医師のみが存在する中心地より多くの顧客を引き付けるという例を挙げて，集積を説明している。ただこれが同一次元の財としての例であるか，異なった次元の財の集積で

あるのかは明言されていない。この例を高次の中心地と低次の中心地の関係にも応用でき，高次の中心地が低次の中心地から顧客を奪うということで大都市が中小都市より優位になると述べているだけである（邦訳 pp.53-54）。
26) 中心地理論の仮定は均一の人口分布であると考えられているが，必ずしも Christaller はそれを想定してはいない。人口分布が規則的であることが想定されているだけである（林上［1986］p.39）。
27) 田村［2008］pp.115-116。Berry［1967］邦訳 pp.54-72。もっとも Berry は小売業の立地理論として Christaller を高く評しており，ここでも「階層秩序体系の変化」として集積タイプの変化が述べられている。階層秩序が無くなったというわけではない。しかし Berry and Parr［1988］では中心地理論は都市体系の中の一側面を担うだけであるとしている（邦訳 p.140）。「専門化が中心地階層組織の分節にとって代わる。……中心地階層の古典的分布様式は崩れ，都市内部に特徴的な業務の分布様式と置き換えられる（邦訳 p.196）」。田村［2008］は，この研究を引き継いだ結論をもっていると考えてよいだろう。
28) 向山［2009］p.82。
29) 田村［2008］では，両者にある程度の波及効果があることが明らかにされている（p.200）。しかしむしろ専門店での購買を行った消費者が大型店での購買を行っていると読む方が妥当なのではないかという疑問がある。また波及効果があることは確かだが，それが大きいものであると考えてよいのかにも疑問はある。
30) 田村［2008］では中心地のタイプを大都市中核型，広域型，地域商店街型，地域大型店型，近隣商店街型，近隣大型店型，街角ショップに分けている
31) 田村［2008］ではテナントが高い賃料を支払い，その賃料があるためデベロッパーはキーテナントに低い賃料を提示すること，そしてキーテナントがもたらす集客を SC 内に内部化してテナントに向けるメカニズムを指摘している（第6章）。ただ需要外部性を内部化する仕組みはテナントでの買物で出向した消費者を，キーテナントで「ついで買い」させるメカニズムも考えられる（前者のパターン）。

〈参考文献〉

新　雅史［2012］『商店街はなぜ滅びるのか』光文社新書。
石原武政［2000］『商業組織の内部編成』千倉書房。
石原武政［2006］『小売業の外部性とまちづくり』有斐閣。
石原武政［2013］「地域商業研究への視線」『マーケティング・ジャーナル』第33巻第1号。
石原武政・加藤司編［2005］『商業・まちづくりネットワーク』ミネルヴァ書房。
石原武政・加藤司編［2009］『地域商業の競争構造』中央経済社。
岩田貴子［2011］『エリア・マーケティングアーキテクチャー』税務経理協会。
宇野史郎［1998］『現代都市流通のダイナミズム』中央経済社。
宇野史郎［2005］『現代都市流通とまちづくり』中央経済社。
宇野史郎［2008］「現代流通の空間的競争分析をめぐって」宇野史郎・吉村純一・大野哲明編『地域再生の流通研究』中央経済社。
宇野史郎・吉村純一・大野哲明編［2008］『地域再生の流通研究』中央経済社。
宇野史郎［2009］「大都市の発展と都市間競争」石原武政・加藤司編『地域商業の競争構造』中央経済社。

大橋賢也［2005］「まちづくりが示唆する地域商業の方向性」石原武政・加藤司編『商業・まちづくりネットワーク』ミネルヴァ書房。
加藤　司［2003］「『所縁型』商店街組織のマネジメント」加藤司編著『流通理論の透視力』千倉書房。
加藤　司［2009］「都市の発展と地域商業」石原武政・加藤司編『地域商業の競争構造』中央経済社。
川野訓志［1999］「［書評］宇野史郎著『現代都市流通のダイナミズム』」日本流通学会年報『流通』No.12。
田中道雄［2008］「地域商業とコミュニティ」石原武政・加藤司編『地域商業の競争構造』中央経済社。
田村正紀［1981］『大型店問題』千倉書房。
田村正紀［2008］『立地創造』白桃書房。
出家健治［2002］『零細小売業研究―理論と構造』ミネルヴァ書房。
徳永　豊［1990］『アメリカ流通業の歴史に学ぶ［第2版］』中央経済社。
西村多嘉子［1994］「消費生活を支える小売業」保田芳昭・加藤義忠編『現代流通論入門』有斐閣。
林　上［1986］『中心地理論研究』大明堂。
宮崎卓朗［2008］「商業研究と『まちづくり』」宇野史郎・吉村純一・大野哲明編『地域再生の流通研究』中央経済社。
宮崎卓朗［2013］「『まちづくり』と商業研究の方向」佐賀大学『佐賀大学経済論集』第46巻第2号。
森川　洋［1980］『中心地論（Ⅰ）（Ⅱ）（Ⅲ）（Ⅳ）』大明堂。
山口信夫［2011a］「地域商業における社会関係資本の研究動向」『大阪市大論集』第127号。
山口信夫［2011b］「地域商業研究の商業・流通論的周縁性」『大阪市大論集』第128号。
山口信夫［2013］「岡本理一の地域商業研究について」『愛媛経済論集』第32巻第2/3号。
Berry, B. J. [1967], *The Geography of Market Centers and Retail Distribution,* Prentice-Hall.（西岡久雄・鈴木安昭・奥野隆文訳［1972］『小売業・サービス業の立地』大明堂）。
Berry, B. J. and J. B. Parr [1988], *Markets Centers and Retail Location,* Prentice-Hall.（奥野隆文・鈴木安昭・西岡久雄訳［1992］『小売立地の理論と応用』大明堂。）
Christaller, W. [1933], Die Zentralen Orte in Süddeutschland, Verlag von Gustav Fischer/Jena.（江沢譲爾訳［1969］『都市の立地と発展』大明堂。）
Lösch, A. [1962], Die räumlishe Ordnung der Wirtschaft, Gustav Fischer Verlag, Stuttgart.（篠原泰三訳［1968］『経済立地論』大明堂。）

（宮崎　卓朗）

第8章

流通の空間構造と都市流通システム論

第1節　流通の空間構造分析

　今日の市場経済のもとでは，生産に始まって流通，消費に至る一連の活動は相互に関連性を保ちながら，1つの経済システムとして作用している。その中で，流通システムは市場での取引連鎖を通して社会的に分離した生産と消費を調整する市場経済システムの「要」の役割を果たしている。それを空間的にみると，都市（地域）を「舞台」に対外的および対内的な取引関係を通して遂行されていくことを意味している。そのため，流通システムの空間的競争構造を解明するには都市システムとの関係，すなわちそこでの相互作用関係の内実を明らかにする必要があるといってよい。

　歴史的にみて，流通システムと都市システムは相互に依存しながら発展してきたのは周知のことである。すなわち，都市の発展を規定づけていたのは流通活動の広がりであり，一方流通活動の発展基盤はその集積拠点としての都市であったからである。

　しかし，流通活動が都市を舞台に展開してきたにもかかわらず，両者の相互作用関係を体系的に解明したものが意外に少ないことも，また事実である。か

つて，荒川祐吉が「卸売流通の空間構造」(1974) という論文の中で，「流通の空間的構造の理論的・経験的研究は，現段階においてなお十分開拓しつくされていないフロンティアであり，今後の研究にまつところの大きな魅力ある分野である」[1]と指摘していたのは，当時の都市流通システム研究の後れを表していたものといってよい。

近年でもこの傾向から脱しえず，加藤 司は「都市の発展と地域商業」(2009) という論文の中で，「都市の発展，それに伴う商業の空間的配置の視点は看過されてきた……商業論にしても『売買の集中・社会化』といった原理的なレベルでの分析が中心で，理論と現実との乖離は拡大しつつある」[2]と指摘している。

この点について，阿部真也も「流通研究はどこまで進んだか」(2003) という論文の中で，商業論，マーケティング論，流通論の視点から流通研究のこれまでの成果を整理したあとで，残された研究課題の１つに流通空間論があることを指摘している。そして，商業や流通の地域的・空間的構造の分析について，経済地理学や商業論・マーケティング論の分野からの業績を振り返り，両者は「相互に交流を深めながら相乗的に研究を深めていく状況にはないように思われる。その一つの理由は，前者の研究の多くが実態調査をもとにした記述的なものであるのに対して，後者のそれが企業（小売業者）と消費者（需要者）だけを想定した市場取引の抽象度の高いモデル分析になっているからである。したがって，この２つの研究の流れが相互に交流を深めて，流通の地域構造の研究成果をたかめるためには，その一つとして，都市構造とか都市の空間構造という地域のより具体的なレベルでの分析枠組を導入」[3]していくことが有益ではないかと，都市流通システム研究の方向性を示している。

これまでなぜに，両者を架橋する理論的枠組みとしての流通システムの空間的競争構造の分析が進んでこなかったのか。また，この分野に研究者の関心が及んでこなかったのはなぜか。まちづくりとの関連で都市流通システム研究への関心が昨今高まりをみせている中で，改めて考えてみるのも意義があるものと思われる。

ここでは，まず都市（地域）における流通システム研究の流れを商店街問題との関連で概観することから始める。その際，1980 年代半ば以降の商店街の空

き地・空き店舗の恒常化に伴って社会問題化した中心市街地の空洞化問題に関連して，まちづくりの視点からの都市流通システム研究の流れに焦点を当てることにする。そして，都市流通システム研究の分析フレームを検討していく中でそこでの課題を明らかにしながら，今後の都市流通システム研究の方向性についてみていくことにする[4]。

第2節　都市流通システム研究の流れ

1.『80年代の流通産業ビジョン』にみるまちづくりの視点

　商店街問題が都市問題，いわゆるまちづくり問題として注目されることになったのは，小売商店数が1982年の172万店をピークに，その後商店数減少時代に入ったことにある。それまでも，閉店する商店による空き地・空き店舗はあったものの，一時的で埋まっていたといってよい。それは，新規開業店舗が廃業店舗を上回っていたためである。

　しかし，80年代半ば以降，逆に廃業店舗が新規開業店舗を上回っていくことになり，空き地・空き店舗が埋まらず恒常化し，まちの活力が低下していくことになる。したがって，それまでの商店街問題は百貨店やスーパー等による経営圧迫という中小小売商の困窮問題として捉えられ，専らの関心事はその組織化による共同事業の推進にあった。だが，商店街がシャッター街化し，まちの活力が損なわれるようになるにつれ，まちづくりの視点からの商店街研究が注目されるようになる。その端緒となったのが，産業構造審議会流通部会の中間答申『80年代の流通産業ビジョン』(1983)であったといってよい。

　これは，地域経済社会の中に流通産業の役割を明確に位置づけるとともに，「都市商業ルネッサンス」として都市商業の再生に大きな期待をかけるものであった。小売業の役割については，地域住民の日常生活に直結し，地域に根ざし

た産業として，地域社会におけるコミュニケーションの場，また地域文化の担い手としての社会的・文化的機能に着目することになる。すなわち，地域小売業は地域文化や地域住民の生活の中に溶け込むことによって，各地域独自の生活空間を形成しているという社会的有効性の側面から評価すべきである。それは，こうした社会的有効性の理念と地域間競争が活発化する中で，活力のある商業集積を指向する経済的効率性の理念との調和の中に，快適で魅力ある生活空間が生まれることになるからであるという。

このことは，それまでの経済的効率性を軸とした一元的な流通近代化政策から，社会的有効性の理念を組み込んだ多元的なものに変更を迫ることを意味していた。その後の『90年代の流通ビジョン』(1989年) では，「街づくり会社構想」や「ハイマート2000構想」などとして地域経済社会活動に寄与することへの期待が込められることになる。しかし，グローバル経済の進展による規制緩和の流れの中で，社会的有効性の理念は市場競争メカニズムを補完する関係におかれ，経済的効率性を指向する流通近代化政策に回帰することになったのは周知のことである[5]。

2. 商店街の公共性と生活型社会資本の視点

この『80年代の流通産業ビジョン』で提起された「商店街と地域コミュニティ」の関係を理論的に解き明かそうとしたのが，石原武政・石井淳蔵『街づくりのマーケティング』(1992) である。そこには，商店街の理論化の困難性が商店街と地域コミュニティとの関連性についての議論が感情的，あるいは二者択一的議論になりやすいという点を十分に踏まえた上で，商店街の新たな理論化への強い思いが込められていた[6]。

石原・石井は，商店街の発展段階・発展類型とその存立根拠等を解明することにより，新たな商店街革新の理論構築を目指すことになる。商店街の発展段階については，ライフサイクル概念を導入して4つに類型化する。すなわち，第1は個々の商人が自然的に寄り集まってくる段階，第2はそれらの商人が「行動する組織」に変質する段階，第3は街全体を管理することが課題となる段

階，第4は街のインフラを備え外部とのネットワークを張りめぐらせていく段階である。「これらの段階を通過することにより，商店街は競争的により強じんな，そして市民にとって魅力ある商店街へと変容する」[7]ことになる。

しかし，それぞれの段階には制約条件があるという。第1段階の商人活動の日常的束縛，第2段階の仲間のねたみ，第3段階の商店街活動の日常的束縛といったそれぞれの段階に特有な諸条件を克服することが，次の発展段階へのカギになる。しかも，個々の商店・商店街だけの力では克服困難な場合に，商店街のライフサイクルに沿った外的支援策（公共政策）が必要になる。

なぜに，商店街への公共政策が必要なのかについては，「商店街は地域コミュニティに深く根ざした買い物施設」であり，この「商店街と地域コミュニティとの結び付き」を「『商店街の公共性』問題として総称できる」ことに依拠している。そして，地域コミュニティにおける商店街の公共性とは4つの側面，すなわち「公共空間としての街路」，「消費者にとっての買い物空間」，「地域のコミュニティ施設」，「地域の担い手」としての性格をもっているという。

しかし，商店街が公共性をもっているからといって，問題が解決するわけでなく，そこには「街づくりのマーケティング」が必要であり，商人が起こした街づくり運動が地域コミュニティの中で大義を獲得するには，街づくり組織の多様なメンバーによる構成と商店街の運営自体をも地域コミュニティに開放するという条件，および街づくりの持続的運動とコスト負担が不可欠という条件を満たす必要があるという。

こうした石原・石井の主張は，「商店街のライフサイクル概念」による発展段階を類型化しており，これまでの小売商業集積の類型理論に欠落していた，その形成・発展メカニズムの解明に踏み込んでいる点で注目された。

これとほぼ同じ時期に，杉岡碩夫の『大店法と都市商業・市民　商業集積政策序説』（1991）が出版されている。杉岡の「わが国の流通政策の通念となっている"近代化"の視点でなく，市民社会の成熟に根ざした都市計画と中小企業家のエネルギーを生かす方向こそが，小売商業政策の基本でなければならない」[8]との観点から体系化を試みたものである。

杉岡はこの著書の中で，小売商業集積を都市の問題として捉えることにより，

都市政策と商業集積との統合的把握を目指した，都市商業集積論を展開している。これまでの小売業の社会科学的分析が指向した産業化の推進（いわゆる流通革命論に依拠したスケールメリットの追究）が，「目の前で日本の都市商業集積を混乱させ，そのことが高度経済国としては異例の醜悪な都市をつくりあげたひとつの原因でもある」[9)]との問題意識を背景に，小売業は都市の視点を抜きに考えられないだけに，小売商業集積もそれとの関連でみていかねばならないという。

そもそも，現実の小売業は私的な経営であるとはいえ，都市に不可欠な機能であり，しかも一定の集積によって成立している。それは，集積という側面で都市の土地利用にかかわり，都市環境との関連で街づくりと関連し，商品の売買で市民生活と接触することになるだけに，小売業は都市の市民意識の成熟と関連し，都市の自立の象徴ともなり得る側面をもっている。したがって商業集積政策の目標は，個別都市における市民層の成熟と，そこにおける市民と共存する商業の展開があって，好ましい都市環境と市民生活が成立するという現代都市の可能性を追求することにある。なぜなら，「都市の商業集積を社会的資本の一部としてみなし，市民生活に不可欠な装置とみる立場にたつ」[10)]限り，商業集積に対する都市自治体の規制，市民参加による社会資本形成の要素も不可欠だからである。そして，市民社会の成熟度という点で，旧西ドイツの商業政策とその政策思想を高く評価し，わが国も小売商業集積を「買物人間の視点」からでなく，市民社会の一員としての「街づくりの立場」から市民生活の環境（生活型社会資本の機能を担う）にふさわしいものに変革していくことが必要になるという。

このように杉岡は石原・石井と同様に，既存の商業論の分析枠組みに疑問を投げかけ，新たな小売商業集積論の構築を試みている。ただ，石原・石井は「商店街の公共性」を軸に公共政策の必要性を説いているのに対して，杉岡は都市そのものを視野に入れて，「都市の（小売）商業集積のありよう，つまり政策提示」を指向している。しかし，都市商業集積といっても，「中小小売業を中核とする商業集積」のことを念頭に置いており，その意味では「商店街」を街づくりの視点で問い直すことの問題意識は共通していたといってよい。

しかもその場合，石原・石井は「商店街と地域コミュニティとの結び付き」に依拠した商店街の「公共性」に軸足を置いているのに対して，杉岡は「小売商業集積の生活型社会資本性」に着目し，それを都市の構成要素として積極的に位置づけている点で異なる。こうした差異は，商店街そのものの発展類型と各々の段階における公共政策のありようを問うという「小売商業活動の領域」を重視する立場＝商業論と，都市という市民社会における生活環境にどのような商業集積が望ましいかという「都市生活の領域」を重視する立場＝都市論との力点の相違によるといってよい。このように立場が異なるとはいえ，危機的状況に陥っている商店街を，「公共性」や「生活型社会資本」という概念の中で位置づけ，その存立様式を見い出そうとしていた点で注目された。

いずれにしても，両者とも流通システムと都市システムのどちらかの視点に依拠した政策論的分析に傾斜しているのは，当時の疲弊する商店街をいかに活性化するかが求められていた社会的状況の中では，ある意味当然のことであったといってよい。しかし，都市という枠組みの中で，小売商業集積の形成・発展メカニズムをいかに解明していくかという課題への接近は，竹林庄太郎のいう「都市の論理と小売商業の論理との接点」[11]を求めることに他ならない。つまり，そこでは両システムを融合した都市流通システム論としての分析フレームを明らかにすることが求められていたといえよう。

3. まちづくりのマーケティングと外部性に依拠したまちづくりの視点

その一方で，原田英生は「まちづくりと商業論」(2003)の中で，まちづくりが内包する都市間競争の問題を通して，まちづくりブームにあわせた「まちづくりのマーケティング」を批判している。まちづくりを「鷹の目線」でみることによって，各自治体が財政上の理由で大型商業施設を誘致すると，周辺市町村の中心商店街に壊滅的な打撃を与え，結果として各市町村に税収減をもたらすことになる。すなわち，「その町にとって最適な解であるとしても（そのことにも多大な疑問を提起しうるが），地域全体としては最適となっていない可能性が極めて高い政治選択がなされていることになる」[12]という。

こうした近視眼的まちづくりは公正・公平が損なわれるし，自治体の企業誘致競争が補助金や税の優遇という形をとると，社会全体の効率を悪化させることになる。とくに，大規模小売業が低廉な商品を提供することで消費者に寄与しているという主張についても，低価格での販売競争に打ち勝って私的利益を得るためであるにもかかわらず，そこには低価格での商品販売という社会的な利益を提供しているのだから許されるという，論理のすり替えが行われていることを痛烈に批判している。

　しかも，そこではスプロールのコストをはじめとする外部性への視点が欠落し，短期的な経済効率しか考えてこなかったわが国社会全体の問題であり，同時に，そうした視点の必要性を十分に展開・提示せずにきた流通論・商業論の問題でもあると，この分野の研究の後れを明示することになっている。ここでいう商店街問題を直接取り上げているわけではないが，「まちづくりという課題を通して，まさに流通論・商業論の再考が迫られている」[13]との指摘は，当時のこの問題に対する状況を表していたものとして注目される。

　これに対して，小売業がもつ外部性問題を研究の対象として本格的に取り上げたのは，石原武政の『小売業の外部性とまちづくり』(2006)」である。これは先の『街づくりのマーケティング』で指摘された公共性概念を，さらに理論的に推し進めたものといえる。そこでは，商業論が「まちづくり」と向き合うには，商業をその本質的機能だけでなく，小売業がその機能の総体において地域社会とかかわっている視点から捉えることが必要であるという[14]。こうした小売店舗の外部性こそ，商店街とまちづくりを結びつける接点であり，商業の議論を売買の効率的な媒介に集中するときにはみえてこなかった側面であるとして，商業がもつ総体的な機能へ拡張することで，商業論としてのまちづくりにアプローチしていくことになる。

　商業論の枠組みを拡張するため，売買集中の原理の作用様式を再確認する中で，商業の内部に向かって働く論理としての「内部性」，商業がその外部に対してもつ関係とそれによって生じる事態としての「外部性」，商圏内における消費者を想像し，その市場像に照らして適切と思われる商品を探し出し，選択して，自らの品揃えを行うことによって，生産側の変化を含め，絶えず変化する環境

第 8 章　流通の空間構造と都市流通システム論　141

に弾力的に適応していく「能動性」の 3 つのキーワードを提起する[15]。

　これに基づき，売買集中の外部性として小売店舗を取り上げ，店舗における商品は物理的な属性をもった商品の具体的な集合として捉え，物理的な空間をもつ店舗での陳列販売は消費者を店舗に引きつけ，需要創造力を生む。このことは周辺の小売店舗にも当てはまり，商業集積が品揃えそのものと別の賑わいと雰囲気をつくり出すという外部性を生むことになる。具体的な小売店舗としての建物は，内部に向かって秩序をつくり出すだけでなく，外部に向かって自らを表現し，他の隣接する建物とともに街並みを形成する。外部空間としてのファサードと街並みは公共空間としての道路として，街路となり，その建物が主として小売店舗によって構成されるとき，その街路は商店街と呼ばれる[16]。

　また，商人の「やる気」を起業家精神という一方向でのみ評価することに異論を唱え，商人のやる気を自らの店舗拡大ではなく，自らが立地する商業施設やまちそのものに目を向けようとする「街商人精神」をもつ商人が現実に存在することから，そのような商人による店舗規模の拡大がもつ外部性を検討している[17]。そして，小売業は商業施設であると同時に都市施設でもあり，その後者の都市の賑わい施設やコミュニティ施設としての多様性をもつところに小売業をまちづくりの観点から捉え直すことの必要性が強調されることになっている。そこに，店舗の外部性を内部化した郊外型の商業集積であるショッピングセンターと商店街との違いをみている[18]。

　さらに，所縁型組織の商店街は空間的に地域に埋め込まれた存在として，「街づくり会社」や「タウンマネジメント機関」という調整主体を生み出してきたが，買い物施設としての秩序と都市としての多様性とが相互に矛盾する中で，その管理の困難性を明らかにする。まちの一員として存在する商業集積の管理のあり方について，柔軟な秩序をもった「やわらかい管理」が求められている[19]。そして，まちづくりのルールと公共性について，まちづくりに関するゆるやかな管理は法律などの「外的側面」と集団規範としての「内的側面」との相互に補完し合う関係の中から，有効性を発揮しえることになるという[20]。

　最後に，石原はまちづくりのための商業論に向けての残された課題として，商業論をより現実を反映したものにするには専門分野の縦割りよりその総合化

を，また各専門分野が隣接領域との接点をより積極的に求める必要がある。地域におけるコミュニティ問題，福祉にかかわる問題，景観や街並みの問題など，商業論との内的なつながりを維持しつつ，それらとの接点をさらに模索する必要があるという[21]。

確かに，「まちづくり」が多面的な側面をもっているため，商業論とこれらの接点ははるかに拡大していくことになるし，隣接領域との接点を求めた総合化の必要性はあろう。しかし，現実の商業のありようを解き明かすために，小売業の外部性に着目して従来の商業論を拡張することへの貢献は図りしえないものであったとはいえ，そのことが商業論を逸脱する危険性をはらんでいる点は否めない。石原も指摘しているように，「それらが商業論の枠組みの中で捉えることのできる問題かどうか」[22]という点について，改めて考えてみる必要があろう。

4. 商業研究とまちづくりの視点

商店街の衰退による中心市街地の空洞化が進展していく中にあって，宮崎卓朗は商業研究が現在の状況を分析するのに不十分であると考えられている「なにか」を検討することを通して，「まちづくり」と商業のかかわり方を分析しており，その意味で注目される。

宮崎は，まず先述した原田の「まちづくりと商業論」を取り上げ，そこでの見解について「商業研究に存在する不十分な点を指摘しているとはいえ，どちらかといえば『まちづくり』がうまくいかないことの要因となっている対象に関する指摘といえるであろう。この論理を『まちづくり』にまで広げるためには，商業のもっている外部経済をも含み込み，商店街が売買以外に周辺に与えるプラスの効果（かつては本質的機能ではないと考えられてきたもの）を商業研究の中に取り込む必要があるだろう」[23]と指摘している。

続いて，先述した小売業のもつ外部性について理論化を試みた石原の見解を取り上げている。宮崎は，石原の「売買の集中の具体的な現れ，あるいは売買集中の原理の担い手として商業集積を捉えることで商業研究と商業集積が関係

する『まちづくり』の接点を生み出そうとする試み」について,「商業研究の理論にダイレクトに『まちづくり』との接点を作り出そうとする点で画期的なもの」[24]と評価する。

しかしその一方で,都市には商店街が必要とされており,その商店街は中小小売店の売買の集中の原理を発現する場となっているため,商店街を含み,「まちづくり」を考慮するために,商人や店舗,店舗規模などを考慮に入れた商業研究の必要性を主張している,と石原の見解を理解した上で,宮崎は「都市はさまざまな人間の集まる場所であるとしても,そこに買い物が介在することは必然なのかどうかには疑問がある」[25]という。それは,「都市が人を集めるというときに石原が考えているのは小売業があるから,つまりなにがしかの商品を見て回るということ,それと『街並み』が歩くのに適当であるからそこに行くということであろう。もちろんこれは両立する話である。だがこれは両方とも必要なのではない。商店街が街並み形成と深く関係していることは確かではあるが,街並みは商店街だけが形成できるといったものではない」[26]からであるという。

いずれにしても,「石原の論理は都市論と商業論を結びつけ,商業研究に新しい方向性を示している」[27]とはいえ,「商業集積間の競争が空間的に現れるということ,商業集積は競争だけでなく,取扱い商品の性格に基づいた分業関係であったことなどが抜け落ちているように思われる。そのために商圏という要素が考慮されなかったのではないか」[28]との疑問を投げかけている。

続いて,商業集積間の空間的競争構造を強く意識して,「都市と流通を結びつけた形で現代流通を分析している」[29]宇野史郎の見解を検討している。宇野の論点については節を改めて検討すことにするが,宮崎は「商業集積間競争という要素を組み込まなければ商店街問題は理解できないとすること,商店街問題の結果として『まちづくり』が要請されることから,従来の理論を拡張する形で『まちづくり』を理論に組み込む方向性をもっているものといえる」[30]。そして,「宇野の考えは,競争する都市圏内部の都市間(中心地間)の競争に,その都市全体の成長を規定する所得の流入を踏まえて考慮できるということ,さらに都市を流入する所得の受け皿として,小売業はその所得の再配分を担うシ

ステムとして把握することによって，都市が流通に果たす役割を明示できるという優れた点をもっているといえるであろう。近年ではいくつかの流通地理学研究が発表されているが，多くが流通企業の地理学であり，流通現象の地理学的（空間的）研究とはいえない。現在のところ宇野の研究方向は地理学的発想（都市論）と流通論を結ぶ唯一のものといってよいかもしれない」[31)]と評価している。

しかしその一方で，「宇野の見解は唯一の方向性であるかもしれないが，それでも商店街問題の原因をかつての商圏内（都市圏内）の中心地の変動と考えるとともに，商圏の拡大という原因を取り込んではいないように思われる」[32)]との疑問を投げかけている。そこで次に，宇野の見解をみていくことにする。

第3節　都市流通システム研究の分析フレーム

ところで，流通論と都市論の研究成果を本格的に統合しようと試みた最初のものは，阿部真也・宇野史郎編『現代日本の流通と都市』(1996)であろう。これは，わが国経済の大きな変化を念頭に置きながら，市場経済活動の集約点であり，結節点である流通システムと都市システムに焦点を当て，都市の外側に向かっての急速な膨張が，都市内部における豊かで安定した生活を無条件で保証するものではなく，外側からの成長へのインパクトを，都市の内部の調和のとれた発展へと変換する調整のメカニズムと調整のための処方箋を解明しようしたものである。

阿部は，本書の序章「流通研究の新地平─流通論と都市論の接点を求めて─」の中で，流通と都市の相互作用関係を分析する3つのフレームを提示している[33)]。1つは都市のNB分析に依拠したもので，R・コックス[34)]が「流通機関としての都市」として述べていた「都市を形成する産業」（city forming industry）と「都市に奉仕する産業」（city serving industry）で，前者はある都

市が外部との交易を通して都市の成長発展を支える産業として卸売業，後者は都市の内部の住民に対して様々なサービスを提供する産業として小売業がそれぞれ担うこととして，都市の成長発展と流通のダイナミズムを明らかにしようとするものである。もう1つは，都市の内部構造の変動を商品特性と買物行動が小売業の空間的配置を規定するというW・クリスタラー[35]の「中心地理論」や都市への人口の集中と郊外への分散というL・H・クラッセン[36]の「都市発展段階モデル」を援用して，明らかにしようとするものである。さらに3つめは，流通活動とりわけ都市卸売業の対外的取引の連鎖を通しての，国内的および国際的な都市間ネットワークの形成と流通システムの階層構造を明らかにしようとするものである。

　宇野は，こうした流通活動と都市経済の相互作用関係を分析する3つのフレームに依拠しながら，商業資本論パラダイムにおいて空間分化論が欠落していることを指摘しつつ，都市所得の発生・循環メカニズムの視点から流通活動の空間構造とそこでの競争関係を明らかにする都市流通システムの理論化を試みている[37]。その際，流通活動が都市を舞台に展開する対内的取引側面と対外的取引側面との全体として織りなすネットワーク関係を意味する「都市流通シス

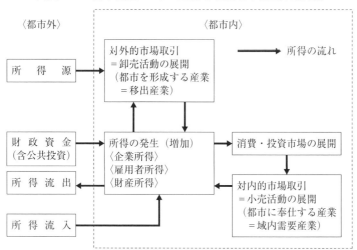

図表8-1　都市流通システムと都市経済との相互作用関係

テム」概念を提起し，図表8-1の「都市流通システムと都市経済との相互作用関係」モデルに沿って，都市流通システムの形成・発展メカニズムを分析した。都市流通システムの発展と都市経済との相互作用関係については，国民経済の場合とは異なり，開放性の高い都市経済レベルでは所得の発生・循環メカニズムにより，都市流通システムの盛衰が規定されることを明らかにした。

　これまで，商品流通のあり方や商業の構造的特性は，本来産業構造の特性や変動に規定され，小売業より産業活動の仲介役を担っている卸売業に，その影響が強く現れるといわれてきた。確かに，国民経済レベルではそうである。しかし，都市経済レベルでは産業構造上の違いが都市の性格や成長に影響を与えているとはいえ，直接に商業活動のありようを規定しているわけではない。それは取引関連に基づく都市所得の発生・循環メカニズムの広がりにかかわっており，そこには，都市間のヒエラルヒーによる系列・結合関係が内在していること，商業活動の集積が単に都市の規模によってではなく，都市の性格によって大きく異なり，都市の成長と相互依存関係にあることを明らかにした。このことを実証するために，都市所得の発生・循環メカニズムと都市経済との関連を同じ百万都市でありながら，停滞する北九州市と成長する福岡市との差異を卸売流通システムの内実を明らかにすることを通してみた。

　また，都市流通システムの発展と空間的競争メカニズムを明らかにするため，「都市化」「郊外化」「逆都市化」「再都市化」という都市（都市圏）の発展段階モデルを援用し，1970年代以降のわが国の都市類型別の実証分析を通して，地方中小都市が中心部の空洞化という「逆都市化」現象に陥っていることをみた。そこで，小売商業競争論で等閑視されてきた都市（都市圏）空間レベルにおける小売流通システムの競争構造をみていくため，小売業態の変化を引き起こしている要因が空間的競争視点からみて，小売商業集積の分化を促進させ，都心商業集積の地盤沈下，近隣商業集積の分解，郊外型商業集積の新たな形成・発展を小売業態の盛衰と関連させて明らかにした。その際，都市小売流通システムの競争構造は商圏の広域化により，都市間競争による買物客の流入―流出関係を視野に「都市圏小売流通システム」として分析し，都市圏内における小売商業集積の重層化と不安定化をみた。

さらに都市流通システムのあり方を展望するため，流通政策の基本方向を示した「流通ビジョン」の検討を通して，中小商業の社会的存在を評価する社会的有効性の理念を生かせず，「市場の失敗」による都市構造の歪みが拡大していることを指摘し，それを是正するには商業立地の空間的配置を自由な市場競争メカニズムに任せず，土地利用上の立地規制を踏まえた市民参加の総合的なまちづくりプランに基づき推進することを提示した。そして，都市空間レベルにおける流通活動とまちづくりとが一体化したネットワーク構築を視野に入れた都市流通政策を構想することが求められているとの認識のもとに，まちづくりの視点から都市流通システムのあり方を検討した。

第4節　都市流通システム研究の課題と方向性

こうした宇野の主張に対して，先の宮崎[38]の他，江上哲[39]，土岐寛[40]，出家健治[41]，村上剛人[42]，川野訓志[43]，石原武政[44]，佐々木保幸[45]らからコメントをいただいた。これらのコメントの内容については，「現代流通の空間的競争分析をめぐって」（宇野史郎・吉村純一・大野哲明編著『地域再生の流通研究』所収，2012年）を参照いただきたい。ここでは最後に，これまでの都市流通システム研究を振り返って，残された課題と方向性について3点指摘しておきたい。

第1に，都市流通システムは都市所得の発生にかかわる卸売流通システムとその循環にかかわる小売流通システムからなるが，これまでの研究はどちらかといえば商店街問題との関連で小売流通システムの空間的競争構造を明らかにすることに力点が置かれていた。いうまでもなく，もう一方の卸売流通システムについての分析をさらに深めることにより，都市の対外的取引活動の連鎖による国内的・国際的な都市間ネットワークと都市流通システムの階層構造の内実を明らかにでき，都市流通システム論の体系化への途も開けていくものと思

われる。この点については，都市における卸売流通システムの構造を企業都市と地方中枢都市における都市所得の発生・循環メカニズムの比較分析を通して明らかにしたが，都市類型を広げて卸売取引機能の集積格差と都市成長との関連性についても，さらに分析を深めていく必要があると考えている。

第2に，商店街の空き地・空き店舗の恒常化による中心市街地の空洞化問題を，経済社会を秩序づけている調整様式としての市場経済システムに依拠した「市場の失敗」と流通政策による管理統制システムに依拠した「政府の失敗」によるものとして捉え，都市流通システムのありようを考える上で両者を補完するまちづくりシステムの必要性を提示したが，そのまちづくりシステムについての精緻化が必要であることはいうまでもない。この点については紙幅の関係で取り上げなかったが，加藤司のいう「地域の独自性やコミュニティを維持しながら，そこで（歴史的に形成されたものだけでなく）形成されている規範，ルール，社会的価値などを前提として地域における資源配分などを市場競争以外の方法で調整していく『地域原理』」[46]の視点，渡辺達朗のいう「まちづくりを推進していくにあたって，市場的調整機構と政策的調整機構に加えて，それらを補完する第3の調整機構が重要で……それは地域の関係者による協調と合意に基づく調整であり，ここでは社会的調整機構と呼ぶ」[47]視点などは参考になる。

第3に，都市流通システムの不均衡と不安定性ををを明らかにするために，大型店立地の地域経済への波及効果（税収効果，雇用効果，買物利便性効果）を通して検証を試みた。限られたデータによるため限定的で，不十分な分析との誹りを免れないとはいえ，都市所得の発生・循環メカニズムからみて都市経済にとってマイナス効果が大きく，マクロ的には域内循環を抑制することになるものと考えている。この点については，関連データの収集が困難ではあるが，都市所得の発生・循環メカニズムの視点からみた実証分析をいかに進めていくかも，大きな課題として残されている。

〈注〉
1) 荒川［1974］p.323。
2) 加藤［2009a］p.8。
3) 阿部［2003］p.13。
4) 以下では，わが国の都市流通システム研究に焦点を当てて検討している。この分野の欧米の研究については，宇野［1998］第4章参照。
5) 詳しくは，宇野［1998］終章参照。
6) 石原［1992］p.294。
7) 石原・石井［1992］p.296。
8) 杉岡［1991］序文 p.iii。
9) 杉岡［1991］p.1。
10) 杉岡［1991］p.181。
11) 竹林［1972］pp.109-129。
12) 原田［2003］p.199。
13) 原田［2003］p.211。
14) 石原［2006］p.6。
15) 石原［2006］pp.12-28。
16) 石原［2006］pp.29-44。
17) 石原［2006］pp.74-113。
18) 石原［2006］pp.116-145。
19) 石原［2006］pp.146-184。
20) 石原［2006］pp.185-233。
21) 石原［2006］pp.235-241。
22) 石原［2006］p.240。
23) 宮崎［2008］p.47。
24) 宮崎［2008］p.48。
25) 宮崎［2008］p.51。
26) 宮崎［2008］p.51。
27) 宮崎［2008］pp.51-52。
28) 宮崎［2008］pp.51-52。
29) 宮崎［2008］p.48。
30) 宮崎［2008］p.49。
31) 宮崎［2008］p.52。
32) 宮崎［2008］p.54。
33) 阿部［1996］pp.11-20。
34) コックス（森下監訳）［1971］。
35) クリスタラー（江沢訳）［1969］。
36) Klaassen and Seimemi［1979］.
37) 宇野［1998］［2005］［2012］を参照。
38) 宮崎［2005］［2008］。
39) 江上哲「西日本新聞」1998年4月5日。
40) 土岐寛『市場史研究』（市場史研究会編）第18号，1998年。
41) 出家健治『産業経営研究』（熊本学園大学）第18号，1993年。

42) 村上剛人『商学論叢』（福岡大学）第43巻第3号，1999年。
43) 川野訓志『流通』（日本流通学会）No.12, 1999年。
44) 石原［2000］。
45) 佐々木保幸『流通』（日本流通学会）No.19, 2006年。
46) 加藤［2009b］p.265。ただ，地域商業研究としては小売商業の集積間競争を取り上げているのみで，もう一方の卸売流通システムの分析視点はみられない。
47) 渡辺［2014］p.169。

〈主要参考文献〉

荒川祐吉［1974］「卸売流通の空間的構造」，久保村隆祐・荒川祐吉『商業学』有斐閣。
阿部真也［1996］「流通研究の新地平―流通論と都市論の接点を求めて―」，阿部真也・宇野史郎編『現代日本の流通と都市』有斐閣。
阿部真也［2003］「流通研究はどこまで進んだが」，阿部真也ほか編『流通経済から見る現代』ミネルヴァ書房。
石原武政［2000］『商業組織の内部編成』千倉書房。
石原武政［2006］『小売業の外部性とまちづくり』有斐閣。
石原武政・石井淳蔵［1992］『街づくりのマーケティング』日本経済新聞社。
宇野史郎［1998］『現代都市流通のダイナミズム』中央経済社。
宇野史郎［2005］『現代都市流通とまちづくり』中央経済社。
宇野史郎［2012］『まちづくりによる地域流通の再生』中央経済社。
宇野史郎・大野哲明・吉村純一編著［2008］『地域再生の流通研究―商業集積間競争とまちづくりの視点―』中央経済社。
加藤司［2009a］「都市の発展と地域商業」，加藤司・石黒武政編著『地域商業の競争構造』中央経済社。
加藤司［2009b］「地域商業研究の展望」，加藤司・石黒武政編著『地域商業の競争構造』中央経済社。
クリスタラー，R.（江沢譲爾訳［1969］）『都市の立地と発展』大明堂。
コックス，R.（森下二次也監訳［1971］）『高度経済下の流通問題』中央経済社。
杉岡碩夫［1991］『大店法と都市商業・市民　商業集積政策序説』日本評論社。
竹林庄太郎［1972］『都市化と小売商業』ミネルヴァ書房。
原田英生［2003］「まちづくりと商業論」，加藤司編『流通論の透視力』千倉書房。
宮崎卓郎［2005］「流通革新と地域構造」，矢田俊文編著『地域構造論の軌跡と展望』ミネルヴァ書房。
宮崎卓郎［2008］「商業研究と『街づくり』」，宇野史郎・大野哲明・吉村純一編著『地域再生の流通研究―商業集積間競争とまちづくりの視点―』中央経済社。
渡辺達朗［2014］『商業まちづくり政策』有斐閣。
Klaassen L. H. and G. Seimemi, [1979] "Theoretical Issues in Urban Dynamics," in L. H. Klaassen et al. eds., *The Dynamics of Urban Development*.

（宇野　史郎）

第 9 章

地域ブランド論とまちづくり

はじめに

　近年，全国各地で地域ブランドに関心が集まっている。その背景には，地域ブランド化に成功したといわれている地域が多くの観光客で賑わっていたり，あるいはその地域の名称が冠された特産品が高値で販売されていたりするという現実がある。たとえば，運河の小樽市，黒壁の長浜市，昭和の町の豊後高田市などの都市のほか，夕張メロン，松坂牛，関アジ・関サバなどの特産品を思い浮かべるとよい。

　こうした成功事例が語りかけるのは，地域ブランドは「地域活性化の救世主」なのかもしれないということである。地域ブランドさえ手にすれば衰退した地域を蘇らせることができるという幻想が，地方自治体だけでなく，地元の企業や協同組合，地域住民などに拡散している。救世主幻想は，地方がかつてないほどの危機に瀕しているという現実の裏返しであろう。そこで，全国津々浦々で「地域ブランドを実現しよう」というスローガンが掲げられる。しかしながら，そのスローガンを目にした人だけでなく，それを声高に叫んだ人，さらにはそれを実際に掲げた当人ですら，「地域ブランドについて何もわかっていな

い」というのが実態である。

　また，地域ブランドは，需要サイドからも注目されている。その背景には，消費生活の成熟化によって，消費者の嗜好が多様化・個性化したことがある。すなわち，ナショナル・ブランド（NB）やプライベート・ブランド（PB）では満足しない消費者が，自分だけのお気に入りとして地域ブランドを位置づけているのである[1]。しかしながら，実際に流行の観光地に出かけたり，地元で有名な特産品を購入したりする消費者もまた，「地域ブランドについて何もわかっていない」のが実情であろう。

第 1 節　地域ブランドの概念

　地域ブランドという言葉が発する意味は，単純なようで実は複雑である。筆者が暮らす九州で考えてみよう。「有田焼」，「有明のり」，「長崎カステラ」，「佐世保バーガー」，「博多ラーメン」，「八女茶」，「かごしま黒豚」などは，疑いようもなく地域ブランドであるといってよいだろう。これらに共通しているのは，「地域名＋商品（サービス）」で成り立っていることである。地域ブランドをこの図式で捉えるならば，とてもわかりやすい。しかし，図式の前半部分の「地域名」が付されていない地域ブランドがある。たとえば，「辛子明太子」，「あまおう」，「ちんすこう」，「タコライス」などである。これらの産品は，地域名が付されていないからといって，地域ブランドから除外することはできない。れっきとした地域ブランドである。

　さらに，地域ブランドという言葉を複雑にしているのは，図式の後半部分にある「商品（サービス）」が付されていない地域ブランドもあることである。たとえば，「湯布院」，「雲仙」，「黒川温泉」，「別府」などの観光地（温泉地）がある。もっといえば，「沖縄」，「長崎」，「福岡」，「阿蘇」など，都道府県や市町村そのものの名称すらも，地域ブランドと捉えられて，そのランキングが公表さ

れている[2]。

　地方自治体，地元企業，協同組合（農協・漁協）などが「地域活性化の救世主」であるはずの地域ブランドに接近すればするほど，ますますその正体がぼやけてしまうのは，この言葉の発する多義性による。地域ブランドを不明瞭にしている理由は，営利企業によるブランド化の対象としての一般製品と異なって，ブランド化の対象としての地域が多様性を有しているからである。

　この点について，田村は，次のように述べている。地域ブランドという用語の多義性によって，異なるものが地域ブランドの対象として言及されている。第1は地域の特産品（地域の特産食品と地場産業による工業品）であり，第2は上高地，箱根，四万十川などの観光地であり，第3は観光地ゾーンを越えたより広い領域としての都市，さらには都道府県である[3]。

　同様に，阿久津・天野もまた，次のように指摘している。地域ブランドについて明確な定義が難しいのは，多様性をもった地域のどの側面についてマーケティングおよびブランド化を考えるかによって，想定されるブランドが異なってしまうからである。たとえば，農林水産品や工芸品を想定する場合と，観光地を想定する場合とでは，地域ブランドは違ってくるであろう。地域ブランド化の対象がマーケティング側面ごとに異なり，それに応じて想定されるブランド像も異なることが，包括的な地域ブランドの定義を困難にしている[4]。

　それでは，わが国では地域ブランドはどのように定義されているのであろうか。代表的な定義をみてみよう。

　①　阿久津・天野［2007］

　　地域ブランドは，「地域の活性化を目的とした，ある地域に関係する売り手（あるいは売り手集団）の，当該地域と何らかの関連性を有する製品を識別し，競合地域のものと差別化することを意図した名称，言葉，シンボル，デザイン，あるいはその組み合わせ」である（p.15）。

　②　和田ほか［2009］

　　地域ブランドとは，「その地域が独自に持つ歴史や文化，自然，産業，生活，人のコミュニティといった地域資産を，体験の『場』を通じて，精神的な価値へと結びつけることで，『買いたい』『訪れたい』『交流したい』『住み

たい』を誘発するまち」である（p.4，傍点は筆者）。

③　田村［2011］

　　地域ブランドはブランド化した特産品である（p.1）。ブランドとは，「その市場を発展させ，それに伴う愛着心の醸成によって，高い推奨意向を持つとともに価格プレミアムが取れる商品」である（p.150）。

④　白石［2012］

　　地域ブランドとは，「地域が特性としてもっている資源すなわち農水産物・特産物・産業・自然・景観・歴史・文化財・伝統・芸能・名所・史跡・まち並み・イベント・その他の地域社会の特性などを全体としてイメージ形成した名前，デザイン，用語，シンボルおよびその他の特徴」である（p.18）。

　これらの定義の中で大きな違いとして浮かび上がっているのは，第1に，地域ブランドを，地域空間として定義するのか，地域産品として定義するのかという点である。これは前で述べたように，現実の生活場面において，地域空間と地域産品の両方が地域ブランドと呼ばれていることを反映しているものと思われる。地域ブランド化の対象を，地域のどの側面に向けているのかによって生じた違いである。和田ほかが捉える地域ブランドは，「まち」という言葉からわかるように，明らかに地域空間である。一方で，田村にとっての地域ブランドは，地域産品である[5]。

　阿久津・天野と白石については，ここでの定義をみる限り，地域空間なのか地域産品なのか，はっきりと判別することはできない。阿久津・天野は，地域ブランドの定義で次のように補足している。「当該地域と何らかの関連性を有する製品」は，広義の製品の中で，その地域と文化，歴史，自然環境などの側面でつながりをもつものに限定し，付加価値の源泉がその地域性にあることを明示したものである[6]。そして，広義の製品とは，場所（国，都道府県，市町村，地区）そのものに加え，そこで生み出される製品全般（財，サービス，人，組織，活動，アイデアなど）である[7]。

　白石は，地域ブランドを定義した後で，次のように述べている。地域ブランドは，地域資源ブランドと地域ブランドに分けて考える。前者は，地域特性の

資源をもとにして販売目的をもって作りだされた財やサービスである。後者は，地域イメージそのものをブランドとして捉えたものであり，地域全体の価値を象徴したイメージ（地域価値イメージ）である[8]。

要するに，阿久津・天野と白石は，地域空間と地域産品の双方ともに地域ブランドになり得ると考えているといってよいだろう。

第2に，定義の違いとして浮かび上がっているのは，地域ブランドは，識別するための情報コードなのか，マーケティング活動の結果として識別・差別化された製品なのかということである。まず，阿久津・天野の定義であるが，これはアメリカ・マーケティング協会（AMA）の定義をもとにしたものと思われる[9]。彼らの定義を字義通りに解釈すると，地域の製品を識別し，差別化する手段自体を地域ブランドと捉えており，その客体としての製品・サービスの位置づけ，あるいは手段と客体との関係については明確に規定されていない[10]。白石の定義についても同様であろう。

青木は，ケラー（Keller）の見解に依拠して，ブランド要素によって自社製品を識別・差別化する行為（＝ブランド化）とその結果としてブランド化される製品（＝ブランド）とを明確に区分する。ブランド要素とは，識別・差別化の手段である名前，ロゴ，シンボル，キャラクター，パッケージ，スローガンなどの総称である。地域の製品はブランド要素によって識別・差別化されることで選択対象としての地域ブランド（＝ブランド化された製品）になる[11]。つまり，この見解によれば，阿久津・天野と白石の定義は，ブランド化の手段としての情報コードについて述べたものになる。

和田ほかと田村は，地域ブランドを情報コード（ブランド要素）ではなく，マーケティング活動によって識別・差別化された地域産品（あるいは地域空間）として定義している。とくに，田村の定義する地域ブランドは，明らかに「マーケティング活動によって，その意味や価値を明確化されたブランド化された製品」[12]である。

阿久津・天野（情報コード）と，田村（ブランド化された製品）の違いは何であろうか。たとえば，「長崎カステラ」や「長崎ちゃんぽん」は，阿久津・天野の定義でも，田村の定義でも，疑いようもなく地域ブランドに含まれるであ

ろう。しかし,「小城羊羹」(佐賀県小城市の伝統菓子) や「長崎トルコライス」(長崎県のご当地グルメ) は, 田村の定義では地域ブランドから外れるが, 阿久津・天野の定義では地域ブランドに含まれてしまう。「小城羊羹」や「長崎トルコライス」は, 地元住民にとってはメジャーな地域産品であるが, 全国レベルではほとんど知られてないだろう。これらを「夕張メロン」や「松坂牛」と同等にみてよいのかという問題である。

　田村は, 次のように断言する。「商標登録による有標化とブランド化は同じではない……ただの特産品とブランドになった特産品は違う」[13]。「地域ブランドの『地域』とは, ある地域のみでブランドになっている商品のことではない……地域ブランドはその商品の差別的基盤を地域の自然条件や風土におく全国ブランドである」[14]。本章では, 田村の見解に依拠して, ブランド化された製品を地域ブランドと捉えたい。だたし, ここでの製品とは, 阿久津・天野のいう広義の製品である。つまり, 製品には, 地域空間と地域産品(財およびサービス) の両方が含まれる。

第2節　地域ブランド化に関する先行研究

　地域の(広義の) 製品がどのようにして(全国ブランドとしての) 地域ブランドになっていくのであろうか。地域を対象としたブランド化のプロセス一般は, 地域ブランド化(あるいは, 地域ブランディング) と呼ばれている。本節では, 地域産品(あるいは地域空間) を識別・差別化する行為としての地域ブランド化に関する代表的な先行研究の要点を整理していこう。

1. 阿久津・天野［2007］

（1） 地域ブランド化とは何か
　地域ブランド化とは，地域ブランドのエクイティを高め，活用していくための取り組みであり，価値ある地域ブランドを生み出すためには，地域ブランド・エクイティをいかにマネジメントしていくかが重要である。(p.17)

（2） 地域ブランド化の対象
　地域ブランド化の対象は，場所（国，都道府県，市町村，地区）そのものに加え，そこで生み出される製品全般（財，サービス，人，組織，活動，アイデアなど）である。(p.12)

（3） 地域ブランド化の実施主体
　地域ブランド化の実施主体は，住民，生産者，法人，民間団体，地方自治体など，複数存在する。住民や法人等は地域の主権者という意味で地域名の所有者であり，生産者等は地域ブランドを付した製品を現実的に生産・販売する当事者である。地方自治体は，住民・法人等から納められた税金を使用して彼らが展開したブランドを助成したり，地域全体のブランド戦略を策定・管理したりする。地域のブランド化では複数存在する実施主体が単体もしくは連携してブランドの構築・管理を実施することになる。(p.14)

（4） 地域ブランド化の目的
　地域ブランド化の最終目的は，地域の経済的活性化や，地域の生活文化に対する住民の満足感（地域への誇りや愛着を感じる気持ちなど）の向上である。(p.14)

2. 和田ほか（電通 abic project [2009]）

(1) 地域ブランド化とは何か
　地域ブランドの構築とは，地域に存在する有形無形の資産を活かして，人々の精神的な価値へと結びつけ，これまでになかった新たな価値を創造していく取り組みである。(pp.4-6)

(2) 地域ブランド化の対象
　地域ブランド化の対象は，特産品や観光地ではなく，地域空間そのものである。(p.18)

(3) 地域ブランド化の実施主体
　地域ブランド構築においては，ブランド・コア・コミュニティが中核的な役割を担うが，その構成メンバーは必ずしも地域に根ざす主体に限られるものではない。地域外の人々を活用したオープンなマネジメントが求められる。地域ブランド化は，地域内外の人や組織の協働によって担われる。(pp.162-163, pp.19-21)

(4) 地域ブランド化の目的
　地域ブランドの目的は，モノが売れ，人が訪れるというように購買や観光が中心となった経済的拡大のみではない。まず地域の持続的発展を念頭に置き，地域内外の人々に地域への誇りや愛着を形成することによって，滞在や交流そして居住を増やすことにある。(p.21)

3. 田村 [2011]

(1) 地域ブランド化とは何か
　（地域ブランド化）は，特産品やそのマーケターと消費者との間に，ブランド

指標（愛着度，常用，推奨意向，価格プレミアム）が示すような，特異な顧客関係性を市場で構築していく過程である。(pp.21-25)

(2) 地域ブランド化の対象

地域ブランド化の第1歩は，特産品，観光地，あるいは行政体地域のいずれか1つにまず焦点を定め，他との機能連携を確認していくことである。そこで，本書（田村［2011］）では，地方の特産品に焦点をおいて地域ブランド化を検討する[15]。(pp.6-7)

(3) 地域ブランド化の実施主体

地域ブランド化の主体は，全国各地の特産品のマーケターである。特産品のマーケターは，多様であり，産地での農・畜・水産業者，かれらの組合，飲食店，企業，さらには市町村や都道府県などの行政体も含んでいる。(pp.2-3)

(4) 地域ブランド化の目的

地域ブランドにかける夢は，たんに地方の振興，復活，再生，復権といったいわば表層的な夢だけではない。地域ブランド開発の深層には，中央に集権的に統制される部品としての地域ではなく，一つの全体性を持つ地域共同体を再生しようとする夢がある。(pp.7-14)

4. 白石［2012］

(1) 地域ブランド化とは何か

地域資源をブランド化して市場へ広げるためには，消費者のニーズに対応したブランドの価値イメージをつくりださなければならない。その価値イメージを消費者に認知させて，広く伝播させる必要がある。(pp.22-23)

(2) 地域ブランド化の対象

地域資源の個性・独自性を確認して，まず地域資源ブランドをつくりだし，それに地域としての価値イメージをつくりだす。(pp.25-26)

(3) 地域ブランド化の実施主体

地域資源のブランド化の主体は，事業体としてのコミュニティビジネスである。その主体は，地域住民が自ら学習・計画・経営する個人，あるいはその組織であり，その組織形態には個人事業者，会社組織，NPO，協同組合などが想定できる。そして，この事業体は，地域で生活する住民および地域行政との関係は，支配従属関係ではなく，パートナーシップとして結びつき，相互の協力によって地域コミュニティの活性化を実現することが重要である。(pp.24-25)

図表9-1 地域ブランド化の定義・目的など

	阿久津・天野[2007]	和田ほか[2009]	田村[2011]	白石[2012]
地域ブランド化とは何か	地域ブランドのエクイティを高め，活用していくための取り組み	地域資産を人々の精神的な価値へと結びつけ，新たな価値を創造していく取り組み	特産品やそのマーケターと消費者との間に特異な顧客関係性を市場で構築していく過程	地域ブランドの価値イメージを創出し，消費者に認知させ，広く伝播させる
対象	場所 場所で生み出される製品全般	地域そのもの	特産品	地域資源 地域
実施・管理主体	地方自治体 住民，生産者，法人，民間団体	地域内外の人や組織の協働	特産品のマーケター（行政も含む）	事業体としてのコミュニティビジネス
目的	地域の経済的活性化 地域に対する住民の満足感の向上	地域への誇りや愛着の創造＋持続的発展（購買・観光・滞在・居住）	地域共同体の再生	経済的利益と社会的利益 地域活性化

(出所) 筆者作成。

(4) 地域ブランド化の目的

　地域ブランド化の目的は，経済的利益と社会的利益がある。前者は，地域資源ブランドを開発して，それを広く販売して，地域財政，住民所得，雇用を増加させるという側面である。後者は，地域ブランドの構築とその市場化を通じて，地域住民相互の連帯感や共感の意識を醸成して地域コミュニティを構築するという側面である。経済的利益と社会的利益を整合させることによって地域を活性化できる。(pp.23-24)

第3節　地域ブランド研究の進展に向けて

　地域ブランドに関する既存研究から何がみえてくるだろうか。本節では，キーワードを導き出しながら，地域ブランド研究の方向性および課題を探っていくことにしよう。

1. 地域共同体の再生

　地域ブランド研究に共通してみられるのは，地域ブランド化の目的として，住民所得の向上，地域雇用の創出，地域財政の健全化など，地域の経済的効果（経済活性化）だけでなく，地域コミュニティの構築，地域共同体の再生など，社会的効果を含んでいることである。この点が，営利企業による製品ブランド化（あるいは企業ブランド化）と大きく異なる点である。

　たとえば，田村は次のように述べている。地域共同体とは，地域の人々がその特異な風土の中で生活していく際に取り組んでいる相互依存のネットワークである。高度経済成長以降，各地域がもっていた共同体としての一つの全体性は，全国市場という観点からの一部分に分解されてしまった。地域ブランド開発の深層には，地域共同体を再生しようとする狙いが横たわっている[16]。

目標としての社会的効果の自然な流れとして，地域ブランド化を実施・管理する主体は，多様な個人や団体が加わることになる。すなわち，地元企業や協同組合（農協，漁協など）という経済主体はいうに及ばず，地域住民，NPO，地方自治体，さらには地域外の人々との協働によって，地域ブランド化の取り組みが行われるのである。

2. 地域資源の活用

和田ほかを除く3人の研究者は，地域ブランド化の対象として，地域資源（地域産品としての財やサービス）をあげている。地域資源は，その地域の歴史，文化，自然環境などが埋め込まれていることから，ブランドの必須条件である差別化はすでに満たされている。すなわち，地域産品はコモディティ競争（価格競争）に巻き込まれにくい特性を始めからもっているのである。地域ブランド化において，地域資源の固有性がことさら強調されるのは，その差別的特性にあるといってよい。

それでは，地域そのもののブランド化を主張する和田ほかは，地域資源をどのように位置づけているのだろうか。結論からいえば，彼らは，地域資源[17]を決して軽視しているわけではなく，むしろその差別的特性を積極的に活用することの重要性を強調している。たとえば，次の主張をみるとよい。

地域ブランド・アイデンティティの源泉は，各々の地域で人間や環境が連綿と紡いできた自然，歴史，文化，伝統，コミュニティといった地域資産である。地域を際立たせるために地域資産を通して地域アイデンティティを探るという考え方は，地域ブランドの文脈において極めて重要となる[18]。

要するに，差別化された地域資源を活用することなしには，地域そのもののブランド化は不可能である。和田ほかは地域資源のブランド化という言葉を使っていないだけであって，つまるところ前節でレビューした4つの研究は，地域ブランド化に関して同じ認識をもっているといってよいだろう。

3. 地域ブランドの階層性

　同じ認識とはいったい何であろうか。それは，端的にいえば，地域空間と地域資源は階層性をもっており，両者のブランド化は互いに影響を及ぼし合う関係にあるということである。

　たとえば，白石は次のように述べている。地域ブランドの取り組みは，まずは地域資源ブランドの財・サービスの開発から出発する。地域資源ブランドは地域特徴がブランドとしてイメージされているから，それが市場化され販売が増加すると，その価値イメージが拡がり地域全体の知名度やそのイメージが高まる。そして，拡がったこの地域ブランドのイメージが，更なる次の地域資源ブランドを生み出すのである[19]。

　また，和田ほかの主張はこうである。地域ブランドの領域には，「買いたい」「訪れたい」「交流したい」「住みたい」の4つのマネジメント領域があり，地域ブランドの育成のためには，この4つのマネジメント領域を融合的にデザインしていく必要がある。特産品や観光地を中心とした「買いたい」「訪れたい」地域ブランドから，「交流したい」地域ブランドへ，さらには「住みたい」地域ブランドへの育成が求められる。この過程は，顧客と地域との関係性を深めていくための価値提案である[20]。

　ここでは，顧客（消費者）と地域の関係性が深まるにつれて，地域資源（特産品）から地域空間（観光地，都市）へと，ブランド化の対象が広がっていくことが述べられており，明らかに，地域ブランドの階層性が意識されている。つまり，言い回しは異なるにしても，白石と和田ほかはともに，地域産品と地域空間における相互依存関係を重視しているのである。

　地域ブランドの階層性に関して，小林は次のように指摘する。地域産品のブランド化は製品のブランド化に相当し，地域自体のブランド化は企業のブランド化に相当する。両者は支援する側（地域自体のブランド化）とその支援を受けて目的を達成する側（地域産品のブランド化）という相互に関連した1つのシステムとして捉えることができる[21]。

4．地域ブランド・エクイティ

　阿久津・天野は，アーカー（Aaker）のブランド・エクイティ概念をベースとした，地域ブランド・エクイティという概念を提示している。ブランド・エクイティは，「ブランドの名前やシンボルと結びついたブランドの資産（あるいは負債）の集合であり，製品やサービスの価値を増大（あるいは減少）させるもの」と定義される[22]。

　阿久津・天野は，地域ブランド・エクイティを，「その地域の物理的な特性などの機能的な価値をテコ入れする，認知や評価，その他の様々な連想といった付加的な価値の源泉」と捉える。具体的には，その地域を訪れることで得られる開放感や，その土地の産物であることによる信頼感などである。それらは，地域ブランドとのさまざまな接触を通して消費者の心の中に蓄積されていき，この蓄積が他の地域と意味ある差別化を可能とする。このことがすなわち地域ブランドがもたらす資産的価値である[23]。

　阿久津・天野による地域ブランド・エクイティをわかりやすく表現すれば，「消費者がその地域に対して抱いている印象ないし評価」といってよいだろう。そうであるならば，ここでも，地域ブランドの階層性（あるいは地域産品ブランドと地域空間ブランドとの相互依存関係）が意識されていることになる。すなわち，たとえば，豊かな異国情緒という地域空間のイメージ（地域ブランド・エクイティ）が，長崎市（観光地としての地域ブランド）に多くの観光客を引き寄せるだけでなく，西洋菓子の長崎カステラや中国料理の長崎ちゃんぽん（地域産品としての地域ブランド）に対するブランド力（愛着度や価格プレミアムなど）を高めているのである。

　白石もまた，同様の概念を提示している。白石の用語では，それは，地域価値イメージである。これは，地域イメージそのものをブランドとして捉えたものであり，地域全体の価値を象徴したイメージである。具体的には，京都・金沢・鎌倉という地名からは歴史・文化性を，神戸・横浜からはモダン・先進性・エキゾチックを，阿蘇からは雄大・牧歌的を，我々は脳裏に思い浮かべる。これらが地域価値イメージである[24]。

地域ブランド・エクイティと地域価値イメージは，微細な点において違いがあるにしろ，特定地域に対する消費者の抱く評価という大枠で考えれば，ほぼ同じ内容を意味しているといってよいだろう。

5. 地域ブランド化の課題

地域ブランド論は，先行する（一般製品の）ブランド論研究を受け継いでおり，実際にその多くの理論的成果が適用・応用されている。たとえば，ブランド・マネジメント，ブランド・ロイヤルティ，ブランド・アイデンティティ，ブランド・エクイティなど，ブランドに関する基幹概念が地域ブランド研究にもち込まれている。しかしながら，ブランド論の研究成果をすべて地域ブランド論へ適用できるかといえば，それは否である。この最大の理由は，地域ブランド化の対象である地域が一般製品にはない特性をもっているからである。

第1の特性は，多様な利害関係者の存在である。彼らの地域に求めるものがそれぞれ異なっている。たとえば，地域に現実に住んでいる住民は生活の利便性や平穏を求めるのに対して，観光客は日常生活では味わえないものを求めるであろう[25]。したがって，地域空間のブランド化に際して，ブランド・アイデンティティをどう考えるのかなど，合意形成は困難をきわめることが予想される。また，ブランド化の実施過程では複数の主体が密接に協力しなければならないにもかかわらず，まとまって行動するような体制になっておらず，そのイニシアティブを誰がとるのかも決まっていないのが実情である[26]。

第2の特性は，地域名の公共性である[27]。ブランド化に際して地域名はその地域にかかわる人々が自由に使用することができるものであるから，特定の実施主体にその排他的使用権を認めることはできない。そこで，地域ブランドに投資しようとするインセンティブが失われてしまう。地域ブランド・エクイティの向上に多大に貢献したとしても，それから得られる利益を独占することはできないからである。地域ブランド・エクイティを高める努力をしている実施主体がフェアに報われるような仕組みがない限り，地域ブランドの取り組みを維持していくことは困難である。

〈注〉
1) 田中［2012］pp.4-5。
2) 日経リサーチ［2013］。
3) 田村［2011］p.3。
4) 阿久津・天野［2007］pp.11-12。
5) 田村は，ブランド化の対象が特産品だけにあるといっているわけではない。特産品のほかにも，観光地，都市（または都道府県）を対象としたブランド化もあり得るが，様々な調査からみて特産品のブランド化が地域ブランド化の中核を占めていることから，田村［2011］では，特産品に焦点をおいて地域ブランド化を検討すると述べている（p.7）。
6) 阿久津・天野［2007］p.15，傍点は筆者。
7) 阿久津・天野［2007］p.12, Kotler［1997］p.7（訳書［1999］p.9）。
8) 白石［2012］p.18。
9) 阿久津・天野［2007］は，地域ブランドに対する自らの定義を提示する前に，次のようにAMAの定義を引用している。ブランドは「ある売り手あるいは売り手集団の製品およびサービスを識別し，競合他社のものと差別化することを意図した名称，言葉，シンボル，デザイン，あるいはその組み合わせ」である。
10) 青木［2010］pp.414-415。
11) 青木［2010］pp.414-415, Keller［1998］p.30（訳書［2000］p.2）。
12) 青木［2010］p.415。
13) 田村［2011］p.18。
14) 田村［2011］pp.1-2。
15) 注5）を参照のこと。
16) 田村［2011］pp.7-14。
17) 和田ほかは，地域資源ではなく，地域資産という言葉を使っている。
18) 電通abic project［2009］pp.10-11。
19) 白石［2012］pp.19-20。
20) 電通abic project［2009］pp.7-8。
21) 小林［2014］p.151。
22) 阿久津・天野［2007］p.13, Aaker［1991］p.15（訳書［1994］pp.20-21）。
23) 阿久津・天野［2007］pp.15-16。
24) 白石［2012］p.18。
25) 小林［2014］p.145。
26) 小林［2014］p.146。
27) 阿久津・天野［2007］pp.16-17，小林［2014］pp.145-146。

〈主要参考文献〉
青木幸弘［2010］「ブランド政策」，池尾恭一・青木幸弘・南知恵子・井上哲浩『マーケティング』有斐閣。
阿久津聡・天野美穂子［2007］「地域ブランドとそのマネジメント課題」『マーケティングジャーナル』第105号。
小林　哲［2014］「2つの地域ブランド論―その固有性と有機的結合―」，田中洋編『ブランド戦略全書』有斐閣。

白石善章［2012］「地域ブランドの概念的な枠組み」，田中道雄・白石善章・濱田恵三編著『地域ブランド論』同文舘出版。
田中道雄［2012］「地域ブランドとは」，田中道雄・白石善章・濱田恵三編著『地域ブランド論』同文舘出版。
田村正紀［2011］『ブランドの誕生』千倉書房。
電通 abic project 編［2009］『地域ブランドマネジメント』有斐閣。
西川芳昭［2002］『地域文化開発論』九州大学出版会。
日経リサーチ［2013］『地域ブランド戦略サーベイ2013　地域編』。
和田充夫［2002］『ブランド価値共創』同文舘出版。
Aaker, D. A. [1991], *Managing Brand Equity: Capitalizing on the Value of a Brand Name*, The Free Press.（陶山計介・中田善啓・尾崎久仁博・小林哲訳［1994］『ブランド・エクイティ戦略―競争優位をつくりだす名前，シンボル，スローガン』ダイヤモンド社。）
Keller, K. L. [1998], *Strategic Brand Management: Building, Measuring, and Managing Brand Equity*, Prentice Hall.（恩藏直人・亀井昭宏訳［2000］『戦略的ブランド・マネジメント』東急エージェンシー。）
Kotler, P., D. Haider and I. Rein [1993], *Marketing Places : Attracting investment, Industry, and Tourism to Cities, States, and Nations*, The Free Press.（井関利明監訳，前田正子・千野博・井関俊幸訳［1996］『地域のマーケティング』東洋経済新報社。）
Kotler, P., G. Armstrong [1997], *Marketing: An Introduction*, 4th ed., Prentice Hall.（恩藏直人監訳，月谷真紀訳［1999］『コトラーのマーケティング入門（第4版）』ピアソン・エデュケーション。）

（西島　博樹）

第Ⅳ部

サプライチェーンと戦略的小売商業理論

第 10 章

小売サプライチェーン論

第 1 節　小売サプライチェーンの概念と考察の対象

1．小売サプライチェーンの概念

　小売サプライチェーン（Retail Supply Chains）とは何か。この用語は，日本の流通研究分野において明確に合意され共有された概念とは決していえないであろう。流通研究の視点から小売サプライチェーンをどう捉えるべきなのかについて，あらかじめ確認しておく必要がある。

　まずサプライチェーンの概念についてみると，Handfield によれば「原材料の段階から最終消費者にいたるモノの流れおよびこれに付随する情報の流れにかかわるあらゆる活動」[1]と定義される。今日，広く普及している用語であるSCM（Supply Chain Management）については，Cooper and Ellram によると「サプライヤーから究極の顧客にいたるまでの，流通チャネルの全体的な流れを管理する統合原理」[2]であるという。つまりサプライチェーンとは，原料調達―生産―流通（取引・物流・情報流）―小売販売の各段階が1つの連鎖として，特定の合意された事業目標に即して機能的に統合された仕組みであるというこ

とができる。このサプライチェーンを管理する主体には生産者や卸売業者ないし小売業者などが想定される。これらのうち，小売起点ないし小売主導性の下にサプライチェーンが統合・管理されている形態が小売サプライチェーンなのである。

小売サプライチェーンは，狭義には小売業者が組織内で遂行する調達，供給，小売という一連の小売業務システムをさし，より狭くは小売ロジスティクスと同義で用いられることもある。しかしながら，ここでは，小売固有の課業範囲を超えた組織間の取引関係にまで拡張された仕組みという，より広義の意味で用いる。

もちろん，現実の個々のサプライチェーンが小売の起点性・主導性について，どの程度の範囲と強度を備えるのかはかなりの幅がある。とはいえ，現代流通の変容の傾向としては小売主導性の強まりが確認できる。たとえばイギリスの小売サプライチェーンにおけるロジスティクスの統合化の範囲は急速に拡大していると Gustafson らは指摘している[3]。日本でも，イギリスの展開に後れを取りつつも，PB（Private Brand）商品を供給する小売サプライチェーンが着実に進化していることは矢作らが明らかにしている通りである[4]。

2. 手薄な小売サプライチェーン研究の背景

小売業者がこのように自らにとって固有の小売課業の範囲を超えてサプライチェーン全体への関与を強める傾向は，1980年代以降，欧米日の経済先進国でほぼ共通に観察されてきた。後方統合，川下起点型流通，小売主導型流通システム，小売ロジスティクスなど，その表現と視点はやや異なるとしても，近年，学術的にも実務的にも関心が急速に高まりつつ現代的流通変容の主要な局面の1つにほかならない。にもかかわらず，小売サプライチェーンを正面から取り上げた研究は決して多くはない。

小売サプライチェーン研究が手薄に留まっている事情は，サプライチェーンを対象とする研究の分断性に関する黄の指摘からも説明できる[5]。サプライチェーンに関連するマーケティング研究からのアプローチでは，製造企業を中心

に川下段階に向けたチャネル管理を中心に分析する。一方，経営学からの研究では個別企業の視点に立つがゆえに組織の境界を越えた問題に深く立ち入ることはむしろ例外的でしかない。一方，流通研究では企業間の取引関係に焦点を当てるものの，生産過程を含むサプライチェーン全体にまで分析の対象を広げることは少ない。たとえば，サプライチェーンの最適化行動と小売業態との関連性を精緻に分析した坂川の研究もサプライチェーン全体を考察の対象としているわけではない[6]。もっとも，こうした研究状況の中で，前述の矢作らによる最近のPBの展開に関する研究が小売サプライチェーンの現状分析として豊富な情報と知見を提供していることの意義は大きい。

本章の課題は，小売サプライチェーンに関する分析を新たに行うのではなく，既存研究のレビューを通して小売サプライチェーンに関する多様な論点を整理することにある。はじめに，小売サプライチェーンについて，流通システムとしての歴史的位置，成立基盤，優位性などの基本的特徴を確認し，続いて，延期―投機，情報化，ネットワーク化など主要な理論との関連で小売サプライチェーン研究の課題を検討し，最後に，小売サプライチェーンの展望とこれから重視すべき研究上の論点と課題について整理したい[7]。

第2節 小売サプライチェーンの歴史的位置，基盤，優位性

1. 現代流通の変容と小売サプライチェーンの歴史的位置

日本の流通システムの歴史的な転換過程において，今日，形成されつつある小売サプライチェーンは，いかなる位置を占めるのであろうか。

資本主義経済の自由競争段階における流通のシステム特性は，生産者から消費者に至る主体間の交換を自律的な商業資本が取り結ぶことにあった。商業資本相互の自由競争を媒介とするいわゆる市場システムである。その後，20世紀

とくに戦後になると，経済寡占化の急速な進行とともに巨大化した製造業者が強力なマーケティング活動を展開し，流通経路全体を垂直的に管理するメーカー主導のマーケティング・チャネルが形成されていった。さらに1980年代以降には，製造業者のそれに後れをとりながらも急速に巨大化を達成していった大規模小売業者が川上に遡って垂直的な関与を拡張していくこととなった。

かつて独占段階における流通の変容について，森下はHilferdingに依拠しながら商業排除の進展と商業独占の成立という2つの特徴的傾向として把握した[8]。前者が商業資本の存立基盤の縮小を，後者が商業資本のパワーの強化をそれぞれ意味することから，これら2つ傾向は相矛盾する傾向であるかのようにもみえる。だが実のところ，前者の排除せしめられる商業とは主に卸売業であり，零細・分散性を抱える最終消費者に向けた販売活動を行う小売業では一般化しにくい。また，後者の商業の独占化は卸売と小売の双方で生じるものの，近年，注目すべきは業態革新を基礎とする小売業の急激な大規模化・集中化の進展である。

要するに，商業排除が直接的に独占・寡占メーカーによる前方統合の進展を意味するのに対し，商業独占の形成は，直接的には商業における水平的な資本統合であり，これを契機に商業者とくに小売業者による後方統合が進行する帰結をもたらすものである。商業排除と商業独占という2つの把握は，生産起点の前方統合と小売起点の後方統合という現代流通の変容の双方をそれぞれ説明する理論であったのである。

新たなサプライチェーン構築に向けたこれらの取組みは，石原の表現を用いると，生産と流通の古典的な境界線を越えた「生産と販売の新たな分業関係の模索」[9]といえる。現代の分業構造は生産と流通とが錯綜したかたちで連結された複雑化の様相を強めつつある。前方統合と後方統合とに共通する特徴的傾向とは，生産と消費を接合する仕組みがマーケット（Market）への依存から脱却し，統合（Integration）や調整（Coordination）によるものへと徐々に比重を移行しつつあることにある。もっとも，前方統合と後方統合が果たしうる機能には決定的な差異があることは後述する通りである。

2. 小売サプライチェーン形成の技術基盤と社会基盤

次に，現代流通において小売サプライチェーンが形成される条件を確認しておこう。

この変容は，一般的には，すでにみたような資本の集積・集中を通して成立した独占的小売業者がその大規模性，より正確には独占力を基礎に取引関係におけるパワーを獲得していくことにはじまる。独占的小売業者は，一旦得られた差別的競争優位を必須の要求として位置づけ，これを持続的に維持・確保していくために参入障壁を構築しようと行動するのであり，そのための新たな技術基盤などの固定資本に対する巨額の投資が必然化する。その今日的な選択肢が小売サプライチェーンの管理にとって不可欠な技術的な基盤となるIT（Information Technology）への投資であった。

1970年代に製造部面で先行的に導入されていったITは，80年代に入るとPOS（Point of Sales）やEDI（Electronic Data Interchange）など流通部面で活用されることとなった。80年代後半にはQR（Quick Response），90年代にはECR（Efficient Consumer Response），そして90年代半ば以降になるとSCMの取組みが本格的な広がりをみせていった。これらに共通する基本原理とは，ITを技術基盤として大量の情報を正確かつ迅速に収集・処理・分析・伝達し，組織間での共有を通して，商流と物流の双方を含むサプライチェーンの全体最適化を目指す手法・取組みだという点にある。

近年，小売サプライチェーンの革新が要請され，かつそれが革新としての有効性を発揮しうる，その社会経済条件とは何であろうか。1つは，供給過剰化に伴う消費需要の不確実性と多様性の強まりであり，いま1つは，供給過剰化する市場関係の下で小売業者側が供給先に対し買い手市場のポジションに立つようになったことである。加藤・崔が指摘するように，小売側が要求する多頻度小口配送や短リードタイムでの一括納品などの物流体制が実際に成立しえたのは，ITや物流の技術基盤に加えて，情報化の効果としての小売側へのパワーバランスのシフトがあったからである[10]。

実需に応じた弾力的で効率的な小売サプライチェーンの構築を目指す取組み

は，消費の不確実性と多様性が飛躍的に強まりつつある現代的な市場環境条件から要請されている点において，非可逆的な傾向なのである。とくに2000年以降にはインターネットの普及により，ITが巨大企業だけのものではなく，中小零細企業においても導入可能な技術基盤となった点は重要である。

3. 小売サプライチェーンの一般的優位性としての消費志向

小売サプライチェーンの優位性について，生産者・製造業者が主導するサプライチェーンと対比しながら，一般的に整理すると次の通りである。

第1に，小売サプライチェーンは，消費者の購買情報をもっとも大量かつリアルタイムで直接，入手しうる小売業者を起点とする仕組みである。売場情報，クレーム，そしてPOS情報など消費者ニーズに関する情報力の点で，生産者と比較し小売業者が優位に立つことはほぼ自明である。生産者が製品に関する専門的な情報をもつ一方で，消費者情報を直接入手する機会は少ない。一方，小売業者は従来から幅広い消費者情報を有していたことに加え，IT導入により詳細かつ大量の顧客情報の収集とその活用が可能になった。

第2に，商業資本がもつ本来的な機能上の特長である品揃えの非限定性と社会性がある。生産者が主導するサプライチェーンでは供給する商品が基本的に自社製品のみであり，そのアイテム数も限られる。これに対し，小売サプライチェーンが消費者に提供する商品は，多数の多様な生産者が生産する商品から構成され，それらの集合体としての品揃え物なのである。

つまり，消費者のニーズに即した品揃え形成を志向する小売起点のサプライチェーンには，特定の企業，業種，産業を超えてサプライチェーンを横断的に結合する消費志向の論理が内包されている。このことは，商業論でいう商業の社会的な売買の集中ないし社会的な品揃え形成であり，堤の表現を借りるならば，市場の多様性に呼応する「マーケット・オリエンテッド」[11]な産業としての流通業の規定に照応する固有の優位性なのである。

第3節　小売サプライチェーンをめぐる理論的諸問題

1．延期―投機の理論の分析適用性

（1）　延期―投機の具体的形態をめぐる混乱

　サプライチェーン革新にかかわる理論的な分析枠組みとして頻繁に援用されてきたのは延期―投機の理論（The principle of postponement-speculation）である。Alderson を出発点に，これに修正を加えた Bucklin はマーケティング・フローのできるだけ早い段階で製品形態の確定や在庫位置の変換を行うことが投機であり，逆にそれらをできるだけ遅い段階で行うことが延期であるとした[12]。両者にはトレード・オフ関係があるものの，現代の不確定性の高い実需に効率的に同期化するには，一般に投機的行動よりも延期的行動の有効性が高いといえる。

　しかしながら，延期―投機の概念がやや難解かつ複雑であり，これを現状分析に適用するにあたって議論の余地は少なくない。1つに，分析基準に空間と時間の2つの異質な次元が含まれていることである。2つに，流通過程にかかわる課業について具体的にいかなる行動を延期あるいは投機と規定するのかについて対立する理解がある。たとえば在庫形成について，Pagh と Cooper は「集中在庫」（Centralized inventories）が流通における延期的な行動であるとする。加藤も Cox & Goodman を援用しながら家電産業を事例に川上での在庫の集中化を延期であると規定している。しかしながら，矢作にあっては，集中在庫が投機であり，分散在庫が延期であると主張する[13]。

　たしかに大量生産を基調とする家電産業では，川上で在庫が集中的で未分化な状態に留まっていることが在庫変換の時間と空間の両次元での先延ばし，つまり延期的行動であるといえる。他方，小ロットでしか生産されない中小零細

生産の商品部門では，生産者から消費者にいたるいずれかの段階で最終的な消費者に向けての分散化に先行し一旦，集中化することが必要になり，その集中在庫が延期なのか投機なのかは，川下の需要の不確実性に加え川上の生産構造の特性から発生する不確実性リスクに依存することになる。

不確実性と多様性を強める需要にサプライチェーンがいかに同期化するのかを解明する上で，延期―投機の理論の示唆するところは大である。反面，この理論では，需要側の不確実性のみに焦点を当て，生産側の構造や供給の不安定性に起因する生産側の不確実性リスクについては捨象されている。加えて，すでに指摘されているように，延期―投機の利益はサプライチェーンの各段階に位置する組織間で二律背反的となる場合がある。いかなるサプライチェーンのパターンが生産者・製造業者と流通業者などの各組織にとって，実際にどのような利益をもたらすのかは一義的には決定できない。SCMで提唱される「部分最適から全体最適へ」という理想状態が成立する条件を理論的・実証的に解明する必要性がある。

(2) 流通研究としての延期―投機の拡張

流通研究の視角から小売サプライチェーンを分析するにあたって，延期―投機の理論を適用する際の問題点について，やや外在的な視角から言及したい。

1つに，延期―投機の理論が単一財のサプライチェーンを想定していることに端を発する論点である[14]。既存研究をみると，ロジスティクス面での在庫形成に焦点を絞り込んだ研究が多く，延期―投機の理論と小売業における品揃え形成過程との関連が分析枠組みに明確に位置づけられているとはいえない。

もちろん，それには合理的な理由があることは高島が述べる通りである。費用の最適化を分析する経営学的な枠組みの中にAldersonが提示したような延期―投機にかかる幅広いプロセスを取り込むならば，分析の操作性が低下せざるを得ないからである[15]。しかしながら，小売起点のサプライチェーンを分析する限り，商業資本としての小売業者にとって自らの存立基盤にかかわって欠くべからざる品揃え形成の課業を捨象することは適切とはいえない。小売サプライチェーンに関する流通研究が品揃え形成過程を基軸に組み込んだ理論モデ

ルを構築するためには，その困難性について冷静に認識した上で，探索的な研究の積み重ねを地道に続けていくことが重要になる。

いま1つの論点は，延期―投機の理論においてほぼ等閑視されてきた価値創造のプロセスに関してである。延期―投機の理論は，不確実性への対処とリスク最小化のメカニズムを分析するにあたって，所与の商品・サービス水準を前提としている。つまり新たな商品・サービスの提供という価値創造の視点をその枠組みに取り込んだものではない。この点について，すでに加藤が「差別化の延期にしても，投機・延期の概念にしても，製品企画まで踏み込んだ概念ではなく，製品形態は所与として，それをいつ生産し，またいつ消費者の手元に配送するかというタイミングの問題を取り上げているに過ぎない」と正しく指摘しているところである[16]。

事実，SCMに関する戦略論的なアプローチであっても，そのプロセスにR&Dを含めないとする見解がみられる。しかしながら，所与の価値を前提した上でその商品を効率的に消費者に届ける実需への同期化のみを目標とするSCMでは，「縮小均衡の罠」[17]に陥る可能性はきわめて高い。とくに近年，成熟化する市場においては単なる効率化を超えた商品の高付加価値化を追求する取組みが益々，広範に展開しつつある。価値創造のプロセスを内部化した小売サプライチェーンの動態展開を分析する枠組みを構築することが課題となっている。

2. 小売サプライチェーンと情報理論

(1) 流通情報化のマクロの評価

小売サプライチェーンの革新を実行可能なものとした基軸的技術がITであったことは，すでに述べた通りである。小売業者によるPOSやEDIの導入とその活用という流通情報化の進展は，消費者の購買に則した品揃え，在庫管理と調達，さらには生産の同期化を追求するサプライチェーンを構築する上で決定的に重要な基盤となった。こうしたIT基盤を活用し実需への同期化を目指す小売サプライチェーン構築の動きに対しては，消費者主権の文脈に即した展

開として大きな期待が寄せられたのであった。

　もっとも流通情報化の効果を手放しで賞賛する見解ばかりではない。流通情報化には光の面とともに影の面があるからである。その二面性について山口は次のように述べる。市場の不確実性の高まりにより情報のもつ意味が急激に増大した結果,「かつて表層的な存在であった商業資本がむしろ産業資本と癒着し実体との関係を強めつつある」と同時に, IT が進展して情報が瞬間的に伝わるようになり, 実体経済に対してバーチャルな経済の位置が肥大化するようになり, 逆に投機性を強めることが懸念される。要するに, 需給調整の迅速化が究極的に需給の不一致を解消するものではないことから, 詰まるところ「生産の編成がそれに対応して柔軟化・弾力化するのでなければ, 流通の IT 化の意味は限定的」とならざるを得ないのである[18]。

　IT に関するこうしたやや懐疑的な見解が提示される中で, IT にむしろ肯定的な期待を寄せるのは福田である。福田は IT に「産業システムと生活世界といういわゆるダイコトミー（二項対立）を克服することのできる基盤」を見出す。具体的には, コミュニケーション・テクノロジーとしての IT が生産活動の調整, 連動, 編成などに適用され効果を発揮することで, IT は「＜生産の社会的編成＞にかかわる技術になってきている」との評価を与える[19]。コミュニケーションのツールとしての IT, つまり ICT（Information and Communication Technology）にかかわる議論は, 古典的な商業資本論の射程を超える論点であり, 後述するネットワーク論の議論で再論したい。

（2）　情報化の進展と小売業態との関連性

　流通情報化が小売サプライチェーンの構築にもたらすインパクトをより立ち入って捉えるためには, 小売業態との関連性から検討しなければならない。

　1つは, 小売業態の差異, とくに品揃えのカテゴリー数やアイテム数の幅や深さにより, IT のインパクトは異なるという点である。黄は, グローバル化の進展を視野に入れて, 「製品の多様化, 調達先の多様化と地理的拡大, 店舗数の増加と大型化などによって小売企業が直面する SCM のマネジメント・タスクは量的にも質的にも拡大し, 複雑化している」[20]と述べる。衣, 食, 住にわた

り膨大な品揃えをする総合スーパー業態では，現在，利用可能な情報流通技術をもってしてもすべての商品のサプライチェーン全体を統合的に管理することは困難なのである。この点は，なぜコンビニエンスストア業態が情報化を基礎に高度な小売サプライチェーンを構築しているのかの理由を明確に説明している[21]。

21世紀に入り新たな動向として注視すべきは，電子的無店舗小売業とりわけインターネット小売業の成長により，小売サプライチェーンがどう転換しつあるのかにある。ChristensenとTedlowは，アマゾン（Amazon.com）に代表されるインターネット小売業者が既存の店舗小売業に対しいかに在庫回転率と粗利益率の点で絶対的に優位な立場に立つのかに言及している。もっともインターネット小売業にも持続的に成長を続けていく上で，解決すべき多くの課題が山積していることにも留意しなければならない。

インターネット小売業の課題にかかわって東は次のように指摘している。店頭品揃えが仮想性をもつインターネット小売業の場合，消費者が商品を入手してはじめて実際の販売は完了することになるため，商品の適切な在庫形成と高サービス水準の配送の仕組みが決定的に重要となる[22]。また，コンサル系の立場から興味深い分析を展開しているChaturvediらも，インターネット小売業が店舗小売業では到底実現しえない膨大なアイテム数の品揃えを実現する一方，実際の商品販売にあたって，消費者に利便性と速度の価値を適切な価格で提供していくために小売ロジスティクスの大転換を迫られている実態を明示している。さらにいえば，インターネット小売業にとって消費者への商品配送のサービス水準の高度化に加えて，商品の返品への対応問題が同様に重要性を高めてきている[23]。

3．ネットワーク論からの分析課題

（1） ネットワークとしての固有の特性

日本の流通研究者の中で，新たな調整機構としてのネットワーク概念にいち

早く着目し論稿を発表してきたのは阿部である。このほかにも，取引の電子化を契機に新たに進展しつつある流通システムをネットワークと捉えた田村の業績，あるいはネットワーク概念を用いて日本的流通システムの動態的分析を展開した加藤のような優れた業績がある[24]。ここでは阿部に依拠しつつ流通ネットワークの特性について整理しておこう。

　流通という調整機構が大きな転換期にあるとみる阿部は，市場に不可避な無政府性，ヒエラルキーのもつ硬直性，この両方を止揚する仕組みとして，互酬性や相互依存性を組織原理とするネットワークの広がりに注目した。ネットワークをさらに集権的なそれと分権的なそれに区分し，その特徴を次のように整理する。集権的ネットワークは，パワー構造における格差が存在し強者による弱者の従属化が不可避となり，やがてその柔軟性と対応力を喪失する。メーカーによる小売店の系列化がその例として挙げられる。これに対し，分権的ネットワークは，「多種多様な品揃えとメーカーの管理価格政策にとらわれない独自の価格政策によって，消費者の支持をえる」[25]ことが可能になる。具体的には，チェーン小売業者がコアとなる仕組みを例示し，小売サプライチェーンのネットワーク化の展開可能性に注目する。

　もっとも，分権的ネットワークだからといって即自的に消費者主権の実現に帰結するわけではない。この課題の実現は分権的で自立的なネットワークをどう構築するのかという「制度設計」に依存せざるを得ない。もとよりネットワークはそもそも流通全体を覆い尽くすものではなく，市場メカニズムの存続とその意義を否定するものでも決してない。要するに，市場メカニズムを依然として基調とする調整機全体の中に自立的ネットワークをいかに埋め込み拡張し，その結果として市場メカニズムへの修正を迫っていくのかにこそ流通システム活性化の展望があるとする[26]。

(2) 協調的関係性の可能性

　サプライチェーンがネットワークとしての内実を備えるためには，組織間の関係性が対立から提携へ移行することが要件となる。ネットワークの特徴は，①パワーによる管理ではなく，目的共有による連携・協働，②リスクの分担，

適正な成果配分，にあるからである。

　実証研究では，イギリスの大手スーパーが主導する食品サプライチェーンにおいては組織間で協働的な関係性が形成されており，その結果，消費者に対しより高い価値が提供されているとDuffyとFearneが主張した。一方，同じイギリスの研究者であるFernieは新たな取引関係におけるリスクは主に製造業者によって一方的に負担され，提携的な関係の成立について否定的な立場を表明している。現段階における小売サプライチェーンの組織間関係をめぐる既存研究の評価は大きく分かれている。

　小売サプライチェーンの組織間において提携関係が成立するための条件は，およそ次のように整理できる。

　1つは，サプライチェーンにおいて取扱対象となる商品のライフサイクルの位置である。その商品が成長期にあり組織間で分配しうる利益が大きいならば，コンフリクトは発生せず，衰退期の場合にはコンフリクトが顕在化せざるを得ない。また，傾向的に商品のライフサイクルが短期化する局面では，提携関係の持続性には負の影響が生じるであろう。2つに，サプライチェーンを構成する組織間での情報共有がどの程度，実現できているかである。飽和化する市場で消費者情報の価値が益々高まる状況の下で，小売業者がこれをパワー基盤として活用する行動を選択するならば，組織間での情報の非対称性が強まることになる。他方，高付加価値戦略に活用するならば協働の強化につながる。3つに，双方がもつ経営資源の相互補完性の程度である。生産者・製造業者や小売業者などの関係する各組織のいずれもがサプライチェーンの競争優位にとって不可欠かつ代替不能ないし困難な経営資源をもつとき，組織間の提携関係は強固なものとなる。

　つまり，小売サプライチェーンにおける組織間の関係性を分析するにあたって提携関係をア・プリオリに想定することはできない[27]。組織間における返品条件やセンター・フィーなどの物流費負担などの取引条件（Trading Terms）やサプライチェーン改善後のゲイン・シェアリングの実態を，客観的に分析する実証研究の蓄積が求められているのである。

(3) ネットワーク化と消費者の参加

　小売サプライチェーンのネットワークへの消費者の参加については，どう評価できるであろうか。

　阿部は，「情報流通革命のひとつの大きな特色は，これまで流通活動や流通組織の外側に置かれ，企業の働きかけの対象にすぎなかった消費者が，流通やマーケティングのひとつの構成要因として参加をはじめてきているという点である」[28)]とする。Gummessonや若林は，商品開発へ消費者が主体的に関与し参画することの拡大傾向とその意義を強調している。

　この評価にかかわって，福田は，市民や生活者が生産過程において計画ないし管理の能力を剥奪される近代の生産関係にその基本的な困難を求める。その上で，消費者を「神様扱い」するサービス経済化の進展により，消費者はかえって問題解決の主体としての能力を忘却してしまったのではないか，と警鐘を鳴らし，これへの処方箋として学習プロセスの重要性を指摘する[29)]。また，江上はソーシャル・メディアが提供する情報の「循環論的支持構造」を問題視し，河田はネット・コミュニティにおけるユーザー・イノベーションが微細な変更に終始する限界を「消費者の両義的な主体性」から説明している[30)]。消費者とのインターフェースが狭い消費者集団の即自的で近視眼的な利益を超えて，さらには消費者から見えにくい多様なサプライチェーンの全体性に視野を拡張するとき，サプライチェーンの自己超克としてのネットワーク化の展望が見出せるのではないだろうか。

第4節　小売サプライチェーンの展望と残された論点

　現代流通における小売サプライチェーンの展望は，以上の考察を通して，どのように描けるのであろうか。小売サプライチェーンがもつ優位性と意義，そして問題点と限界を踏まえながら整理しておきたい。

商品供給の過剰化と市場の成熟化により消費者の購買の不確実性や多様性が強まり，さらにはスピードやサービスといった利便性への要求水準が高まる中で，高度で俊敏な（agile）なサプライチェーンの必要性と優位性は顕在化する一方である。ITやロジスティクスの革新的技術を基盤に消費者起点でサプライチェーンをコーディネートする小売業者が消費者主権を実現する代理人として最適任の位置を占める。それは，生産者と比較して，小売業者はPOS情報に加え売場での生の声やクレーム情報の入手を通して消費者ニーズをより正確に把握しうる位置にあるからである。さらに，生産者主導のサプライチェーンが自社製品のみの閉鎖性・個別性なシステムであるのに対し，小売主導のサプライチェーンは企業，業種，産業を超えて消費者の購買に即した品揃え形成を追求し売買の社会的集中機能を果たすシステムだからでもある。この点において小売サプライチェーンが有する一般的な優位性としての開放性・社会性は明白であった。

もっとも，小売サプライチェーンの意義とその近未来の展望を手放しで称賛しうるわけではない。第1に，小売業者が品揃えを拡充すればするほどサプライチェーンの垂直統合度は低下せざるを得ない限界がある。第2に情報力の点では，インターネットの普及を基礎にソーシャル・メディアやビッグデータのAIによる分析の広がりが経済社会や生活世界への影響を飛躍的に拡大するのに伴い，小売業者の個別的なサプライチェーン管理から派生する情報力は劇的に低下する事態がないとはいえない。しかし，より重要な第3の論点は次の点にある。

小売サプライチェーンが真のネットワークとしての社会的内実を備えるためには，組織間での協働や互酬性の実現を通してサプライチェーン内部での部分最適から全体最適への転換が必須となる。これに加え，社会的視点からの公共性・非市場の論理との調和が志向されているかが益々重要になってきている[31]。

1つに，消費の多様性に応じて小売サプライチェーンが供給する商品やサービスの多様性が保全されなければならない。2つに，倫理的消費の広がりを受けて，小売サプライチェーンの事業目標は単なる効率や消費者満足に加え，自然，環境，景観，地域などの価値に配慮したものでなければならない。ほぼす

べての商品の供給，さらには人間の生活・生存自体が究極的には自然的基礎に規定されているからである。現代の小売サプライチェーンには，消費者の両義性を前提に，顧客志向と利益志向の狭間で揺れながらも，いかにして社会の豊かさを持続的に実現する事業モデルを構築し堅持していくことができるのかが問われているのである。

具体的には，小売業態が多様に分化しながら変容する中で，大野が指摘するように，ウォルマート型のサプライチェーンをはじめ，インターネット小売業などのそれぞれの業態別サプライチェーンの進歩性・社会性をどう評価するかが分析課題となる[32]。それらが構築するサプライチェーンを多様性と画一性，持続性と浪費性，頑健性と脆弱性の観点から優位性を検証する理論，実証の両面からの研究が求められている。

〈注〉
1) Handfield, et al.（邦訳 [1999]）p.2。
2) Cooper and Ellram [1993] p.13。
3) Gustafson et al. [2009] は，小売ロジスティクスの及ぶ範囲が驚くほど急激に拡大してきたと指摘している（p.49）。
4) 矢作 [2000]，矢作 [2014]。もっぱら PB を販売する小売業態は，小売による生産段階の管理・統合という点で小売サプライチェーンの1つの完成形態とみることができる。
5) 黄 [2011] p.32。ただし，イギリスでは，小売サプライチェーンに関する研究はすでにかなりの蓄積をみている。Fernie [1997]，Sparks [1998]，Sparks [2000] などがその代表的な業績として挙げられる。
6) 坂川 [2010] pp.57-73。
7) 本章は，木立 [2006・2009・2011・2013・2015] をベースに大幅な加筆・修正を加えて再整理したものである。
8) 森下 [1977] pp.217-281。
9) 石原 [1996] p.241。
10) 加藤・崔 [2009] p.13，石井 [1983] p.130，を参照。
11) 堤 [1979]。
12) Bucklin [1965]，Bucklin [1966]（邦訳 [1977]）。
13) Pagh & Cooper [1998]，加藤 [2006] pp.172-173，および矢作 [1994] pp.66-68 と矢作 [1993] p.74，pp.79-80，を参照。矢作 [1993] はより立ち入って，「大ロットか小ロットかという流通様式は，生産・配送拠点の分散―集中によって直接的に決められるわけではなく，空間次元の生産様式のいかんにかかわりなくマーケティング・システムのどの段階において在庫形成の意思決定がなされるかによって決められる」と述べている（p.88）。
14) 矢作 [1993] pp.91-100。

15) 高嶋［2010］pp.2-3。
16) 加藤［2006］p.162。
17) 石井・小川［1996］p.133。
18) 山口［2014］pp.8-9, p.73。
19) 福田［1996］p.v，福田［2005］p.40。阿部［2012］も，e-マーケットプレースに対して高い評価を与えつつ，その課題を整理している（pp.222-224）。
20) 黄［2011］p.39。
21) 木立［2009］p.39。
22) 東［1999］，Hjort［2016］。
23) Hjort, et al.［2016］。
24) 田村［2008］，加藤［2006］。
25) 阿部［2006］p.119。
26) 阿部［2006］p.130。
27) 崔・石井［2009］pp.15-16。
28) 阿部［2009］p.212。
29) 福田［2005］p.46。
30) 江上［2016］p.33, 河田［2016］p.107。
31) 木立［2013］p.33。また福田［2005］はICTの作用が「経済的な領域，すなわち市場領域にとどまらず，非市場領域にまで広く及び始めたことを含む」とする（p.41）。
32) 大野［2015］pp.8-9。

〈主要参考文献〉

阿部真也［2006］『いま流通消費都市の時代』中央経済社。
阿部真也［2009］『流通情報革命』ミネルヴァ書房。
石井淳蔵［1983］『流通におけるパワーと対立』千倉書房。
石井淳蔵・小川孔輔［1996］「対話型マーケティング体制に向けて」，石原武政・石井淳蔵編『製販統合』日本経済新聞社。
石原武政［2000］『商業組織の内部編成』千倉書房。
江上 哲［2016］「ネット社会における消費者意識の行方」，阿部真也・江上哲・吉村純一・大野哲明編『インターネットは流通と社会をどう変えたか』中央経済社。
大野哲明「2015］「格差社会と小売業態」，大野哲明・佐々木保幸・番場博之編『格差社会と現代流通』同文舘出版。
加藤 司［2006］『日本的流通システムの動態』千倉書房。
加藤司・崔相鐵［2009］「進化する日本の流通システム」『シリーズ流通体系2 流通チャネルの再編』中央経済社。
河田祐也「ネット・コミュニティにおける他者との関わり」，阿部真也・江上哲・吉村純一・大野哲明編『インターネットは流通と社会をどう変えたか』中央経済社。
菊池宏之［2011］「小売主導型流通システムへの転換と中間流通」『マーケティングジャーナル』第121号。
木立真直［2006］「小売主導型流通システムの進化と展開方向」，木立真直・辰馬信男編『流通の理論・歴史・現状分析』中央大学出版部。
木立真直［2009］「小売主導型食品流通の深化とサプライチェーンの現段階」『フードシステム研究』第16巻第2号。

木立真直［2011］「食品小売市場の再編と小売主導型流通システム―PB 商品供給をめぐる関係性を中心に―」『農業市場研究』第 20 巻第 3 号。
木立真直［2013］「ネットワークとしての流通と関係性の拡張―流通マイオピアからの脱却向けて―」『日本流通学会設立 25 周年記念出版プロジェクト第 4 巻　製配販をめぐる対抗と協調―サプライチェーン統合の現段階』白桃書房。
木立真直［2015］「解題―流通研究パラダイムの共有は可能か―」『流通』No.36。
黄　磷［2011］「グローバル・サプライ・チェーン・ネットワークの戦略とマネジメント」『国民経済雑誌』第 203 第 4 号。
坂川裕二［2010］「サプライチェーンの最適化行動と小売業態の動態」，高嶋克義・西村順二編『小売業革新』千倉書房。
高嶋克義［2010］「延期的流通システムに基づく小売企業戦略の変化」『国民経済雑誌』第 201 巻第 3 号。
田村正紀［2008］『業態の盛衰』千倉書房。
崔相鐵・石井淳蔵［2009］「製販統合時代におけるチャネル研究の現状と課題」『シリーズ流通体系 2　流通チャネルの再編』中央経済社。
堤　清二［1979］『変革の透視図』日本評論社。
東　利一［1999］「オンラインショッピングの特性と＜延期―投機の原理＞再考」『片岡一郎先生学長退任記念論集』。
福田　豊［1996］『情報化のトポロジー』お茶の水書房。
福田　豊［2005］「IT 進化第 4 フェーズのソルーション特性―IT 発展の現状と課題―」山口重克・福田豊・佐久間英俊編『IT の進展による経済と社会の変容』御茶の水書房。
森下二次也［1977］『現代商業経済論（改訂版）』有斐閣。
矢作敏行・小川孔輔・吉田健二［1993］『製・販統合マーケティング・システム』白桃書房。
矢作敏行［1994］『コンビニエンス・ストア・システムの革新性』日本経済新聞社。
矢作敏行［2000］「小売りサプライ・チェーンの発展過程―イギリス・スーパーマーケットの場合―」矢作編著『欧州の小売りイノベーション』白桃書房。
矢作敏行編著［2014］『デュアル・ブランド戦略』有斐閣。
山口重克［2005］「IT の進展による経済と社会の変容」，山口重克・福田豊・佐久間英俊編『IT の進展による経済と社会の変容』御茶の水書房。
Alderson, W. [1957], *Marketing Behaviour and Executive Action*, Richard D. Iriwin.（石原武政ほか訳（[1984]『マーケティング行動と経営者行為』千倉書房。）
Bucklin, L. P. [1965], "Postponement, Speculation and the Structure of Distribution Channels," *Journal of Marketing Research*, Vol.2, No.1.
Bucklin, L. P. [1966], *A Theory of Distribution Channel Structure*, IBER University of California.（田村正紀訳［1977］『流通経路構造論』千倉書房。）
Cooper, M. C. and L. M. Ellram [1993], "Characteristics of Supply Chain Management and the Implication for Purchasing and Logistics Strategy," *The International Journal of Logistics Management*, Vol.4, No.2, pp.13-24.
Duffy, A. and A. Fearne [2004], "Partnerships and Alliances in UK Supermarket Supply Networks," M. Bourlakis and P. Weightman ed., *Supply Chain Management*, Blackwell Publishing.
Fernie, J. and L. Sparks ed. [1999], *Logistics and Retail Management*, Kogan Page.（辰

馬信男監訳［2008］『ロジスティクスと小売経営』白桃書房。）
Gummesson, E. [1999], *Total Relationship Marketing*, Butterworth-Heinemann.（若林靖永・大田真治・崔容熏・藤岡章子訳［2007］『リレーションシップ・マーケティング』中央経済社。）
Gustafsson, K., G. Jonson, D. Smith and L. Sparks [2009], *Retailing Logistics & Fresh Food Packaging*, Kogan Page.
Handfield, R. B. and E. L. Nicohls, Jr., [1999], *Introduction to Supply Chain Management*, Prentice Hall.（新日本製鐵（株）EI事業部訳［1999］『サプライチェーンマネジメント概論』プレンティスホール出版。）
Hjort, K., B. Bjorn, D. Ericsson and J. Gattorna [2016], "Customer Segmentation Based on Buying and Returning Behaviours: Supporting Differentiated Service Delivery in Fashion E-Commerce," K. S. Pawar, et al. ed., *Developments in Logistics and Supply Chain manegement: Past, Present and Future*, Palgrave Macmillan.
McKinsey & Company.（2016年10月1日アクセス）
http://www.mckinsey.com/search?q=the%20future%20of%20retail%20supply%20chains
Pagh, J. D. and M. Cooper [1998], "Supply Chain Postponement and Speculation Strategies: How to choose the right strategy," *Journal of Business Logistics*, Vol.19, No.2.

（木立　真直）

第11章

小売戦略における現代的課題

はじめに

　小売業を取り巻く環境は絶えず変化を遂げている。小売業はこうした変化にどのように対応しなければならないのだろうか。進化遺伝学の分野に「赤の女王仮説」という考え方がある。これはルイス・キャロルの小説『鏡の国のアリス』に登場する赤の女王の「同じ場所にとどまるためには，絶えず全力で走っていなければならない」という言葉にちなみ，生物の種・個体・遺伝子が生き残るためには常に進化し続けなければ絶滅してしまうとする考え方である。

　この仮説は，進化経済学の分野でも激動する環境の中で存続し続けることを目指す組織もまた，進化の原理からは逃れられない。そうすると，組織は全速力で変わり続けることが求められる [1] と援用される。

　企業のマーケティング行動についても同様のことがいえる。Howardは統制不可能な市場環境に対して，統制可能な手段を駆使して対応する「創造的適応」[2] であると指摘し，荒川祐吉は複雑な環境諸条件の動態的変化に対する企業の動的対応 [3] であるとマーケティングを規定した。環境適応型マーケティングのこうした考え方は「赤の女王仮説」によるものではない。しかし，環境変化により生じる市場機会と脅威を見極めながら小売業自らが環境適応的に行動し，

その結果として自らもその内に変化を生じさせるという考え方は「赤の女王仮説」と通底する。

そこで本章の課題は，激変する市場環境のもとでとる小売業の戦略的行動の特質と現代的課題について環境適応的戦略行動の観点から検討する。

第1節　小売競争行動の特質

1. 小売競争論のレビュー

小売市場における独占的諸要素やその強度の把握は極めて複雑である。それは小売市場では水平的な同業態間競争のみならず，異業態間競争や流通段階における垂直的競争，立地等により一様に小売市場を特徴づける独占的諸要素や小売競争上の特殊性が異なるからである。以下では2つの競争論の立場から小売競争行動の特質についてみていく。

(1) Chamberlinの独占的競争論

Chamberlinの独占的競争論は，市場の不完全性に基づき新たな理論枠組みを定式化した。そこでは，実際の競争世界は完全競争と純粋独占競争との間にある不完全競争としての性格を有し，独占と競争が相互排他的な関係にあるのではなく，これらは合成しているとみ[4]て，消費者に自社製品の特徴を強調しながら印象づけ，同一市場内における独占力を強化していくことにあるとみる。

古典派競争論が需要は同質的製品にあり価格競争を前提としたのに対して，Chamberlinの独占的競争論は，売り手が意識的につくり出す製品特性の差異に競争の本質を求め，非価格競争を前提とする点にその相違がある[5]。

Chamberlinによる非価格競争の製品差別化の形態として，その対象は「製品それ自体の特徴」（特許を有する排他的特徴，商標，商号，包装や容器の独自

性，あるいはユニークな品質や意匠や色やスタイル）のみならず，「販売をめぐる諸条件」（売り手立地の便宜性，店舗のイメージや特徴，営業方法，公正な取引に対する信望，丁寧さ，能率の良さ，従業者と顧客との間の個人的なつながりなど）にまで広げて理解している。つまり，メーカーによる自社製品の差別化も小売業が行う小売店舗の差別化も独占的競争として展開されるものとして捉えるのである。

(2) Aldersonの動態的競争論

Aldersonの動態的競争論は，Chamberlinの独占的競争論とClarkの差別的優位性の理論研究に依拠するものである。Chamberlinの独占的競争論を生態的観点から捉え直すことにより，マーケティング競争の動態的性格の素描を目指し，Clarkの差別的優位性を援用することにより企業が市場内での地位や独占力を高めていくための競争的優位性の確立を目指した。

Aldersonは，企業が差別的優位性を獲得するためにとる戦略を6つ挙げる。①市場細分化を通じての差別化，②訴求の選択による差別化，③交変系による差別化，④製品改良による差別化，⑤工程改良による差別化，⑥製品革新による差別化[6]，である。しかし，これらはメーカーの製品差別化とみることができよう。Aldersonは小売業の競争に関しては，統合性をもつ理論提示のために小売段階での競争を製造業者や中間商の段階の競争から区別[7]して検討する必要があるとし，仮に小売業に固有ではなくとも，少なくとも他のいかなる競争分野よりも小売業に特徴的な4つの中核的問題領域を挙げている[8]。

すなわち，店舗の適正規模と最適立地，地域ニーズに応じた品揃え，店舗イメージの向上，新規顧客獲得のための販売促進活動である。小売業におけるこれら特殊的要素が競争優位の獲得の上で必要不可欠となると考えたのである。

2. 小売ミックス論

小売ミックスに関する研究の端緒は，先にみたAldersonの動態的競争論がその原型と想起される。小売ミックス概念は上述の競争論に関する研究体系か

ら市場適応的方法論として体系化が進められてきたとみてよい。すなわち小売ミックスとは，小売企業の店舗活動の総体をいい，小売企業が行うマーケティング意思決定の集合体と認識することができる[9]。

小売ミックス概念が初めて用いられたのは，Lazer and Kelly による研究である。彼らは小売ミックスを市場環境に対して小売店舗の調整を具現化するものと規定し，その要素を商品・サービス，物的流通，コミュニケーションの3つのサブ・ミックスにより構成されるものと捉えた[10]。その後，小売ミックスに関する研究は，McCarthy のマーケティング・ミックスにおける 4P 概念をベースとする理解が続く。これに対して，Bolen は，特定の標的市場に向けて行われる小売ミックスの諸要素として，4P 概念にさらに personality，すなわち店舗イメージを加え，小売ミックス諸要素間の有機的統合による 5P 最適統合説を唱えた[11]。

これら初期の小売ミックス研究における考え方は，マーケティング戦略のマーケティング・ミックスの概念とほとんど変わらない。なぜなら，特定の市場標的に合わせた競争上の異なる方法での諸変数の結合という概念は，まさしく同一だからである。したがって，製造業におけるマーケティング戦略論の諸要素として一般的に位置づけられているのと同じく，小売業におけるマーケティング・ミックスは小売ミックスに該当すると解釈できる[12]。小売業を取り巻く外的環境要因に対して，これら小売ミックスをもって環境適応を果たしていくのである。

第2節　小売業の今日的動態と環境変化

1．小売市場構造の変化

「商業統計」により小売業の実態を把握することから始めよう。図表 11-1 は

図表 11-1　小売業における規模構造の変化

従業者規模（人）	年間販売額（100億円）							
	1985		1994		2004		2014	
1～2	1,294	(12.7)	1,333	(9.3)	841	(6.3)	558	(4.6)
3～4	1,876	(18.4)	2,005	(14.0)	1,265	(9.5)	930	(7.6)
5～9	2,195	(21.6)	2,900	(20.2)	2,340	(17.6)	2,086	(17.1)
10～19	1,369	(13.5)	2,383	(16.6)	2,625	(19.7)	2,552	(20.9)
20～49	1,340	(13.2)	2,392	(16.7)	2,444	(18.3)	2,459	(20.1)
50人以上	2,097	(20.6)	3,320	(23.2)	3,813	(28.6)	3,636	(29.8)
小売業計	10,172	(100.0)	14,333	(100.0)	13,328	(100.0)	12,218	(100.0)

従業者規模（人）	事業所数（1,000店）							
	1985		1994		2004		2014	
1～2	940.0	(57.7)	764.8	(51.0)	568.8	(45.9)	316.7	(40.8)
3～4	408.2	(25.1)	370.9	(24.7)	284.6	(23.0)	168.6	(21.8)
5～9	190.4	(11.7)	222.6	(14.8)	207.7	(16.8)	146.0	(18.8)
10～19	57.9	(3.6)	89.6	(6.0)	112.4	(9.1)	88.0	(11.4)
20～49	25.4	(1.6)	42.0	(2.8)	50.2	(4.1)	42.3	(5.5)
50人以上	6.7	(0.4)	9.9	(0.7)	14.9	(1.2)	13.6	(1.8)
小売業計	1628.6	(100.0)	1499.9	(100.0)	1238.0	(100.0)	775.2	(100.0)

従業者規模（人）	従業者数（1,000人）							
	1985		1994		2004		2014	
1～2	1,523.0	(24.1)	1,240.0	(16.8)	906.8	(11.7)	608.9	(7.1)
3～4	1,372.3	(21.7)	1,256.1	(17.0)	962.4	(12.4)	781.3	(9.1)
5～9	1,180.8	(18.7)	1,405.2	(19.0)	1,334.9	(17.2)	1,396.9	(16.3)
10～19	758.3	(12.0)	1,187.2	(16.1)	1,516.5	(19.5)	1,715.4	(20.0)
20～49	735.3	(11.6)	1,200.9	(16.3)	1,421.6	(18.3)	1,802.9	(21.0)
50人以上	759.0	(12.0)	1,094.8	(14.8)	1,620.1	(20.9)	2,264.3	(26.4)
小売業計	6,328.6	(100.0)	7,384.2	(100.0)	7,762.3	(100.0)	8,569.7	(100.0)

（注）　カッコ内は構成比（％）を示している。数値は四捨五入を行っているため合計値に若干の誤差が生じる場合がある。
（出所）　経済産業省「商業統計調査」より作成。

1980年代からおよそ10年ごとの小売業の年間販売額，事業所数，従業者数の変化を従業者規模別で示したものである。2014年の小売年間販売額は122兆1,000億円，事業所数77万5,196事業所，従業者数856万9,694人（平成26年商業統計確報値）である。従業者規模別でみると，10人以下の小売事業所の構

図表 11-2　小売業の店舗面積の推移

年	店舗面積(m^2)	1店舗あたりの平均店舗面積(m^2)
1985	94,506,983	58
1994	121,623,712	81
2004	144,128,517	116
2014	134,854,063	174

（出所）経済産業省「商業統計調査」より作成。

成比は81.4%となり，1～4人規模の小売業で構成比の低下と5～20人規模の小売業で構成比の上昇がみられる。また，小売年間販売額についてみると，およそ8割を占める従業者10人以下の小売業者で小売販売額全体の29.3%を占めるに過ぎない。これに対して，従業者50人以上の事業所数は全体の1.8%であるにもかかわらず，小売総販売額の29.8%を占めている。

この間の小売市場における変化は，次のようにまとめられよう。1つは小売販売額の傾向的縮小である。小売販売額は1997年の147兆7,000億円をピークに減少傾向へ転じ，2014年までに約18%縮小した。2つには，小売事業所数の激減で，1982年の172万1,465事業所をピークに約40%減少している。また，従業者4人以下の小売業が減少する一方，10人以上では増加し，さらに50人以上では増加割合が大きいことが認められる。3つには，売場面積の拡大傾向である。1985年には総売場面積9,450万m^2，1店舗あたり58m^2から2014年には1億3,485万m^2，1店舗あたり174m^2と1店舗あたりの平均店舗面積はおよそ3倍に増え，この30年間で店舗の大型化が進んでいる（図表11-2）。

加藤義忠が大規模商業資本と中小商業資本との商業資本が分化してくれば，競争において優位を占めるのは前者であり，商業資本の不均等発展がいちだんとその度を高めるに至る[13]と指摘したように，小売市場は大規模小売業と中小零細小売業との規模格差の拡大が顕著な形で現れてきているといえる。

小売業の年間販売額減少に伴って，小売業態の販売額にも変化が生じている。図表11-3は主要な小売業態別の販売額の推移を表したものであるが，小売業

図表 11-3　小売業態別販売額の推移

(単位：百万円)

	小売業全体	百貨店	総合スーパー	食料品スーパー	ホームセンター	コンビニエンスストア	ドラッグストア
1982 年	93,971,191	7,314,060	5,175,873	4,120,066	—	2,177,609	—
1985 年	101,719,064	7,779,717	5,914,353	4,788,381	—	3,382,902	—
1988 年	114,839,927	9,062,759	6,637,492	5,177,527	—	5,012,549	—
1991 年	142,219,133	11,349,861	8,495,701	11,296,961	—	3,125,702	—
1994 年	143,325,065	10,640,330	9,335,933	13,197,669	—	4,011,482	—
1997 年	147,743,116	10,670,241	9,956,689	14,768,134	—	5,223,404	—
1999 年	143,832,551	9,705,460	8,849,658	16,747,995	2,402,371	6,126,986	1,495,041
2002 年	135,109,295	8,426,888	8,515,119	15,903,759	3,075,939	6,713,687	2,494,944
2004 年	133,278,631	8,002,348	8,406,380	17,046,994	3,142,257	6,922,202	2,587,834
2007 年	134,705,448	7,708,768	7,446,736	17,106,265	3,045,939	7,006,872	3,012,637
2014 年	122,176,725	4,922,646	6,013,777	15,375,413	3,147,109	6,480,475	4,300,305

注1）　1997年調査において業態定義の見直しが行われ，1991年，1994年については，1997年と同定義で再集計した数値。
注2）　ホームセンターにおける数値は住関連スーパーの内数。
注3）　コンビニエンスストアの数値においては，2002年調査において業態定義の見直しが行われ，1999年は2002年と同定義で再集計した数値。
注4）　ドラッグストアの2014年データは，広義のドラッグストアに基づく数値。
(出所)　『商業統計表』各年版より筆者作成。

全体の販売額が低下傾向にある中で百貨店やGMS，スーパーといった伝統的な小売業態の販売額の低下が際立っている。

2．小売業の動態に影響を与える環境変化

（1）　人口動態の変化

　総務省統計局の「国勢調査」によると，2015年の日本の総人口は1億2711万人となり，前回調査の2010年から94万7千人減少し，1920年（大正9年）の調査開始以来初めて人口減少に転じた[14]。国立社会保障・人口問題研究所では，日本の総人口は2030年には1億1,662万人，2048年には1億人を割り9,913万人，2060年には8,674万人になると推計される[15]。

また，先進諸国の中でもひときわ高い高齢化が進む日本社会は，65歳以上人口が2015年に3,392万人となり，1995年の1,826万人からおよそ倍増，総人口に占める65歳以上の割合は26.7％に達し，4人に1人が65歳以上という「超高齢社会」[16]へ早々とたどりついている。

　さらに，2005年には合計特殊出生率が過去最低の1.26まで落ち込むなど少子化問題も叫ばれる。2013年には1.43とやや回復の兆しにあるが，現在の人口維持に必要な人口置換水準（2.07〜2.08程度）には遥かに遠い。少子化問題は，晩婚化や未婚化などの結婚に対する意識の変化，経済状況の悪化による労働環境の変化，若年層の所得の低さ，女性の高学歴化と社会進出の拡大，依然として厳しい女性の就労継続，住環境の変化，子育て世代の男性の長時間労働など，多様な要因によるものと分析され，政府による対応が待たれる。しかし，財政再建が中心課題となるなかで，社会保障政策をめぐる明確な優先順位が示されず十分な対応がなされないことが，この問題を先送りにしている面もある。

　また，家族構成のあり方も大きく変容している。1995年と2015年の総世帯数と世帯あたり人員をみると，世帯数は4,390万世帯から5,290万世帯に増加したのに対して，世帯人員は1世帯あたり2.82人から2.34人に減少している。さらに，単身世帯数と単身世帯比率をみると，単身世帯は921万世帯から1,764万世帯に増加し，総世帯数に占める単身世帯数は33.3％となり，3世帯に1世帯は単身者世帯となっている。

（2）　訪日外国人の増加

　日本政府観光局（JNTO）の調査では，2015年の訪日外国人旅行者数は1,973.7万人を超え，1995年の334.5万人からおよそ6倍に伸張した。国籍・地域別でみると，中国，台湾，韓国，香港などのとくに近隣アジア圏からの訪日客が増えている。また，訪日旅行者の消費支出は2012年の1兆846億円から2015年に3兆4,771億円と3倍に増加している[17]。

　訪日外国人旅行者増加の背景には，ビザの緩和措置，免税制度の拡充，出入国管理体制の充実，航空ネットワークの拡大などがある。そして，さらなる訪日客増加のために，政府は2015年に「明日の日本を支える観光ビジョン」を

策定し，わが国の豊富な観光資源を世界に広めていくことで，地域雇用の創出や国際競争力のある生産性の高い観光産業化を目指す方針を打ち出している[18]。

　訪日旅行者による旺盛な消費，いわゆる「爆買い」現象は国内消費の底上げに貢献してきたが，昨今の円高基調と世界経済の下振れリスクなどの懸念からピークアウトする中で，小売業の果たす役割はますます重要となる。

（3）インターネット環境の変化

　総務省の「平成26年通信利用動向調査」によると，2015年末のインターネットの利用者数は1億46万人となり，人口普及率は83.0%となった。年齢階層別のインターネット利用動向をみると，13～59歳の利用は90%を超え，60～79歳の利用も上昇傾向にある。

　また，主な情報通信機器の保有状況をみると，PCが56.8%，スマートフォンが54.3%，タブレット型端末が18.3%，携帯電話が15.8%で，2010年に9.7%だったスマートフォンの保有率はこの5年間で急速に高まり，PCの保有率と肉薄する状況になっている。保有する情報通信機器の利用率でみると，13～49歳の各年齢階層でスマートフォンの利用が7割を超え[19]，PCを上回っている。インターネットの利用拡大とともに利用端末にも変化が生じている。若年層を中心とするPC離れはこうした事情を反映してのものである。

　さらに，SNSサービスの利用状況についてみると，13～39歳で60%を超え中心的な利用状況を示しているが，40代，50代でも利用率は高まっている。

（4）社会的インフラ拠点の減少

　本来，インフラとは「下部構造」を意味する言葉で，これが転じて，経済活動を支える基本的な生産基盤であると同時に，私たちが消費生活を行う上での重要な生活基盤という意味で用いられる。インフラの範囲は広く，狭義では道路や港湾，空港，ダム，上下水道，電気，ガス施設などの産業基盤となる施設を指すが，広義では病院，学校，消防，警察，行政サービス等々を指す。ここで問題としたいのは広義概念をさらに広げた社会「的」インフラ，すなわち公益的性格を有するインフラだけでなく，人間の活動基盤となる様々な施設が減

図表 11-4　社会的インフラ拠点の減少

(単位：店数, 行数)

年	ガソリンスタンド	指数	金融機関	指数	クリーニング店	指数	書店	指数
1995	59,990	100.0	1,007	100.0	161,861	100.0	—	—
2000	53,704	89.5	863	85.7	162,347	100.3	21,495	100.0
2005	47,584	79.3	628	62.4	147,395	91.1	17,839	83.0
2010	38,777	64.6	591	58.7	126,925	78.4	15,314	71.2
2015	32,333	53.9	576	57.2	108,513	67.0	13,488	62.7

注1)　指数については，書店のみ 2000 年を基点とし，その他は 1995 年を基点とする。小数点第 1 位以下四捨五入。
注2)　クリーニング店の 2015 年の指数には 2014 年データを用いている。
注3)　クリーニング店には取次店および無店舗取次店を含む。
(出所)　経済産業省「揮発油販売業者数及び給油所数の推移」(ガソリンスタンド)，預金保険機構 HP (金融機関)，厚生労働省「衛生行政報告例」各年版 (クリーニング店)，アルメディア調べ (書店) が公表するデータより作成。

少していることである。

　この要因には，人口動態変化や技術革新，既存施設の老朽化や費用対効果などの多様な理由による。とりわけ人口減少が進む地域では，社会的インフラの利用頻度の低下を理由に，その減少に歯止めがかからなくなるといった問題が生じている。こうした問題は都市のダウンサイジング化の議論とも関連し，インフラ施設の多機能化・複合化の観点からインフラ再編を試みる地方自治体なども多く[20]，まちづくりの観点からも小売業の出店に大きな影響を与えている (図表 11-4)。

(5) 買物弱者の増加

　少子高齢化や単身世帯の増加，地域商業の廃業や衰退等による社会的インフラの減少により，高齢者等を中心に食料品の購入や飲食に不便や苦労を感じる消費者が増えており，こうした問題が過疎地域のみならず特定の都市部においても顕著となっており，こうした人々はいわゆる買物弱者と呼ばれる。経済産業省による買物弱者の定義では，流通機能や交通網の弱体化とともに，食料品等の日常の買物が困難な状況に置かれている人々[21]とされ，日本全国に約 700 万人[22]存在すると推計される。

　買物弱者問題への対策が，政府主導により本格的に取り組まれることになっ

た1つの契機は，杉田聡の「不可視の買物難民」という問いかけであろう。高齢者の買物環境の悪化や買物実態について，「人は自分と異なる境涯にある人々の苦しみ—それがいかに大きなものであったとしても—まで，なかなか理解できない[23]」ようでは，安定的な高齢社会を築くことはできないとの問題意識を広く知らしめたことによる。

これを機に，経済産業省では2009年に「地域生活インフラを支える流通のあり方研究会」を創設し，高齢者の買物環境悪化の実態調査と対策検討会をスタートさせた。買物弱者問題の原因は，地域特性ごとにその性質が異なり，今後，農村・山間部に加え，大都市やベッドタウン，地方都市において問題が深刻化する可能性が高いことが認識されている。その上で高齢者の買物基盤を確保するための課題解決に向けた5つの取り組みを示唆している。①家まで商品を届ける（配食，買物代行，宅配），②近くにお店をつくる（移動販売，買物場の開設），③家から出かけやすくする（移動手段の提供），④コミュニティを形成する（会食），⑤物流を改善・効率化する（コンパクトシティ，物流効率化）である。ここに今後小売業が取り組むべき方策の示唆がある。

(6) 大型店出店規制の緩和化

1974年3月に施行された大店法は中小小売業への適正な事業活動機会を確保し，大型店出店を抑制する目的で制定された。こうして1970～80年代は大型店への出店規制が強化された時期だったが，1990年代に入ると規制強化の流れが組み解かれ，一転，大型店出店への緩和措置が取られ始めた。これには，この間，国内の大規模小売業からの規制緩和要求とともに日本市場への参入を目指すアメリカからの規制緩和圧力など，市場原理による競争的市場構造が追求されたことによる。1991年の改正大店法を皮切りに大型店出店の段階的緩和措置が進められたことにより，法律自体の形骸化や調整力を失った大店法は2000年に廃止された。

その後，大店法は中心市街地の衰退状況から鑑みて，出店地域が中心市街地か郊外かといった立地場所が問題となってきたほか，これまでの需給調整的な調整にとどまらない総合的観点による大型店の出店が重要になってきたことか

ら，大型店の出店立地において周辺の生活環境保持の観点から地域住民への配慮を求める出店規制として大型小売店舗立地法（大店立地法）へと継承されていく。さらに，地域の実情に合った総合的なまちづくりを行うことを目的として関連法を一体させて「中心市街地活性化法」「都市計画法（2006年以降は改正都市計画法）」を合わせたいわゆる「まちづくり3法」として施行・運用されている。

第3節　小売戦略における現代的課題

　近年，小売業を取り巻く環境の劇的な変化により，小売業が対峙するべき問題解決領域が多様化している。第2節でみた環境の変化は小売業に与える要因の1つであるがすべてではない。また，それぞれの変化は個別に生起しているわけでもない。これらの諸変化は社会経済的，人口動態的要因との連関の中で複合的に絡み合いながら新たな環境の変化を生じさせている。したがって，小売業が戦略上とるべき現代的課題を析出する場合には，こうした環境変化の中で対応するべき主要な課題を析出することが重要となる。そこで，以下では現代の小売戦略上重要と思われる2つの課題を析出し，その課題に小売業がどのように対応しているか検討する。

1．小商圏化の進行と小売戦略

（1）　小商圏化の進行
　2000年以降続くデフレ基調の中で，消費者の買物行動は大きく変化している。可処分所得の減少により，高いものは買わない，ただし安いからといって低品質のものは買わないなど消費者の買物行動はよりシビアとなり，不要不急

の買物を避けるなどのいわゆる買い控え行動も強まっている。買物に対する金銭的支出の節約のみならず，手間や時間の節約行動も現れ，その結果，買い回り行動を避けて近隣の小売店で買物を充足させる行動も現れている[24]。さらに高齢者の行動範囲の狭小化と過度に進む出店ラッシュが招く小売業間の競合激化などにより，消費者の買い物圏の縮小，小商圏化という事態が進行している[25]。

また，小商圏化の進行により均質的な大衆市場から質的に多様な小規模市場への分割，すなわち市場のモザイク化の進行[26]も懸念される。

これまで GMS をはじめとする大型店のビジネスモデルは，広域商圏を対象に画一的な店舗フォーマットと大量一括仕入れによる仕入コスト削減などのローコストオペレーションを基礎に発展してきた。しかし，市場のモザイク化の進行は層の厚い大衆市場の存在を前提とする大型店のオペレーションを低下させ，売場生産性を悪化させる。とりわけ都市内部の地代は地価下落を経た後もなお最寄品小売業には割高な水準に留まるため，幅広い品揃えをもつ大型店は経営効率を維持しにくい。

また，郊外型の大型店においても，ローコストオペレーションには有利な反面，商圏の地理的範囲が広く，多くの郊外型店舗との競争に直面せざるをえず，広大な売場面積を埋める膨大な商品は，少数の高回転商品と多数を占める低回転商品とに分化し，後者の在庫負担が販売管理費を押し上げる。このため，大型店同士の過当競争が続く郊外地域でも，今後は不採算店の整理統合や，より狭い商圏の特性に適合しやすい中小規模店の開発が進むことになる[27]。

(2) 小商圏化による出店戦略の見直し

小売業は小商圏化への対応のための戦略転換を迫られている。その対応方向とはさらなる消費者ニーズへの適合化と出店戦略の見直しである。

高齢社会を迎え，ワンストップショッピング機能のさらなる強化が課題となり，小売業では業容の拡大や地域特性への対応，高齢者対応などの動きがみられる。たとえば，2000年代以降のドラッグストア業態では，価格や品揃え，付加価値や高級感の追求に基づいて4方向の戦略転換がみられる[28]。

1つは，コンビニや食品スーパーなどの他業態との併設や連携により利便性

や買い回り性を強化した「バラエティドラッグ」，2つめは，調剤併設による処方箋への対応や薬剤師のカウンセリング販売などの専門性を強化した「スペシャルティドラッグ」，3つめは，エステサロンやフィットネスクラブを併設し，美容・健康による付加価値を強化した「ビューティドラッグ」，4つめは，食品や雑貨の品揃えを強化した低価格訴求型の「ディープディスカウントドラッグ」など地域特性や消費者ニーズに適合させた小売業の環境適応的変化である。

　また，立地環境に適応させた新たな形態の店舗出店の動きである。都市内部において空白の出店余地を見出すことは極めて困難であり，現実的には既存業態あるいは工場撤退跡地利用や，ディベロッパーによる新規造成区域内，農地や休耕田等の転地利用などが主となろう。そこで小売業は小商圏化の進行や市場のモザイク化などを考慮して重層的店舗展開を進めている。たとえば，イオンでは「イオン」，「マックスバリュ」，「まいばすけっと」，「ミニストップ」などの異なる商圏規模の小売業態を配置して小商圏化に対応している。

　さらに，都市内部の狭小地には店舗の小型化による地域特性や出店余地に対応した店舗展開が進められている。食品スーパーのマルエツでは都心型ミニスーパー「マルエツプチ」を都内に65店舗（2016年9月現在）構え，都内店舗のうち46％を小型店として都市内部の地理的条件への適応化を図っている。店舗の小型化はホームセンターや家具小売業などの分野にも広がりつつある。

2．情報通信技術の発展と小売戦略

（1）情報通信技術の進展と店舗オペレーションの進化

　情報通信技術の発展が小売業にもたらす可能性はオペレーションの効率化にあるといえよう。小売店頭で販売するごとに蓄積される商品情報の集計結果を在庫管理やマーケティングデータとして活用するために用いられるPOSシステムや小売業，卸売業，メーカー間の商品補充のための受発注情報をコンピュータと通信回線を介して行うことを可能にしたEOS（電子発注システム），さらに受発注や見積もり，決済などの取引情報を予め決められた形式に従って電子

化し，インターネットや専用通信回線を介して行う EDI（電子データ交換），またこれを Web サーバ上に落とし込み取引先にオープンソースとしての活用を可能とした Web-EDI など，小売業にとっての効率的なオペレーションの構築のために情報通信技術の活用が進んでいる。

(2) 情報通信技術の進展と事業機会の創出

　情報通信技術の進展は小売業にとって新たな事業機会の可能性をも開いた。2014 年にインターネットの人口普及率が 9 割を超え，E コマース（B to C）市場は 12 兆 7970 億円に達し[29)]，ネットショッピングの利用者はインターネット利用者全体の 72.2％となった[30)]。

　また，ファッションアパレルのインターネットサイト ZOZOTOWN での購入者の状況からは，スマートフォンを通じての購入が 2014 年に PC での購入を逆転し，2016 年にはスマートフォン利用が全体の 68.2％，PC が 31.3％[31)]となっている。これまで決済時のセキュリティ問題やネット事業者の信頼度問題，実物を見て購入したいなどの理由からネットショッピングに対する敬遠傾向がみられたが，その敷居は次第に低くなってきたといえる[32)]。これにより，従来，E コマースには不向きな商品分野（生鮮食品やファッション商品，非探索品）などにも広く浸透しつつある。

　小売業の E コマースへの参入は小売戦略における新たなチャネルの創出と捉えることができる。阿部真也は，E コマースの場合には，むしろ既存の小売業態の店舗たとえばスーパーや百貨店が本来の店舗販売と並行して，それを補強するかたちで E コマースを導入していく傾向がみられる[33)]と指摘し，E コマースがカニバリゼーションによる実店舗の売上を低減するものではなく，補完的機能を果たしうるものとして積極的に評価する。これに類して，妹尾堅一郎は新たな価値創出により事業の競争力を高めていくためには相乗的価値形成が不可欠であるという[34)]。すなわち，E コマースという新たな価値創出は，小売業が本来もつ店舗による小売活動を補完し，新たな発展機会を与えうる親和性の高いチャネル戦略といえよう。

　近年，多様な小売業態で E コマースへの参入が進展しているが，2000 年代以

降，GMS や食品スーパーのネットスーパーへの参入が進んでいる。ネットスーパーには，店舗の商品を宅配する「店舗型」と専用の倉庫から宅配する「倉庫型」がある[35]。また，店舗型の場合，自社サイトやオンラインモールを利用するものなどがある。ネットスーパーへの参入動機は「追加的サービス」が中心で，「既存顧客の囲い込み」が続く[36]。ただ，ネットスーパーの収益性は必ずしも高いとはいえない[37]のが現状である。しかし，採算性は低いものの高齢者支援や買物弱者支援を目的として参入するケースもある。

(3) Eコマースの拡大と新たなチャネル問題

Eコマースの拡大は，オムニチャネルという新たな動きをもたらしている。これは米国の百貨店 Macy's が 2011 年に宣言したショールーミング行動をとる消費者への対応として，実店舗とEコマースなど自社が保有するあらゆるチャネルを融合する新たなチャネルシステムである。すなわち，個々のチャネルがそれぞれ完結していたものを有機的に繋ぎ，消費者の多様な買物行動に合わせて注文場所や受取場所を自由にアレンジ可能にするものである。

オムニチャネルの展開において，日本ではセブン＆アイやイオンなど大手小売業が先行するが，こうした動きは「ラストワンマイル」をめぐる問題でもある。消費者と小売業の間にある最後の1マイルをどのように繋ぐか，消費者の店舗への誘引ではなく，小売業からいかに消費者への接近を実現するかが問われているのである。ラストワンマイルを埋める動きは多様な企業が取り組んでおり，一例を挙げれば，Amazon では当日・翌日配送などを可能にするための大型物流センターの建設や Amazon Locker と呼ばれる商品受取ボックスの設置，また，ユニクロのオンライン購入商品のコンビニ店頭での受け取りなどが挙げられよう。

オムニチャネルの展開による競争の激化は，在庫管理や受発注システムの高度化，配送コストの低減化，店舗内スペースの確保，物流業者との緊密な連携体制の強化または物流機能の内部化など小売業者の能力に応じた新たな課題を生じさせる。また，今後の技術革新による成果が小売戦略に組み込まれていくことも期待される。Amazon が実現を目指すドローン技術を活用した配送シス

テム「Prime Air」は，従来の配送に係る人的・コスト的削減を飛躍的に進展させる試みとして導入が期待される好例といえるだろう。

　最後に，ここまで小売業の環境適応的行動の重要性について触れてきたが，他方で，小売業の行動の結果として環境それ自体も変容する側面があることにも注意する必要があろう。小売業にとってコンビニ文化の形成は今や環境要因となっており，こうした環境変化を前提として新たな小売戦略を模索し続けることが自らの生存領域を確保していくことになるのである。

〈注〉
1) 西山［2012］p.103。
2) Howard［1960］（邦訳，pp.7-17。）
3) 森下・荒川［1966］p.71。
4) Chamberlin［1962］（邦訳，pp.72-73），マーケティング史研究会編［2002］pp.92-94，小西［1971］p.150，関根［2000］pp.4-5，Palamaountain［1955］（邦訳，pp.26-30），参照。
5) マーケティング史研究会編［2002］p.93，参照。
6) Alderson［1981］（邦訳，p.222。）
7) Alderson［1981］（邦訳，p.257。）
8) Alderson［1981］（邦訳，p.257。）
9) Levy et al.［2013］参照。
10) Lazer and Kelly［1961］参照。
11) Bolen［1988］pp.30-31。
12) 稲田［2002］p.11。
13) 加藤［1986］p.77。
14) 総務省［2016］p.1。
15) 国立社会保障・人口問題研究所［2012］p.1。
16) WHOや国連では65歳以上人口が7%を超えた社会を「高齢化社会」，14%を超えると「高齢社会」，21%を超えると「超高齢社会」と定義する。これに基づくと，日本は1970年に「高齢化社会」，1994年に「高齢社会」，2007年に「超高齢社会」を迎え急速に高齢化が進んでいる。
17) 観光庁［2015］p.14。
18) 観光庁［2016］pp.2-5。
19) 13～19歳（78.3%），20～29歳（91.3%），30～39歳（84.6%），40～49歳（73.6%）となった。総務省［2015a］。
20) 21世紀政策研究所［2015］。
21) 経済産業省［2014a］p.7。
22) この推計値は，総務省統計局の「人口推計」における60歳以上の高齢者（4,198万人）に，内閣府調査の「日常の買い物に不便」と感じている高齢者の割合である17.1%を乗じて計算されている。

23) 杉田 [2008] p.19。
24) 仲上 [2010] p.77-80。
25) 仲上 [2010] は，商圏縮小とはもちろん目に見えるものではなく，またその縮小の範囲を実測できるものでもない。また個々には逆の事態も多く生じている，としている(p.1)。
26) 箸本 [2013] p.8, 武井・伊藤 [2010] p.77, 参照。
27) 箸本 [2013] p.8。
28) 駒木 [2013] pp.82-83。
29) 経済産業省 [2014b]。
30) 総務省 [2015]。
31) 株式会社スタートトゥデイ [2016]。
32) ネットショッピングの非利用者は，全年代平均で約25％にとどまる。このうち，60歳代以上の非利用者は具体的な理由に基づき，あえて利用しない消費者も一定割合存在する。
33) 阿部 [2009] p.106。
34) 妹尾の議論に従えば，小売業によるEコマースへの参入は消費者に対してサービスの差異化となり，新たな価値の提供となる。このことが翻って実店舗の販売やストアロイヤルティを強化し，さらにネット通販の販売力を高めるように作用する。相乗的価値形成の手段としてEコマースの活用は小売業の成長にとって重要な要素であるといえる（妹尾 [2010] p.417）。
35) 池田 [2013] p.41。日本の場合，初期投資の少なさから店舗型のネットスーパーが多い。
36) 池田 [2013] pp.48-49。
37) 後藤 [2012] p.9。

〈参考文献〉

Alderson, W. [1965], *Dynamic Marketing Behavior,* Richard D. Irwin. (田村正紀・堀田一善・小島健司・池尾恭一 [1981]『動態的マーケティング行動』千倉書房。)

Bolen, W. H. [1988], *Contemporary Retailing,* 3rd ed., Prentice Hall.

Carroll, L. [1871], *Through the Looking-Glass and What Alice Found There,* Macmillan Publishers. (河合祥一郎訳 [2010]『鏡の国のアリス』角川書店。)

Chamberlin, E. H. [1962], *The Theory of Monopolistic Competition: A Reorientation of the Theory of Value,* 1933, (8th ed.), Harvard University Press. (青山秀夫訳 [1966]『独占的競争の理論』至誠堂。)

Howard, J. A. [1957], *Marketing Management : Analysis and Decision,* Richard Irwin, Inc. (田島義博訳 [1960]『経営者のためのマーケティング・マネジメント―その分析と決定―』建帛社。)

Lazer, W. and E. J. Kelly, [1961], "The Retailing Mix : Planning and Management," *Journal of Retailing,* 37(1).

Levy, M., B. A. Weitz and Grewal, D. [2013], *Retailing Management,* 9th ed., McGraw-Hill Higher Education.

Miller, D. [2008], *Retail Marketing,* Tilde University Press.

Palamaountain, J. C. Jr. [1955], *The Politics of Distribution,* Harvard University Press.

（マーケティング史研究会訳［1993］『流通のポリティクス』白桃書房。）
阿部真也［2009］『流通情報革命―リアルとバーチャルの多元市場―』ミネルヴァ書房。
池田真志［2013］「食品宅配事業の多様化とネットスーパー」，土屋純・兼子純編『小商圏時代の流通システム』古今書院，第3章所収。
伊藤健司［2013］「商業立地の刷新と中心市街地の衰退問題」，松原宏編著『現代の立地論』古今書院，第10章所収。
岩間信之編著［2011］『フードデザート問題―無縁社会が生む「食の砂漠」―』農林統計協会。
加藤義忠［1986］『現代流通経済の基礎理論』同文舘出版。
後藤亜希子［2012］「事業チャンス広がるネットスーパーの課題（特集：加速する食のネット販売）」『AFCフォーラム』日本政策金融公庫農林水産事業本部，60(2)。
小西滋人［1971］『小売競争の理論』同文舘出版。
関根　孝［2000］『小売競争の視点』同文舘出版。
妹尾堅一郎［2011］「イノベーションにおけるものとサービスの関係の変容と多様化　価値システムを問い直し，新規事業を構想する―」『オペレーションズ・リサーチ：経営の科学』56(8)。
武井博一・伊藤慶史［2010］「モザイク化した市場を可視化する―新しい分析手法を適用したきめ細やかなマーケティングの実践―」『知的資産創造』野村総合研究所，18(6)。
仲上　哲［2010］「商圏縮小時代における小売商業の戦略」『阪南論集』阪南大学学会，46(1)，pp.77-94。
西山賢一［2012］「組織における多声性とカーニバル性」『埼玉学園大学紀要』経営学部篇，pp.95-108。
箸本健二［2013］「小商圏時代とは何か」，土屋純・金子純『小商圏時代の流通システム』古今書院，第1章所収。
マーケティング史研究会編［2002］『オルダースン理論の再検討』同文舘出版。
森下二次也・荒川祐吉［1966］『体系マーケティング・マネジメント』千倉書房。
観光庁［2015］「訪日外国人の消費動向―訪日外国人消費動向調査結果および分析―」。
観光庁［2016］「明日の日本を支える観光ビジョン」。
経済産業省［2014a］「買物弱者・フードデザート問題等の現状および今後の対策のあり方に関する調査」。
経済産業省［2014b］「電子商取引に関する市場調査」。
経済産業省［2016］「揮発油販売業者数および給油所数の推移」。
厚生労働省「衛生行政報告例」各年版。
国立社会保障・人口問題研究所［2012］『日本の将来推計人口（結果の概要）』。
総務省［2015a］「平成26年通信利用動向調査」。
総務省［2015b］「社会課題解決のための新たなICTサービス・技術への人々の意識に関する調査研究」。
総務省［2016］「平成27年国勢調査　人口速報集計結果」。
21世紀政策研究所［2015］「超高齢・人口減少社会のインフラをデザインする」。
株式会社スタートトゥデイ［2016］「有価証券報告書（第18期）」。

（堂野崎　衛）

第 12 章

小売ブランド商品研究の歴史的変遷
―小売ブランド論の現代的意義―

は じ め に

　主として小売業者が主体となって商品を企画し，メーカーに生産を委託したものに独自のブランドを付けて販売する商品である小売ブランド商品［または，プライベート・ブランド（Private Brand，以下，PB 商品）］に関する研究は，日本ではおよそ 1960 年代以降に行われてきた。

　後に詳しくみていくが，これまでの PB 商品に関する先行研究によれば，PB 商品はおよそメーカーが全国的な展開を目的に統一のブランドで開発するナショナル・ブランド（National Brand，以下，NB 商品）商品への対抗策として価格政策を優位にすべく低価格戦略を具体化したものであり，NB 商品に対する競争優位策として，または経営コストを抑えられる方策として展開してきた。近年は食品業界ばかりでなく，トイレタリー商品や雑貨など，生活一般にかかわる商品づくりが各業界で行われている。その他，メーカーとのある種の Win-Win 関係をもくろんだ戦略的観点の必要性といった理由からも PB 商品が多様に投入されており，その優れた小売業者優位の商品戦略がこれまでの先行研究において評価されてきたように思われる。

　各社の PB 商品戦略は近年，その位置づけや特性が大きく変化しつつあり，

それぞれのコンセプトに基づいて展開がなされている。ところがそれらは必ずしも低価格戦略に重点的な目的をもったものだけではなく，食材の種類や産地の限定，簡便性や健康を意識したPB商品が増えている現状がある[1]。そのことがPB商品の先進国といえる欧米各国ではすでに確立され，日本においても変化してきているようである。いわば，高付加価値なPB商品が増えたことで多様なニーズに対応してきたといえるのだが，このような高付加価値PB商品に関しては一部の先行研究を除き，あまり明らかにされてこなかった。

そのため，これまでの先行研究レビューを通じてPB商品の現代的な意義を明らかにしたい。ただし，外国文献を含め，数多くの先行研究をすべて取り上げることは筆者の能力を大きく超えるものであるため，これまでのPB商品研究で多く取り上げられてきた先行研究を中心にその概観を整理し，現代における「小売ブランド論」をどのように捉えていくのかを明らかにする。

第1節　先行研究のレビュー

1．およそ1970年代までの研究

PB商品に関する研究は，日本ではおよそ1960年代以降になされてきたと判断される。スーパーマーケットが日本に定着しだした時期であることや，消費者の認識は薄かったとしても，大規模チェーン小売業者であったダイエーの店頭に1961年からPB商品が並んでいた[2]ことから判断した。

当時は，大規模化した製造業者のマーケティング戦略や流通革命論，さらには減退傾向にあった卸売業者の話題が絶えない中で，とくに，製造業者と小売業者におけるマーケティング戦略のあり方を考察した研究はいくつかの蓄積がある。その1つが浅井［1969］の研究であった。

浅井［1969］は，当時，大規模化していく小売業の集中化を促進する要因と

してPB商品戦略を取り上げた。とりわけ、NB商品対PB商品の構図を描き、NB商品を「製造業者による流通支配の根源でありメーカー優位のシンボル」[3]であると規定しつつも、小売の集中・大規模化の進行が製造業者に対する圧力を増大させ、流通における支配権を獲得させるに至るとし、NB商品に頼らないPB商品開発が利益の源泉となる、とした。このことが小売が集中することでますます強固なものになると捉えたのである[4]。

浅井［1969］は他にも、McCarthy［1960］[5]やGalbraith［1956］[6]に依拠しながら議論を展開していくのだが、Stern［1966］[7]の研究を取り上げ、大規模なNB商品の供給者は大規模化したチェーンストアである小売業からの「デュアルブランド化」の提案を拒否することが、いずれできなくなるという結論を導いた。スーパーの棚スペースを結果的に確保できなくなることや、大規模化した小売業自らが自己生産を開始する可能性があるという理由からであるが、これらの指摘は後にみるように、近年のメーカー対小売業の市場行動に近い指摘である。

次に、木綿［1975］の研究においては、当時、日本におけるPB商品への関心が高まりつつある中で、PB商品の概念を正確に理解すべく、Copeland［1924］[8]やGalbraith［1956］に依拠しつつ、アメリカでのPB商品の生成とその背景を分析した。「寡占化した市場」が前提となるものの、全国的な広告の普及を基盤として市場支配力を高めていった製造業者の寡占の形成を批判的に検討し、アメリカを代表する小売業者の市場行動を分析した。

木綿［1975］の研究の大きな流れは、すなわち、製造業者の研究・開発によってNB商品が誕生すると、市場の開拓が進むとともに製造技術が広がりをもち、相対的に独占性が低下する。次第に後発の製造業者によって製造が開始され、後発NB商品が市場に登場することとなる。PB商品は、このような段階ないしはそれ以降の後発商品となり、PB商品は、氏のいう「広告されないブランド」[9]となる。PB商品は製造段階の「寡占的超過利潤に誘引されて開発されるもの」[10]であり、非価格競争的局面が拡大したNB商品に対抗して価格競争的に市場に参入するという点に固有の意義があるとした。小売業による低価格戦略の必然性と妥当性を説明しているところに研究のポイントがある。

このほかにも1980年代までの先行研究はいくつか存在するが，当時のNB商品への対抗策，メーカーへの価格交渉力，もしくは競争優位・利益確保の源泉としてPB商品研究が進んできた。それらの研究は，現在のPB商品研究に直結する内容を含んでおり，いずれも優れた研究成果であったといえる。

2. 1980年代以降の研究

1980年を1つの境とした理由の1つは，この時期が総合スーパーの業績が失速し，既存店の売上高の伸び悩みに直面した各社が「単品管理の徹底による利益の出る体質づくり」[11]へと変化した時期であったという理由もあるのだが，後にみるように，1980年を境にPB商品戦略の方向性が大きく変化したからである。豊富な研究の蓄積がある中で，主に扱われてきた先行研究を中心に検討する。

まず，多くのPB商品研究において取り上げられてきた根本［1995］の研究であるが，氏はHumphries & Samways ［1993］の研究に依拠し，図表12-1のようにPB商品の発展段階を4段階にまとめ，この発展段階説がのちに日本でのPB商品研究の多くで活用されてきた[12]。

図表12-1　PBの発展段階に関する仮説

NB代替品の低品質・低価格PB	→	NBの模倣によるPB品質向上	→	プレミアムPBの導入・成長	→	低価格PBの再導入・PB階層化

（出所）　根本［1995］p.45。

根本［1995］が主張した論点の1つは，小売市場が上位集中を果たすことでPB商品開発の促進が促されていくというもので，この点について矢作［2000］は上位集中化とPB商品開発との正の相関を主張した日本の代表的研究である，としている。

また，当時のHeinz社のペットフード部門の事例を中心に，大規模メーカーが選択的にPB商品導入に踏み切るという混合ブランド政策についての動向を

まとめており，近年の主要メーカーの動向に近く有効性のある見解であることも木立［2010］が指摘している。

次に，Laaksonen & Reynolds［1994］の研究である。PB 商品発展に関する分析は 4 段階の発展段階で説明がなされ，図表 12-2 のようにまとめられた。低価格 PB 商品から高品質 PB 商品を達成することで PB 比率の上昇に寄与するとし，多くの先行研究で取り上げられてきた。この Laaksonen & Reynolds［1994］のポイントの 1 つは，PB 商品の拡張戦略が付加価値戦略として展開され，それまでの NB 商品を超える差別化を果たし，それがブランドイメージの向上に寄与するというものであった。

そのため，いわゆるブランディングの議論の必要性を指摘し，Aaker ［1996］[13]や Keller［1998］[14]のブランド管理論を取り上げ，イギリスのマーク ス＆スペンサーを事例にブランド構築の議論を展開したのが戸田［2008］の研究[15]であった。

続いて，矢作［2000］においては，主に Padberg［1968］[16]，Benson et al.［1992］[17]，Burt et al.［1994］[18]などの研究に依拠し，PB 商品の発展過程をイギリスの事例から明らかにし，日本のコンビニエンスストアの実証研究[19]をベースに小売イノベーションモデル（英国モデル）を提起した。

矢作の PB 商品戦略に関する主なポイントは，Padberg［1968］を参考に，PB 商品開発の動機を①競争差別化，②利益確保，③商品供給確保，④ストア・ロイヤリティ向上にあるとし，NB 商品との競争差別化について価格重視か，品

図表 12-2　PB の発展段階

	第 1 世代	第 2 世代	第 3 世代	第 4 世代
ブランド形態	ジェネリック，名前なし	準ブランド	自社ブランド	セグメントされた小売ブランド
戦　略	ノーブランド	低価格	模　倣	付加価値化
消費者購買動機	価格が主要な購買基準	価格は依然として重要	お買い得感	よりユニークな商品

（出所）　Laaksonen and Reynolds［1994］p.38 より。なお，作成にあたっては秋川・戸田［2013］p.145 を参照しつつ，一部引用・加筆。

質重視かという方向性[20]を想定したことにある。合わせてPB商品比率の厳密な国際比較は困難であるとし，その理由としてPB商品の定義や対象となる市場の特定が正確性を欠くため[21]であるとした。

ちなみにPB商品という用語の曖昧性については，根本［1995］，木立［2010］，矢作［2014］などにおいて指摘されてきた。また，「留め型（メーカーの責任において特定流通業者向け専用商品として販売されているもの）」[22]や，「模倣品（copycat）」，「ダブル・チョップ商品」，さらには「ストア・ブランド」をどう議論の中で扱うのかなど，実態は多様であり，統一的な観点で分析することは困難となる。

そして，これまで取り上げた主な先行研究を踏まえた木立［2010］は，イギリスと日本とで小売業のPB戦略の到達点で決定的に違いがあるとし，それはストア・ロイヤリティ向上の追求であると指摘した。すなわちイギリスの場合は，製品のブランド化を超えてストア・ブランドの確立が目指されているのに対し，日本のスーパーではPB商品の品揃え・売上げが1割に満たない企業がほとんどであるという事情から商品のブランディング段階にとどまっているという点，さらには店舗密度の高い市場特性から「消費者の店舗選択行動がPBのシェアないし品揃えの充実度によって規定されるまでには至っていない」[23]とした。つまり，日本におけるPB商品による消費者への規定性を否定的にみている。

また，後述する木立［2014］では，日本におけるPB商品の発展過程の整理が試みられ，導入，成長，成熟期という3段階で説明がなされた。その他，食品サプライチェーンの変化，消費者によるPB評価，PB比率の問題，そしてとくに，近年急増する大手メーカーのPB商品対応の現状について分析がなされた。

続いて，矢作［2014］の研究では，主としてメーカーのブランド戦略に焦点を当て，聞き取り調査を行ったメーカーの中で，完全なNBシングル・ブランド戦略をとる企業は限られており，大多数の包装済み消費財メーカーはNB・PBの最適な組み合わせを実現するデュアル・ブランド戦略に積極的にかかわっているといった現状を明らかにした。その上で，研究のインプリケーション

として「大規模消費財メーカーの流通支配を打破するためには小売商業がチェーンストア経営を確立し，メーカーに対する拮抗力を発揮する「流通産業化」が不可欠である」と主張し，「その拮抗力の究極の発現形態が PB 商品である」[24]としている。

そのほかには，PB 商品発展段階の整理と各段階での PB 商品戦略の位置づけの変化，価格重視か品質重視かという議論，PB 商品の国際比較，あるいは特定国もしくは日本の PB 商品の特殊性，さらにはコスト構造分析やリスク問題，チャネル・キャプテンや PB 商品に対する公正取引問題に至る多面的な研究がなされてきた。

年代を追って検討した先行研究での議論の中心は，NB 商品と PB 商品の対立と協調を基本スタンスとし，PB 商品の優位性について実態調査を踏まえた研究が多くなされてきた。ところがここで取り上げていない研究においては，データ不足やヒアリング調査の情報収集の困難さなどの理由[25]もあってか，とりわけ NB 商品との競争関係について触れてきた研究はごくわずかであり，「暗黙的に欠如」[26]した印象がある。その意味において矢作［2014］の実証研究には意義がある。

第 2 節　PB 商品研究のいくつかの論点

　PB 商品研究のおおよその流れは，カウンターベリングパワー概念を念頭にした NB 商品への対抗策として PB 商品が投じられてきたこと，競争優位・利益確保の源泉としての PB 戦略，低価格 PB 商品戦略の限界と品質問題の浮上，サプライチェーンを含む対立と協調の関係性の変化，さらには高品質 PB 商品の台頭とリスクの問題，そして企業間の公正取引問題の発生と消費者意識の変化というものである。ここでは，いくつかの論点に触れておく。

1. 価格と品質

　PB商品研究における価格と品質をめぐる議論は，多様な実態があることで正確な議論は困難であるが，多くの先行研究ではPB商品戦略が価格重視か，品質重視か，という2つの軸で考えられてきた。PB商品の生成・開発動機についてはここで詳しく展開しないが，その多くが「ノーブランド」PB商品も含め，低価格PB商品からのスタートであった。そのことについて木立［2014］によれば，1960年代から大規模化が進展したチェーン組織，ダイエーによって「価格破壊」＝低価格の実現を目的にPB商品が導入され，「PB商品に対し「安かろう悪かろう」のイメージを抱いたことから，大手小売企業のPB商品戦略は頓挫する」[27]こととなった。NB商品への対抗策として展開する目的からして「低価格戦略」は不可欠な要素であったが，一方で経済の動向，所得や生活水準，地域格差，品質への感受性の違いなども影響し，価格をどこまで低くするのかという議論も，さまざまな研究においてそれぞれが展開してきた。

　ただ，価格に関しては，参考までに最近の研究の中で矢作［2013］が，「各国有力小売企業では，「グッド」（価格重視型エコノミーPB），「ベター」（NB代替型スタンダードPB），「ベスト」（品質重視型プレミアムPB）という3価格帯に対応したPBプログラムが基本枠組」[28]であるという指摘をしており，とりわけ，イギリスなどでは価格帯の違いやオーガニック，健康志向など，明確なPB商品のセグメント化が行われてきた[29]。

　また，品質については，すでに大野［2015］[30]も若干触れてはいるが，「プレミアムPB商品」の捉え方に各研究では違いがある。たとえば，Kumar and Steenkamp［2007］ではプレミアムPB商品について，NB商品との比較で品質が高い商品を指すのではなく，既存PB商品よりも高品質である商品を指している[31]。PB商品研究において用いられるプレミアムPBという言葉自体が「極めて多義的」[32]であり，品質・価格設定に関してもその幅や位置づけが不明確であるとともに，プレミアムPB商品に対する国別・企業別の実態と認識には隔たりがある。

　他方，品質という点に関連し木立［2014］は，日本におけるPB商品の発展

過程の整理の中で，急成長を遂げつつあったコンビニエンスストアでの「中食」分野の品質重視オリジナル商品の開発が活発化したのが 1980 年代以降であり，低価格商品，プレミアム商品などの，いわゆる PB 商品の多様化・PB 商品ミックス戦略が展開していったのは，2000 年前後から[33]としている。

このことに関連して仲上［2014］は，長期不況期における消費者の値頃感に注目しつつ，日本における NB 商品と PB 商品の価格と品質をめぐる近年の状況を整理している。低価格戦略をめぐっては，1970 年代半ばから 1980 年代前半にかけて PB 商品の第 1 ブームが生じたとし，PB 商品提供に積極的に取り組んだのは大手総合スーパー各社であり，メーカーとの価格決定権をめぐる対抗ではなく，「消費者への低価格アピールを第一義とした」[34]ことに特徴があると指摘している。また，1990 年代以降のバブル経済崩壊を機に，第 2 ブームが発生したことを展開しているが，この時期までの PB 商品展開の特徴は，「高価格提供を特徴とする NB 商品に低価格で対抗することによるブーム」[35]であり，品質は二の次であったと捉えている。

このように価格と品質をめぐる議論は，あらゆる観点から展開がなされ，今日に至っている。PB 商品戦略がメーカー対小売業者という構図の中で大手チェーン小売業の重要な商品戦略として展開されてきたことに間違いはないが，次にみるように，企業間関係の変化を含む，PB 商品戦略の位置づけや展開方向も変化してきているようである。

2．企業間関係の変化と高付加価値 PB 商品

既述のように，PB 商品戦略の特色が価格か，品質か，もしくはそのバランスかという議論が先行研究において続けられてきた。ところが，PB 商品の多様化が続く中で，必ずしもそれらでは説明ができない，「付加価値型」の PB 商品が近年，各業界において拡大している[36]。

PB 商品の開発をめぐっては，たとえば商品企画や販売量（最低ロットの確保）をめぐる戦略的な提携が必要となるが，小売業者とメーカーとの双方の関係性の強化やブランド戦略の一環からしても長期的取引が不可欠となる。すで

に確認したように，たとえば過去にダイエーのようなチェーン展開を行う大手小売業によるPB商品開発は低価格政策が主なものとして展開されてきたのであるが，その後の日本におけるPB商品の展開については，図表12-3のように，木立［2014］によるPB商品の発展過程の整理において確認することができる。

図表12-3は，日本におけるPB商品の発展過程について年代区分とともに，3つの時期に分けて説明がなされている。とくに，取引相手については，1980年代以前において，メーカーとの強烈な対立関係ゆえの対抗策として，中小メーカーとのPB商品戦略を実行してきたことが確認できる。その後，コンビニエンスストアの成長に伴い，商品カテゴリーの拡大に踏み切り，品揃えの拡大が達成された。2000年代に至っては，多様な業態において多様なPB商品が販売されるに至り，さらには似通ったPB商品づくりが蔓延することで自社ブランドの差別化とストア・ロイヤリティの向上が必要となった。そのため，大手メーカーとの交渉の必然性が高まり，それらが達成されることで結果として消

図表12-3 日本におけるPB商品の発展過程と特徴

区分	第1期（導入期）	第2期（成長期）	第3期（成熟期）
年代	1960年代～1970年代	1980年代～1990年代	2000年代～現在
主体	大規模小売業	新業態の成長 ＝コンビニエンスストア	大規模小売業 （PB商品ミックス） 中堅小売業 （共同仕入れ活用など）
目的	交渉力の強化と 価格決定権の掌握	交渉力の強化と価格決定権の掌握とともに，製品政策への関与	PB商品提供企業の増大に伴った多様化への対応，ストア・ロイヤリティ向上
取引相手	中小メーカー（大手メーカーとは対立関係）	中堅メーカー （商品力の強化が必要）	中堅・大手メーカー
特徴	NB商品のコピー	お買い得感の提案と 品質向上，品揃えの拡大	PB商品の普及と差別化の向上，一部，PB商品のセグメント化

（出所）木立［2014］p.27より一部引用・加筆の上，作成。

費者にとってのPB商品評価はNB商品のそれよりも高まることになった[37]）ということになる。

ここで近年のPB商品の動向について確認しておく。日本経済新聞社の第49回日本の小売業調査[38]）によれば，PB商品を取り扱っている小売業は全体の63.2％に上り，各社はNB商品より割安な商品は残しつつ，NB商品と同等か違う価値をもつ商品の開発に力を入れており，今後の開発方針については「新しい機能を付加」と答えた企業が44.8％と2014年度調査から2ポイント増えている。つまり，付加価値を付けた商品開発を目指す企業が増えつつある。

たとえば，ライフコーポレーションでは従来の低価格PB商品に加えて健康軸の「ライフナチュラル」，素材や製法にこだわった「ライフプレミアム」を販売し，安全・健康志向に対応する商品づくりを展開している。また，ヤオコーは若年世帯を狙った商品を，マルエツは有名シェフ監修のピザなども発売している[39]）。

ところで，高付加価値PB商品はどのように展開されてきたのか。その1つの例として，図表12-4はPB商品の略史とセブン＆アイのセブンプレミアム商品の委託先に関する記事をまとめている。

とりわけ2007年以降に，トップメーカーとプレミアムPB商品の開発を進めてきたのだが，その動きはさらに加速し，2013年には「金のシリーズ」，2015年以降には，それまでかたくなにPB商品開発を拒否してきたトップメーカーとのコラボレーションが実現している。その例として，日本コカコーラやロッテといった大手メーカーによるPB商品開発への参加があげられ，日本コカコーラはセブン＆アイ専用の商品開発を[40]），ロッテは高付加価値のチョコの生産を行う[41]）。近年，このようなトップメーカーによるPB商品への参加は，限られたコンビニエンスストアの棚スペースをめぐる競争を激化させている背景からであるが，同時にセブンイレブン側のPB商品の陳腐化への危機感が強いこともあげられ，双方の思惑が一致した結果であるといってよい。これらはすでに取り上げた浅井［1969］の研究が示した構図となっている。

このように，低価格戦略で始まったPB商品戦略は，品揃えの拡充とともに，新たな価値の提供をもくろむ小売業者側の提案力の強化に便乗する大手メーカ

第12章 小売ブランド商品研究の歴史的変遷 219

図表12-4 PB商品の略史とセブンプレミアム商品の製造委託例

年代と歴史的背景	主な出来事
1960年代（スーパーの普及）	ダイエーがインスタントコーヒー発売。
70〜80年代（石油ショック後）	ダイエーが「ブブリ1)」や「セービング」投入。西友が「無印良品」発売。
90年代（バブル崩壊）	イオンが「トップバリュ」発売。長期的な不況が続く。
2007年〜（原料高など）	セブン&アイが「セブンプレミアム」発売。製販同盟が加速。
2009年〜（デフレ加速）	イオンが格安PB「ベストプライス」発売。低価格をめぐる競争が激化。
2013年〜（高品質、高付加価値が拡大）	セブン&アイが「金の食パン」などセブンゴールド強化。健康志向重視PB商品の投入2)、「こだわり」を大きく表示した商品の投入3)など、イオンも「セレクト」拡大。
2015年〜こだわり消費が拡大	セブン&アイが資生堂、ロッテ、日本コカ・コーラと高付加価値商品の投入。セブンイレブン約1万8000店舗での販売権をめぐる「棚」の争奪戦が激化4)。

商品名	委託先メーカー	発売時期
珈琲 無糖（900ml）	UCC上島珈琲	2007年5月
しょうゆ・シーフードヌードル	サンヨー食品	2007年5月
ごまドレッシング	キューピー（傘下のサラダメイト）	2007年5月
ピザトースト（4枚）	日本ハム	2007年9月
クッキー&クリーム・アイスバー（6本）	森永乳業	2007年12月
スイスロール（ロールケーキ）	山崎製パン	2008年2月
天ぷらそば	東洋水産	2008年2月
キャデリース（アイス）	江崎グリコ	2008年3月
ミートボール（冷凍、5個）	日本水産	2008年3月
エビシューマイ（冷凍、5個）	味の素	2008年3月
焼き餃子（冷凍、5個）	味の素	2008年4月
中濃ソース・とんかつソース	カゴメ	2008年5月
トマトケチャップ	キッコーマン（傘下の日本デルモンテ）	2008年5月

（出所）左表は『日経流通新聞』（2014年5月9日）、右表は『日経流通新聞』（2008年6月13日）より一部抜粋。さらに表中で注記した1)〜4)については、以下の資料を参考に筆者が加筆・修正した。注1)矢作（2014）p. 62、2)『日経流通新聞』（2013年6月24日）、3)『日経流通新聞』（2014年6月27日）、4)『日経流通新聞』（2015年4月17日）（2015年9月28日）（2015年10月23日）。

ーの戦略転換によって，さらなる付加価値を生み出していく仕組みが形成されつつある。

3．消費者意識の変化

　消費者の変化と PB 商品戦略との関係性を分析した研究は，必ずしも多くはない。PB 商品戦略の変化とともに，消費者の認識不足や地域間での違いなど，調査研究としての様々なボトルネックがあるからではないかと考えられる。しかしながらたとえば，PB 商品に対する消費者のブランド認識の違いについての国際比較を行った研究[42]や PB 商品の知覚品質と購買意思決定について分析した研究[43]，PB 商品に対する消費者の意識変化と行動について分析を試みた研究[44]，そしてブランド論をベースとした NB 商品と PB 商品の消費者意識の比較分析を行った研究[45]など，消費者動向との関係性を取り上げた研究がないわけではない。消費者調査の難しさ，サンプル数に対する是非，特定地域への調査の偏りなどがあるものの，いずれの研究も消費者の変化と PB 商品戦略の関係性を詳細に明らかにした研究であった。おおよその結論は，近年の消費者意識の変化は著しく，PB 商品に対する満足度の向上や安全・安心へのリスクの軽減など，価格面でも品質面でも PB 商品に対する認識が向上したことが調査結果でも明らかになっている。近年の PB 商品開発が消費者のニーズに応える形で「付加価値化」しているとすれば，消費者の変化に関する研究は継続的な調査が必須となる。

　もちろん PB 商品をめぐっては，近年，様々な調査機関による調査結果が生まれている。たとえば，日本政策金融公庫の「PB 商品に関する消費者動向調査結果（平成 25 年 1 月調査）」[46]によれば，購入状況について 1 年前と比べて上昇がみられ，PB 商品と NB 商品の利用基準については，PB 商品では「価格の安さ（82.3%）」「おいしさ（47.3%）」「安全性の高さ（32.3%）」となっており，低価格が購入の最大のポイントとなっている。一方，NB 商品では「おいしさ（62.4%）」「価格の安さ（39.1%）」「安全性の高さ（39.0%）」となっている。また，「通常の NB 商品と同等かそれ以上の品質で，価格が安い PB 商品」を求め

る消費者が約 6 割を占め，価格と品質に対する認識の強さが明らかとなった。

また，財団法人流通経済研究所の調査[47]によれば，PB 商品の購入に対して「抵抗感がない」と答えた消費者は 80％近くに上っており，消費者が PB 商品を買う時に重視する点については，「味や品質（33.9％）」，「NB 商品に比べて価格の安さ（30.3％）」と，品質に対する評価が高まっている。

とはいえ，木立［2014］が指摘するように，とりわけ食品市場においては，PB 商品よりも NB 商品が圧倒的に支持を得るカテゴリーが存在している点や，地域ごとのローカルブランド商品が地域限定で「消費者の根強い支持を獲得しているのが日本の実態」であるといった点からしても，PB 商品の消費実態に関する研究は慎重をきたす必要がある。

お わ り に

1960 年代からの先行研究レビューを通じ，PB 商品戦略の現代的意義を明らかにするため，PB 商品をめぐる近年の動向をあわせて考察した。およそ NB 商品への対抗策として低価格競争から始まった PB 商品戦略は，その位置づけや特性が近年，大きく変化している。価格を下げることだけでなく，また，品質を高めるだけでなく，トップメーカーとのコラボレーションを消費者に示すことや，新たなそれまでになかった PB 商品をつくり上げることで付加価値を高め，消費者の支持を集めつつあるようである。

PB 商品戦略は NB 商品に対する対抗策，もしくは競争優位策として確立，活性化し，結果としてメーカーとの Win-Win 戦略の理由から拡大してきた。近年の傾向は，必ずしも浅井［1969］のいうような流通を支配する方策とまではなっていないものの，NB 商品と対等に競争しうるその優れた商品戦略が多くの業態で行使されてきた。ただし，一方では日本だけでなくイギリスなどにおいても，PB 商品が限りなく低価格政策を打ち出して支持を得てきたとはいえ，品揃えにおける NB 商品と PB 商品との品揃え上のバランスが模索されつつあ

る。

　これらを踏まえ現代においては，PB 商品戦略がどのように消費者へ影響をもたらしているのか，という消費性向の変化に対応した研究の蓄積がさらに必要になる。その理由は，近年，いわば提案型 PB 商品である付加価値型 PB 商品の市場投入が拡大しているからである。いま 1 つは，とりわけ日本においては，初期の PB 商品戦略がブランド戦略の一環とはいえ，いわゆる「安かろう悪かろう」が基本的な認識であった。そのことが欧米諸国よりも PB 商品の定着が遅れた理由であったとしても，徐々に消費を重ねてきたことで消費者自身の認識は変化してきている段階にある。すなわち，PB 商品の提案力の強化が消費者認識の成熟度を高めるきっかけとなる。その意味において PB 商品を選ぶことがいずれは店舗選択のきっかけとなり，ストア・ブランドを選択することにつながっていくと考えられる。もちろん PB 商品研究は，食品，衣料品，トイレタリー商品など，それぞれの分野が同一の理論で解明できるとは考えにくく，さらには，次第に欧米のような PB 商品のカテゴリー化も進むものと思われるため，消費性向の変化に着目した研究の蓄積が必要となる。

〈注〉
1) たとえば，『チェーンストアエイジ』2014 年 11 月 1 日号 vol.45(19)，No.1057 を参照されたい。
2) 土橋［2010］p.114。
3) 浅井［1969］p.75。
4) 浅井［1969］p.78。
5) McCarthy［1960］.
6) Galbraith［1956］.
7) Stern, pp.43-50.
8) Copeland［1924］.
9) 木綿［1975］p.9。
10) 木綿［1975］p.14。
11) 矢作編著［2014］p.68。
12) ただし，PB 商品戦略が個々の小売企業によって品目・カテゴリー別に異なることから発展段階を単線的なものとみることは必ずしも適切ではないことは，すでに木立［2010］が指摘している点でもある。
13) Aaker［1996］.
14) Keller［1998］.
15) 戸田［2008］pp.209-224。

16) Padberg [1968].
17) Benson and Shaw [1992].
18) Burt and Sparks [1994] pp.195-217.
19) 矢作 [1994]。
20) 矢作 [1996]。
21) 矢作編著 [2000] p.202。
22) 矢作編著 [2014] p.388。
23) 木立 [2010] PDF版 p.4。
24) 矢作編著 [2014] p.384。
25) 木立 [2010] PDF版 p.1。
26) 金 [2012] p.108。
27) 木立 [2014] p.27。
28) 矢作 [2013] p.25。
29) 詳しくは，金 [2016] を参照されたい。
30) 大野 [2015] pp.1-10。
31) Kumar and Steenkamp [2007] pp.42-49.
32) 土橋 [2010] p.123。
33) 木立 [2014] p.27。
34) 仲上 [2014] p.4。
35) 仲上 [2014] p.4。
36) 各業界のPB商品戦略については，たとえば，『激流』(国際商業出版) [2015-04] 40(4)巻，を参照されたい。
37) 木立 [2014] p.32。
38) 『日経流通新聞』(2016.6.29)。
39) 『日経流通新聞』(2016.6.29)。
40) 『日本流通新聞』(2015.4.17)。
41) 『日経流通新聞』(2015.10.23)。
42) 陶山・後藤・大田 [2008] pp.55-69。
43) 宮下 [2013] pp.137-147。
44) 重冨 [2009] pp.6-14。
45) 井田・増田 [2013] pp.249-255。
46) 日本政策金融公庫 〈https://www.jfc.go.jp/n/release/pdf/topics_130325a.pdf〉(2016.9.15)。
47) 『日経流通新聞』(2010.4.21)。

〈参考文献〉

秋川卓也・戸田裕美子 [2013]「プライベートブランドのサプライチェーン・マネジメント：セブンプレミアムの事例考察から」『一橋ビジネスレビュー』61(2)巻。

浅井慶三郎 [1969]『小売業の革新の再吟味：その2 プライベート・ブランドの発展とその影響』『三田商学研究』12(5)巻。

井田一成・増田士朗 [2013]「ブランド論に基づくプライベートブランドの消費者意識分析」『日本経営システム学会誌』29(3)巻。

大高善興 [2010]「セブンプレミアム1000品目でロスはゼロ，確たる意思と計画で全フォ

ーマットで売れることが分かった」『食品商業』39(3)巻。
大野尚弘［2015］「セブン-イレブンにおける品質重視型プライベートブランド開発の背景」『金沢学院大学紀要』13巻。
菊池宏之［2010］「小売業におけるPB商品の取り扱いの現状と成果並び課題」『食品企業財務動向調査報告書』。
木立真直［2010］「日本におけるPBの展開方向と食品メーカーの対応課題」『食品企業財務動向調査報告書』。
木立真直［2014］「日本における食品PB市場の新段階と食品加工メーカーの課題」『食包協会報』143号。
金　度渕［2012］『現代イギリス小売流通の研究―消費者の世帯構造変化と大規模小売業者の市場行動―』同文舘出版。
金　度渕［2015］「イギリスにおけるヘルシーフードの動態と大規模小売業の取組み―1980年代から近年にいたる食料消費分析を中心に」，佐久間英俊・木立真直編著『流通・都市の理論と動態』中央大学出版部。
金　度渕［2016］「イギリスにおけるヘルシーフードの展開と食料消費構造の変化―レディミールの消費動向と所得水準別消費傾向の変化を中心に―」『経営経理研究（小原博教授古希記念号）』第106号。
木綿良行［1975］『プライベート・ブランドの意義とわが国の状況』流通問題研究協会。
重冨貴子［2009］「PBの新しい発展段階における消費者の意識と行動」『流通情報』41(3)巻。
陶山計介・後藤こず恵・大田謙一郎［2008］「PBロイヤルティ構造の日英米比較」『流通研究』11(2)巻。
戸田裕美子［2008］「ブランド管理論への一考察―マークス＆スペンサー社のPB戦略を中心に―」『三田商学研究』51(4)巻。
土橋治子［2010］「プライベート・ブランド戦略の歴史的変遷」『青山経営論集』44(4)巻。
仲上　哲［2014］「デフレ不況期におけるプライベートブランド商品の特徴」『阪南論集』49(2)巻。
中村　博［2009］「プライベート・ブランドの成長戦略」『流通情報』流通経済研究所，No.475。
根本重之［1995］『プライベート・ブランド：NBとPBの競争戦略』中央経済社。
宮下雄治［2013］「PBの知覚品質と購買意思決定」『日本産業経済学会産業経済研究』13巻。
矢作敏行［1976］「対抗力概念の再検討と多元的流通システムの展開」，流通産業研究所「佐藤賞」論文事務局編『これからの流通産業』流通産業研究所。
矢作敏行［1994］『コンビニエンス・ストア・システムの革新性』日本経済新聞社。
矢作敏行［1996］「PB戦略の枠組みと課題」，久保村隆祐・流通問題研究協会編『第二次流通革命』日本経済新聞社。
矢作敏行［2013］「プライベート・ブランド戦略の基本論点」『経営志林』50(3)巻。
矢作敏行編著［2000］『欧州の小売イノベーション』白桃書房。
矢作敏行編著［2014］『デュアル・ブランド戦略NB and/or PB』有斐閣。
Aaker, D.［1996］, *Building Strong Brands*, The Free Press.（陶山計介ほか訳［1997］『ブランド優位の戦略―顧客を創造するBIの開発と実践―』ダイヤモンド社。）
Benson, J. and G. Shaw［1992］, *The Evolution of Retail Systems, C.1800-1914*,

Leicester University Press.（前田重朗ほか訳［1996］『小売システムの歴史的発展―1800年～1914年のイギリス，ドイツ，カナダにおける小売業のダイナミズム―』中央大学出版部。）

Burt, S. and L. Sparks［1994］,"Structural change in grocery retailing in Great Britain: a discount reorientation?", in *The International Review of Retail, Distribution and Consumer Research*, vol.4(2).

Copeland, M. T.［1924］, *Principles of Merchandising,* A. Shaw Company, London.

Galbraith, J. K.［1956］, *American Capitalism: The Concept of Countervailing Power,* Boston: Houghton Mifflin.

Humphries, G. and A. Samways［1993］, *The Outlook for UK Retailing in the 1990s,* Financial Times Business Information.

Keller, K.［1998］, *Strategic Brand Management,* Prentice-Hall.（恩蔵直人ほか訳［2000］『戦略的ブランド・マネジメント』東急エージェンシー出版部。）

Kumar, N. and E. M. Steenkamp［2007］, *Private label strategy : how to meet the store brand challenge,* Harvard Business School Press.

Laaksonen, H. and J. Reynolds［1994］,"Own brands in food retailing across Europe," *The Journal of Brand Management: an international journal,* Vol.2(1).

McCarthy, E. J.［1960］, *Basic Marketing: A Managerial Approach,* R. D. Irwin.

Padberg, D.［1968］, *Economics of Food Retailing,* Cornell University.

Stern, L. W.［1966］,"The New World of Private Brands," *California Management Review,* Spring.

（金　度渕）

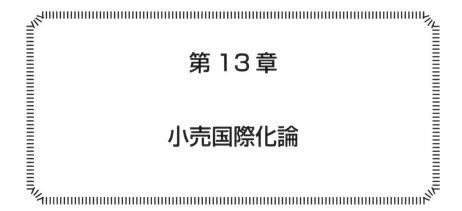

第1節 小売業国際化の理論

1. 小売業国際化に関する理論体系の必要性

　1990年代，欧米系のディスカウントストアやハイパーマーケットを中心に国際的拡大が急速に進んだことから，小売業の国際化に対する関心が高まった。それまで研究蓄積のあった国際マーケティングの理論や概念を応用し，小売業の国際化を解明しようとする試みがなされてきた。製造業において国際化問題は国際経営論や多国籍企業論，そして国際マーケティングの領域で研究されてきた。国際経営論や多国籍企業論の領域では，コスト削減や貿易障壁の観点から製造拠点の国際化とその根拠が分析され，寡占理論，内部化理論，折衷理論その他が理論化されてきた。また，国際マーケティングの領域では国外を新たな市場とみなし，市場拡大の手段としてマーケティング戦略およびブランド戦略などが研究されてきた。一方で小売業の国際化は，そのプロセスや個別の国や企業に関する現状分析の研究蓄積が進められてきたが，理論の体系化については製造業の国際化研究と比して，まだ検討の余地が残されている。

小売業の国際化には大きく分けて2つの側面がある。1つは仕入あるいは情報収集のための国際化であり，これは本国市場での活動のバックアップのための活動である。もう1つは店舗の国際化であり，市場拡大の手段として国外を位置づけるもので，国際マーケティング的な視点で捉えることができる。ただし国際マーケティングの枠組みのみでは，小売業の国際化にはらむ特殊性を十分に説明することはできない。その理由としては，第1に小売業はサービス業であり，自ら製品の生産活動を行わず，第2にそれゆえ国際化プロセスにおいて輸出段階が存在せず，ライセンスまたは投資の方式で国際化が開始する，第3にチャネル機能の移転であるため，出店地の流通システムや消費者への高度な適応化が求められることなどがあげられる。こうした特殊性のため，小売業の国際化では，その動機，参入モード，移転する技術などで製造業とは異なる性質をもっていることから国際マーケティングとは異なる独自の体系的な理論構築が必要となる。本章では小売業の国際化を国際マーケティング的な視点，すなわち市場拡大のための店舗展開に焦点を絞り，まず小売業国際化の先行研究に触れ，次に森下理論からみる国際マーケティング論を参考に製造業と小売業との相違点を明らかにし，最後に小売業の国際化の特異性について述べる。

2．小売業国際化理論の要点

小売業の国際化について，これまで多数の研究蓄積があり，その要点は動機，参入モード，小売技術，適応化と標準化，小売業国際化のインパクトなどに集約される。

（1）　動機に関する理論

小売業が国際化する動機については，多くの研究者が言及している。たとえば Alexander and Dohery［2009］は小売業の国際化の前提は本国での市場の飽和であると指摘している[1]。また Sternquist［1988］は，本国での成長性の低さや投資の多角化，規制，競争激化，不景気，独自のフォーマットを有していること，第一参入者としての優位性を得ることができるなどをその要因とし

てあげている[2]。矢作［2001］はアジアにおける小売業国際化の要因を市場環境，法的規制，経営戦略などの視点から整理している[3]。その他，様々な論者によって国際化の背景となった要因が指摘されているが McGoldrick［1995］は本国内および出店先の市場環境と企業内の経営環境を考慮し，小売業国際化の動機をプッシュとプルの関係でわかりやすく整理している[4]。経済環境，ライバルの動向，国内規制，業態の成熟化，競争激化，市場飽和といった本国内における環境の魅力の欠如が企業を国際市場へプッシュしようとする力が働く。それに対し企業内では投資コストや失敗の恐れ，株主からの反対，専門家の欠如，外国恐怖症，地理的な距離などといった経営的見地から抑制がかかる。しかし，国際化することによって得られる啓発効果，仕入技術などの学習効果，国際化による企業のイメージアップ，国際間の企業提携などの魅力が文化，言語，関税，物流コスト，現地同業者の反応といった障壁を乗り越える原動力となる。その一方で進出先国サイドからはプル要因となる規模の経済，先駆者的地位，適切な合併対象の存在，規制のゆるさなどの魅力が提示され，最終的に国際化の行動をとるという考えである。説得力のあるフレームワークであるが，このようなプッシュやプルで指摘される諸所の要因はあらゆる産業の国際化についても説明することができ，小売業が国際化する場合にのみ観察される特有の要因というわけではない。

（2）参入モードに関する理論

企業が国際市場において安定して長期的に成長を続けるためには市場参入に際して総合的な計画が必要になる。Johanson and Vahlne［1977］は，製造業の国際化は通常，自社製品を国外に輸出することから始まり，製品の輸出量が順調に増加した後，現地に販売会社や製造工場を設置し，段階的にかかわりを深めていくと指摘している[5]。Root［1994］はこうした企業国際化の段階的な行動を整理し，参入モードという概念を用い説明している。参入モードとは製品，技術，人材，管理方法，その他資源などを国外に投入する際に採用する形式のことを指し，輸出参入モード，契約参入モード，投資参入モードの3種がある[6]。輸出参入モードとは，本国内や進出先国の貿易商社，または子会社の

貿易商社などが，輸出によって製品の国際化を進める方式である。契約参入モードとは実際に国外へ出て活動するということはなく，現地企業との間でライセンシング，フランチャイズ，技術提携，サービス提携，マネジメント提携，契約工場，カウンタートレードなどの契約を結び，製造ノウハウやロゴ，トレードマークなどを提供し国際化を遂行する方式のことである。国際移転されるものは技術，人材，ノウハウの移動などであり，資本や所有権の移転はない。投資参入モードとは，ジョイントベンチャー，吸収合併による単独投資，新規設立による単独投資など，進出先国に資本を投入し，製品の生産活動を行い，所有権やマネジメント権などが生じる方式である。

　製造工程をもたない小売業は輸出する製品がないため，契約参入モードもしくは投資参入モードのいずれかの段階から国際化が始まる[7]。契約参入モードにおいては，百貨店やGMSの場合はライセンシングや技術提携などの方式が，コンビニエンスストアの場合はフランチャイズ方式が採用される傾向にある。投資参入モードとは進出先国においてジョイントベンチャーもしくは100％出資での出店ということになる。製造業の場合は，製品輸出の段階でその輸出先国の市場規模と潜在性の見通しをつけることができる。仮に現地市場に潜在性がなくとも，生産拠点のみを移転し，そこで生産した製品を本国への逆輸入，さらに第3国への輸出もできる。すなわち，輸出参入モードがあることによって，進出先国やその他の国における市場の潜在性を確認することができ，市場として成立するようであればその時点で投資参入モードに切り替えるなどして国際化のリスクを低減できる。しかし，輸出参入モードをとることができない小売業は，事前調査などによってある程度の進出先国の市場規模や潜在性を把握できるかもしれないが，チャネル機能であり，販路そのものである小売業は実際に出店するまで現地における市場の有無を確認することはできない。そのため，小売業の国際化がかかえる不確定要素は製造業以上に大きい。また，仕入れの面では進出先国の流通システムに対する理解が求められ，販売の面では進出先国の末端消費者の行動，社会慣習などに対する深い理解が求められる。

(3) 小売技術に関する理論

　製造工程をもたない小売業が国際移転するものはその技術である[8]。小売業がつくり出す技術は無形であるため，それを把握し，正確に表現することは難しい。そのため小売業国際化の核となる小売技術について，これまで様々な研究者たちによって簡潔に説明する努力がなされてきた。たとえば Kacker［1988］は小売技術を経営的次元と技術的次元とに分け，小売技術を理解しようとしている。経営的次元にはコンセプト，ポリシー，システムなどの比較的曖昧なノウハウが含まれ，技術的次元には部門別管理，レイアウト，仕入れ，商品化計画など比較的テクニカルなノウハウが含まれるとしている[9]。また，Goldman［2001］は業態の構成要素として小売技術を捉え，外部的要素と内部的要素とに区別して整理している。品揃え，売場環境，サービス，立地，価格など消費者に機能的，社会的，心理的，娯楽の利益を提供する部分（Offering）を外部的要素とし，小売技術や小売文化などのノウハウを内部的要素としている[10]。国内の研究者では白石・鳥羽［2003］が Goldman の業態の概念にバックヤードでのオペレーションに欠かせない商品調達システムおよびそのマネジメントという視点を加えている[11]。また川端［2003］も小売技術を店舗関連，MD 関連，販売関連，管理関連，賃貸関連，教育関連，保管・物流関連，文化事業関連，情報システムなどに細かく分類し，これらを総称としてノウハウと呼んでいる[12]。

(4) 標準化と適応化に関する理論

　標準化と適応化については 1960 年代以降，国際マーケティングの分野で長きにわたって研究されてきた。多国籍企業の活動範囲の拡大とともにアメリカ的価値観が世界中に浸透する中，画一化されたマーケティング手法の有効性が唱えられる一方で，各国ごとに言語，宗教，制度，社会習慣，気候などが異なることから，それぞれの環境に適応した戦略の必要性が主張され，両者は対立する関係として議論が繰り返された（大石［1996］）[13]。その後，標準化か適応化かといった二者択一的な議論は終結し，どの部分を標準化し，どの部分を適応化するのかといった議論へと移行している。

　小売業の国際化過程においても同様に，標準化および適応化の問題は重要な

ポイントとなる。Salmon & Tordjiman [1989] は小売業の国際化戦略にも標準化路線のグローバル戦略と適応化論戦のマルチナショナル戦略とがあることを指摘している。グローバル戦略では本国で培ったフォーミュラを世界で同様に展開し，マルチナショナル戦略ではフォーミュラを現地市場の事情にあわせて変更していくというものである[14]。向山 [2009] はさらにフォーミュラとフォーマットとの区別を明確にしている。フォーマットとは百貨店・スーパーマーケット・コンビニエンスストアといった一般的な抽象的存在としての業態のことを指し，それに対してフォーミュラとは企業特定概念で本国特定的なものと進出先特定的なものがあるとしている。本国特定的フォーミュラの国際移転の結果，現地の事情に適応し，進出先特定的フォーミュラへと転換するというものである[15]。また，川端 [1999] は適応化戦略を前提とするフィルター構造論を提示している。現地における政府の規制，歴史，国土の広さ，気候，公共交通機関，物流基盤，製造業や中間業者の発達度，住宅事情，人口の規模，所得額，消費者選好などの諸障害をそれぞれ一枚のフィルターとたとえ，幾重にも重なるフィルター，すなわち現地における処々の障害を通過するためには，なんらかの適応化が求められるというものである[16]。

　小売業は流通機構におけるチャネル機能を受けもち，末端消費者と直接接触するという特性上，製造業以上に現地適応化の必要性が迫られる。それがどの業態で，どういった局面で，そしていかに適応化されているのかについて，実証研究のさらなる蓄積が必要とされる。

(5) 小売業国際化のインパクトに関する理論

　小売業の国際化は進出先国のさまざまな環境の変化を引き起こす。その変化は進出先国にとどまらず，ときには国際化を果たした小売業自身に変化を引き起こすこともある。Dawson [2003] はこうした小売業の国際化活動によるインパクトを，流通機構の垂直的影響，流通機構の水平的影響，現地消費者行動への影響，国際化を果たした小売業への影響，進出先国の法制度への影響，そして進出先国の社会・文化に根付く価値観への影響の6つの側面から捉え，モデル化している（図表13-1）[17]。流通機構の垂直的影響としてはデマンドチェー

図表 13-1　小売業国際化が進出先国で引き起こすインパクトのタイプ

```
・チャネル構造の革新                            ・競争行動の革新
・新たな供給関係                                ・投資の追加
・供給行動の変化                                ・資産の生産性の改善
・チャネルへの新機能の導入                      ・部門再構成への働きかけ
                                               ・新たな競争行動
              ↑                                        ↑
      デマンドチェーン                          部門別競争構造
       の効率性の変化                             の変化

・既存の価値観                                                      ・競争優位性の
  の喪失       社会・文化的    小売業国際化    国内機関もしくは        限界
・文化の移転   価値観の変化  ← のインパクト →  は国際機関による       ・参入障壁
                                              政策への反応          ・企業活動の
                                                                    限界
              ↓                                        ↓
        企業への                              消費者知識の
     パフォーマンス                              増加

・新市場の収益性                                ・消費者の商品知識の広がり
・コスト機能の変化                              ・マーケティングへの理解
・本社への利益送金                              ・新たな消費者の解釈
・新たなマネジメント知識                        ・異文化の認識
・オペレーションの規模拡大
・HRMを発展させる機会
・ステータス効果
```

（出所）Dawson [2003]。

ンの効率性の変化に，流通機構の水平的影響としては小売部門別の競争構造の変化に，現地消費者行動への影響としては消費者知識の増加に，国際を果たした小売業への影響としてはそのパフォーマンスに，進出先国の法制度への影響としてはその国際化活動の制限に，進出先国の社会・文化に根づく価値観への影響としてはその変化にそれぞれ注目し，分析視角のツールとして提示している。

このモデルでは進出先国でのインパクトのみが言及されているが，国際化活動によって得られた新たなノウハウの本国へのフィードバックなど，本国にもなんらかのインパクトが発生しているか否かを検討することも重要な課題である。この点については実例がきわめて少ないため実証的な研究はほとんどみられない。通常，技術は上（先進国）から下（後進国）へと一方的に流れるもの

と認識されがちであるが,進出先国で得た新たな経験を本国や他の国際店舗へフィードバックし,互いに有機的に連結し,なんらかの相乗効果を発揮できるようになるならば,それは小売業が国際化する大きな意義の1つである。

第2節　森下理論の国際マーケティング論

　小売業の国際化については様々な角度から研究されているが,小売業の特質,すなわち製造業との相違点にとりわけ大きな関心を払うことなく,その国際化活動について分析されたものが多い。小売業特有の企業国際化を論じるには,まずは製造業と小売業との根本的な相違点を明確にした上で理論構築がなされるべきであり,そのためには製造業の国際マーケティングとの比較が不可欠となる。

　ここでは流通論の基礎に立ち返り,日本における流通理論の礎を築いた森下[1967]が著した国際マーケティングに関する論文,「ワールド・マーケティングについて」[18]を題材に小売業国際化の現状と動向について検討する。

1.「ワールド・マーケティングについて」の概要

　「ワールド・マーケティングについて」は,森下理論の中でも国際化問題に言及した希少な研究である。森下は,マーケティング活動は本来国内で完結される性質のものであるとしながらも,戦前から戦後にかけてのアメリカの経済分析を通じて,なぜ企業が国際活動を推し進めることになったのかその背景および過程を明らかにしている。

(1)　戦前のアメリカ:国内で完結するマーケティング活動
　戦前期における国際活動とは,国家機構による外延的な市場拡大,すなわち

植民地化などの領土の再分割によって推し進められる性質のものであった。「全資本的領域」が「資本主義」の市場として開発される過程であり，これら活動は政治や軍事などの国家支援の下で進展し，個々の企業による国際マーケティング活動は存在しなかった。そもそも国家の支援なくして個々の資本が独自の経路政策や促進政策を確立することは困難を極め，また土着の商業資本を排除することも至難の業であった。仮に技術的に可能であったとしてもそれにかかるコストは禁止的であり，加えて当時のアメリカ市場は好条件に恵まれ，国外の市場に依存する必要性が低く，また規則的かつ安定的に輸出するだけの能力を備えた製造工業が皆無であった。それゆえ戦前期のアメリカにおいて個々の資本によるマーケティング活動は，基本的に国内市場の範囲においてのみ行われ，国外市場とのかかわり合いは貿易業にとどまるものであった。

（2） 戦後のアメリカ：マーケティング活動の国際化

　戦後になるとそれまで国内市場にとどまっていたマーケティング活動は国際市場へも適用され始め，新しい局面がみられ始めた。製造業の生産力が向上した結果，「国外市場を拡大することなしには現在の生産水準を維持することは不可能」という1947年当時の商務長官ハリマンの言葉のごとく，アメリカにとって国外の市場が新販路として唯一の場所となり，それは同時に世界市場での生存は合衆国内での生存に直結するという認識となった。これ以降，国外でのマーケティング活動が出現し始める。

　国際化の第一段階は製品輸出，すなわちエクスポートマーケティングという形で，第二段階としては国外における投資子会社や現地生産拠点の設置という形で具現化する。これら2つの段階を森下はインターナショナルマーケティングと呼んでおり，さらに第三の段階としてワールド・マーケティングの存在を指摘している。ワールド・マーケティングとは，ワールドエンタープライズが主体となり国内事業部門を世界組織の一部門として取り扱い，各地域の部分的な諸計画を全企業的な計画に統合する企業であると定義づけている。この意味では今日使われているグローバルマーケティングの定義に近い[19]。

2．森下の論点からみる課題

　当論文において森下が指摘しているのは，国外への進出の動機，国際市場への参入方式，そしてワールド・マーケティングの定義の3点である。とりわけ強調されているのが国外への進出動機についてである。なぜ企業は国際化するのかという問いはグローバルマーケティングの枠組みにおいて第一のプロセスで登場する[20]。しばしばプッシュとプルの関係で分析されるが，それぞれさまざまな要因があるものの，森下は本国における「生産力の拡大」という要素が企業に国際化を迫る根源的なプッシュ要因となるとしている。生産力とは原料，機械，建物などの生産手段と労働力からなり，この能力が向上した結果，国内のみでは市場が不足し，国外に新たな市場を求めることなしには国内での雇用を維持できなくなる。企業は自己の経済活動の存続をかけ，半ば強制的に国際化への動きを迫られ，このことが国際マーケティングを成立させる根拠となるとの主張である。これらは戦後アメリカの経済分析から導かれた議論であり，企業が当初，国際化に踏み切った背景には確かな動機があったことを指摘している。同時にその動機は国内での事業活動のみでは解決できない経済的問題を国際市場で解決しようとする目的そのものでもあった[21]。

　動機はともあれ，マーケティング戦略の策定時には必ずゴール地点としての目的が設定されなければならない。動機と目的は似ているようであるがニュアンスは異なる。動機とは何らかのアクションを起こす際の原因もしくはきっかけのことで，目的とは戦略を実行した後に最終的に得ておきたい成果のことである。国を越えて行われる国際マーケティング戦略が策定される場合も同様に必ず目的の設定が求められる。森下の分析では製造業が国際マーケティング活動に至った動機は，市場拡大による本国での生産の維持であり，それを達成することが目的でもあった。動機と目的は一致しており，それが実現した場合，もたらされる成果は本国事業に影響を与えるきわめて戦略的な動きであった。これらの検証は製造業を前提としたものであり，小売業についての言及はない。それでは小売業国際化の動機と目的はどのようなものであるのか。

　小売業はサービス業の一種であり，製品の製造過程を有しない。小売業がつ

くり出すものは製品ではなく、無形のビジネスモデルである。グローバルマーケティングのプロセスにおいて国外への進出に際する参入モードの選定に迫られるが、輸出モード、ライセンスモード、投資モードの3種のうち小売業の場合は輸出モード、森下の言葉を借りればエクスポートマーケティングという段階を踏む選択肢をもたない。前節までみてきたように、森下は国内での製造過程における生産性の向上による過剰生産、そしてそのはけ口として国際市場を求めることが製造業国際化の根本的な動機となっていることを指摘しているが、製造過程をもたない小売業は同じ意味で国際化の必要性に迫られることはない。小売業の国際マーケティングとはすなわち店舗の国際展開であり、そこでは製造業のように大量生産や大量仕入による規模の経済やコスト削減を国際市場にて発揮することはできない。小売業が国際化を迫られる動機と目的は製造業とは明らかに異なるものとして説明されなければならない。

第3節　小売業国際化の特異性

1．小売業の国際移転

　小売業は財を最終消費者に届ける環境を提供するサービス業である。サービス業の特徴には無形性、生産と消費の不可分性（時間・場所）、所有権の無発生、一過性、不可逆性などがあり、これらは製造業との相違点でもある[22]。所有権の移転は発生しないとされているが、たとえば小売業で商品が購入された際、その所有権は購買者へと移る。しかし、小売業が購買者に提供しているのは、あくまでも所有権の移転を促進させるプロセス（＝サービス）である。各社はこのプロセスにおいて差別化を図り、ビジネスモデルとして築きあげてきた。小売業が店舗を国際化する際に移転するものはこの無形のビジネスモデルであり、それは各社が長年にわたって培ってきた業態（Retail Format）という

形で認識される。業態の構成要素については，第1節の先行研究レビューで述べたとおり，Goldman［2001］が商品取り揃え，価格，サービス，立地，売場環境などの外部的要素からなるOfferingと小売技術や小売文化などの内部要素からなるKnow-Howとに整理して捉えている[23]。小売業の国際化とは各社が固有にもつ業態を国際移転し，現地にて経済活動を行うことによって資産を増加させる動きのことである。実際にこれまで数多くの日本の小売業が自社の業態を国外に移転してきた。図表13-2は日本の大手小売業である百貨店とGMSが営業面積1,500m^{2}以上の店舗を初めて国外に展開した年とその参入モードを欧米エリアとアジアエリアとに分けて整理したものである。

　欧米，アジア両エリアにおいて店舗展開した全23件をみてみると1950年代に1件，1960年代に2件，1970年代に4件，1980年代に6件，1990年代に9件，2000年代に1件と本格的に国際化を実施した時期には各社にばらつきがある。商業動態統計の日本国内における百貨店およびGMSの商品販売額の長期時系列データによると，百貨店は12兆852億円に達した1991年を，GMSは12兆8,590億円に達した1999年をピークとし，それまでの商品販売額は上昇傾向にあった[24]。つまり百貨店とGMSの両業態においてピーク時までの経済環境は市場の飽和を迎えてはいなかったといえる。競争激化や市場飽和が起こっていない経済環境下で全体の約半数にあたる12社が国際化していることから，必ずしも本国での経済環境の悪化が小売業を国外へ押しやる動機とはなっていなかったことがわかる。また参入モードではジョイントベンチャーの合弁方式と単独投資が混在している。合弁方式を採用しているのは14件で全体の6割を占めており，そのほとんどが現地企業からの出店要請を受けて実現したプル要因の強い動機となっている。その一方で単独投資を採用し，100％出資で積極的な姿勢で国際化に臨んでいるケースも9件ある。以上のように時代を越えて小売業各社はその当時に遭遇したそれぞれのきっかけが動機となって国際化を果たしてきた。それでは各社の目的はどこにあったのか。戦略的な国際化活動である以上，最終的に本国企業となんらかの接点をもち，そしてなんらかの成果をもたらすものでなくてはならない。

図表 13-2　百貨店および GMS の国外第 1 号店*開店に関する一覧

(*営業面積 1,500m² 以上)

アジアエリア			
企業	初めて店舗を国際化した年	対象国	参入モード
大丸	1960	香港	合弁
伊勢丹	1972	シンガポール	合弁
ヤオハン	1974	シンガポール	単独
松坂屋	1975	香港	合弁
東急	1982	香港	単独
そごう	1984	タイ	合弁
イオン	1985	マレーシア	合弁
忠実屋	1986	マレーシア	合弁
ユニー	1987	香港	単独
西武	1990	香港	単独
高島屋	1993	シンガポール	単独
西友	1996	シンガポール	合弁
阪急	1997	タイ	合弁
イトーヨーカドー	1997	中国	合弁
ニコニコ堂	1997	中国	合弁
平和堂	1998	中国	合弁
イズミ	2003	中国	合弁
欧米エリア			
企業	初めて店舗を国際化した年	対象国	参入モード
東急	1959	アメリカ（ハワイ）	単独
西武	1962	アメリカ	単独
ヤオハン	1971	ブラジル	単独
三越	1987	フランス	合弁
大丸	1991	オーストラリア	合弁
高島屋	1993	アメリカ	単独

（出所）　川端［2011］を参考に作成。

2．投資効果としての国際化

　小売業の国際化の場合，必ずしも動機と目的が一致するとは限らない。たとえば外国企業からの誘致という動機に対して，それに応えて国際化を実行することは目的とはならない。目的にはそれを決行した際に生み出されるであろう

成果が明示されなければならず，現地市場の潜在性という動機もそれだけでは目的とはなりえない。また，競争激化，業態の衰退，市場飽和などの経済環境の悪化という動機はもっともであるが，実際の日本の多くの小売業の国際化はそのような経済状態にない中で実行されてきた。

日本の小売業国際化の現状を観察するところ，各社がビジネスモデルを国外へ移転した際に，本国事業と明確な接点のある成果をあげるとするならば，それは投資効果である。国外の店舗で得られた売上高は連結決算によって営業収益および営業利益に反映される。たとえば高島屋のシンガポール店舗のケースで国外店舗の本国への貢献度をみてみる。図表13-3は高島屋の2016年2月期決算におけるシンガポール店舗の貢献度を示したものである。

シンガポール店舗は国内を含め高島屋全体の連結業績において営業収益では6％，営業利益では11.5％をも占めている。また，本業の百貨店セグメントのみでみると営業収益では6.7％，営業利益では25％をも占めており，とくに営業利益における貢献度が非常に高いことがわかる。つまり小売業の国際化における店舗展開とは，業態というビジネスモデルを付帯した資本輸出であり，その投資によって得られる利益獲得がその目的となる。本国ビジネスとの相乗効果を全面的に期待して行われるものではなく，基本的には進出先にてスタンドアローンでオペレーションを展開し，連結決算で営業利益に貢献する[25]。

仮に国外での店舗運営が軌道に乗り，周辺諸国にも名声が伝われば，他の国からの引き合いが生まれ，新たな投資先の確保につながる。ただし，国外での

図表13-3　高島屋におけるシンガポール店舗の貢献度（2016年）

(単位：百万円)

	a	b	c	d (a÷c=d)	e (a÷(a+b)=e)
営業収益	55,500	765,500	929,600	6％	6.7％
営業利益	3,800	11,400	33,000	11.5％	25.0％

(注記)　a：シンガポール高島屋，b：国内百貨店，c：連結業績
　　　　d：連結業績に占めるシンガポール高島屋の割合
　　　　e：百貨店業におけるシンガポール高島屋の割合
(出所)　株式会社高島屋「2016年2月期決算説明会」pp.4-7より作成。

店舗運営がスムーズに行くとは限らず,黒字化するまでに長期間を要することが少なくない。先にあげた高島屋はシンガポールを将来性のある市場として1993年に開店したが,その後10年間は赤字経営であった。また2012年に開店した上海店舗も10年後の2022年に黒字化することが目標とされており,投資回収期間は短くない[26]。今後は,小売業国際化の投資効率に関する実証研究の蓄積が必要であろう。

お わ り に

製造業は製品を媒体として資本の増加を試み,小売業は仕組み＝ビジネスモデルを媒体として資本の増加を試みる。"モノ"ではなく"コト"を移転させる小売業の国際化については,まだ理論構築の面で多くの課題を残している。製造業の国際化との相違点を明確にし,国際経営論および国際マーケティングの理論体系との精緻な比較分析がなされる必要があり,サービスマーケティング理論における国際化の枠組みとの比較検討も求められる。また,時代によっても国外市場への進出動機や目的は変化し,進出した後も現地でのオペレーションを通して国際店舗の重要度や活動の目的は刻々と変化する。そうしたダイナミックな動きにも注目しなりればならない。

小売業には「再販売型小売業」と「SPA型小売業」との2種があり,前者は流通機能に特化した製造プロセスを有しない商業であるが,後者は製造小売と呼ばれ,垂直統合モデルで自社にて製造プロセスをもっている商業である。本稿では紙面の都合上,「再販売型小売業」を前提に国際化を論じたが,製造プロセスをもつ「SPA型小売業」の場合,サプライチェーンの観点からグローバルソーシングを目的として国外市場を求めることがあり,その国際化は極めて製造業的である。そのため,本章で述べた「再販売型小売業」のケースとは別物であり,全く異なるアプローチで議論されなければならない。

〈注〉
1) Alexander and Dohery [2009] pp.215-225.
2) Sternquist [1998] pp.10-13.
3) 矢作 [2001] pp.24-25。
4) McGoldrick [1995] p.4.
5) Johanson and Vahlne [1977].
6) Root [1994] p.24.
7) テスコなど一部商品開発の進んだ小売業では PB 商品の輸出例もみられるが，ここでは例外とする。
8) 小売業のオペレーションには店舗や内装などハード的な側面もあるが，それらは小売技術に含有するものである。
9) Kacker [1988] p.43.
10) Goldman [2001] pp.222-223.
11) 白石・鳥羽 [2003] pp.4-5。
12) 川端 [2003] pp.40-42。
13) 大石 [1996] pp.128-140。
14) Salmon and Tordjiman [1989] pp.3-16。
15) 向山 [2009] pp.21-24。
16) 川端 [1999] pp.279-284。
17) Dawson [2003] pp.192-199.
18) 森下 [1967]。
19) 大石 [2008]。
20) Kotler and Keller [2009] p.640.
21) Kotler and Keller [2009] p.638. グローバル企業について，2 カ国以上で事業を展開し，研究開発，製造，物流，マーケティング，財務などにおいて，国内のみで事業を行っているだけでは得ることのできない優位性もっている企業のことと定義している。
22) Lovelock and Wirtz [2004] pp.8-13.
23) Goldman [2001] pp.222-223.
24) 商業動態統計，長期時系列データ『百貨店・スーパー商品別販売額及び前年比』〈http://www.meti.go.jp/statistics/tyo/syoudou/result 2/index.html〉（2016.9.28）。
25) 国際的に店舗を展開した際に結果的に何らかの相乗効果，たとえばインバウンド市場に対し，現地店舗とのクーポン共用などによる相乗効果を生むこともあるかもしれない。ただし，それらはあくまでも付随的な効果で，国際化する当初からそれを目的として出店しているわけではない。
26) 『週刊東洋経済』（2015 年 5 月 23 日）p.13。

〈参考文献〉
大石芳裕 [1996]「国際マーケティング複合化戦略」，角松正雄・大石芳裕編『国際マーケティング体系』ミネルヴァ書房。
大石芳裕 [2008]「グローバル・マーケティング研究の展望」『流通研究』第 11 巻第 2 号。
株式会社高島屋「2016 年 2 月期決算説明会」。
〈http://www.takashimaya.co.jp/base/corp/ir/tanshin/pdf/2016/20160412.pdf〉（2016.9.28）。

川端基夫［1999］『アジア市場幻想論―市場のフィルター構造とは何か―』新評論。
川端基夫［2003］「アジアへの小売ノウハウ移転に関する考察―韓国・台湾への百貨店ノウハウ移転を例に―」『アジア経済』第44巻第3号，アジア経済研究所。
川端基夫［2011］『アジア市場を拓く 小売国際化の100年と市場グローバル化』新評論。
商業動態統計，長期時系列データ『百貨店・スーパー商品別販売額及び前年比』。
白石善章・鳥羽達郎［2003］「グローバル小売企業の創造的適応プロセス―日本市場におけるカルフールの事例を通じて―」『流通科学大学論集―流通・経営編―』第13巻第3号，流通科学大学学術研究会。
向山雅夫［2009］「小売国際化の進展と新たな分析視覚」，向山雅夫・崔相鐵編『小売企業の国際展開』中央経済社。
森下二次也［1967］「ワールド・マーケティングについて」『経済学雑誌』（大阪市立大学経済学部）第56巻第4・5号。
矢作敏行［2001］「アジアにおけるグローバル小売競争の展開」，ロス・デービス／矢作敏行編，外川洋子監訳『アジア発グローバル小売競争』日本経済新聞社。
Alexander, N. and A. M. Dohery [2009], *International Retailing,* Oxford Univ Press.
Dawson, J. [2003], "Towards a model of the impacts of retail internationalization," J. Dawson, Masao Mukoyama, SangChul Choi and Roy Larke, *The Internationalisation of Retailing in Asia,* Routledge Curzon.
Goldman, A. [2001], "The transfer of retail formats into developing economies: The example of China," *Journal of Retailing,* No.77.
Johanson, J. and J. Vahlne, [1977], "The internationalization process of the firm: a model of knowledge development and increasing foreign market commitments," *Journal of International Business Studies,* Vol.8, No.1.
Kacker, M. [1988], "International Flow of Retailing Know-How: Bridging the Technology Gap in Distribution," *Journal of Retailing,* Vol.64, No.1, Spring.
Kotler, P. and K. Keller [2009], *Marketing Management,* 13th ed., Pearson.
Lovelock, C. and J. Wirtz [2004], *Services Marketing,* 5th ed., Pearson.
McGoldrick, P. J. and G. Davies [1995], *International Retailing Trends and Strategies,* Pitman Publishing.
Root, F. R. [1994], *Entry Strategies for International Market,* Lexington Books.
Salmon, W. J. and A. Tordjiman [1989], "The Internationalization of Retailing," *International Journal of Retailing,* Vol4, lss.2.
Sternquist, B. [1998], *International Retailing,* Fairchild Publications.

（土屋 仁志）

事項索引

[あ行]

アカデミック・リサーチ 53
アストラ・インターナショナル 33
アディクション 99
アメリカ・マーケティング協会（AMA） 11, 155
暗黙知 60

Eコマース 203
eマーケティング 44
異業種集積 123
イギリス・マーケティング研究所 10
意識と行動の乖離 102
異質の地平の融合 79
「依存効果」モデル 91
イデオロギー 55
移転価格 26
意図せざる結果 94
「意味構成的」な主体 95
意味の読み換え 94
「癒し」ブーム 81
インターネット 175, 184
インターネット小売業（者） 180
インフォーマル組織 111

Win-Win 関係 208
Win-Win 戦略 221
ウェブルーミング 38
売る立場 88

エージェンシー 73
S-D ロジック 31
NB 商品 208
エピステモロジー 60
延期―投機 176, 177, 178

オーガニック 215
オムニチャネル 204
卸売流通システム 147
卸売流通の空間構造 134
オントロジー 60

[か行]

海外直接投資 21
海外マーケティング 32
下位技術 46
解釈主義 52, 53
解釈主義的なアプローチ 96
改正都市計画 109
外部性に依拠したまちづくり 139
外部の隠蔽 100, 101
買物客の流入―流出関係 146
買物弱者 198
買物の多目的出向 123
買物頻度の減少 127
快楽的消費 69, 96
買う立場 88
価格プレミアム 154
賢い消費者 89
価値イメージ 159
価値創造 178
価値法則 5
価値連鎖活動 39
カルチュラルブランディング 76
関係性マーケティング 11
間接輸出 32
管理主義 57, 58
関連購買 125

企業間関係の変化 216
企業ブランド化 161
記号 78
「記号論」モデル 94
機能的クリティーク 54
基盤産業 118
ギフト・マーケティング 80
「競争的使用価値」モデル 92
競争による操作の相殺 93
協働 181, 182, 184
局所的秩序 78
近視眼的まちづくり 140

偶有性 79
具体的欲望 92
クリスマス消費 80

クリティカル・アカウンティング……… 52
クリティカル・シンキング………… 54
クリティカル・マーケティング……… 51
　　──研究の教育論…………… 53
クリティカル・マネジメント………… 52
クリティカル・リアリズム………… 52, 60
「クリティカル」の意味 ………… 53
グローカリゼーション……………… 74
グローバル・マーケティング……… 23
　　──研究会……………………… 34
グローバルSCM ………………… 32
グローバル化……………………… 179

計画的な集積……………………… 124
経済的効率性の理念……………… 136
芸術作品の消費…………………… 70
系列化……………………………… 9
健康志向…………………………… 215
原子力発電………………………… 73
幻想的な価値……………………… 78
現代自動車………………………… 33
現地適合化………………………… 29
現地パートナー…………………… 33

公共的集合消費…………………… 78
合計特殊出生率…………………… 196
高次中心地の分散………………… 124
高次の中心地……………………… 121
高付加価値PB商品………………… 218
後方統合…………………………… 173
小売競争論………………………… 190
小売業態………………… 172, 179, 185
小売業の文化表現機能…………… 78
小売市場…………………………… 192
小売主導性………………………… 171
小売商業集積……………………… 138
　　──の形成・発展メカニズム……… 139
　　──の重層化と不安定化………… 146
小売ブランド商品………………… 208
小売ブランド論…………………… 209
小売ミックス……………………… 191
小売流通システム………………… 147
顧客関係説………………………… 11
顧客満足説………………………… 10
国際関与の段階…………………… 32
国際マーケティング……………… 32
国民経済レベル…………………… 146
個別対応…………………………… 43
コミュニティ・マート構想……… 115

コミュニティ型小売業…………… 114
コミュニティの創出……………… 110
コミュニティビジネス…………… 160
コモディティ競争………………… 162
コンフリクト……………………… 182

[さ行]

サービス業のグローバル化……… 30
再帰性……………………………… 96
再帰的な近代……………………… 96
再帰的個人主義…………………… 99
在庫形成……………………… 176, 177
財の到達範囲……………………… 120
サブカルチャー…………………… 71
差別的競争優位…………………… 174
サムスン電子……………………… 33
3C分析 ……………………………… 25
サンミゲル………………………… 33

恣意性……………………………… 78
CPグループ ……………………… 33
シェア……………………………… 71
ジェンダー………………………… 72
資産的価値………………………… 164
市場経済活動の集約点…………… 144
市場経済システムの「要」……… 133
市場支配説………………………… 12
市場の失敗………………………… 148
市場のモザイク化………………… 201
市場文化…………………………… 71
市場問題…………………………… 22
自省………………………………… 96
自省的な行為の主体……………… 95
実践論……………………………… 60
質的研究…………………………… 53
品揃え……………… 175, 177, 179, 180, 181, 184
品揃え形成…………………… 175, 177
支配的イデオロギー……………… 73
嗜癖………………………………… 99
嗜癖的な消費選択………………… 79
司牧システム……………………… 58
資本一般…………………………… 8
資本の運動………………………… 88
社会関係資本……………………… 72
社会構成主義……………………… 52
社会的インフラ…………………… 198
社会的調整機構…………………… 148
社会的マーケティング・コンセプト論…… 51
社会的有効性の理念……………… 136

社会満足説……………………………… 11
集権的ネットワーク…………………… 181
重層的店舗展開………………………… 202
収奪関係………………………………… 7
上位技術………………………………… 46
商業経済論パラダイム………………… 82
商業資本……… 7, 172, 173, 175, 177, 179, 194
　──の自立化………………………… 111
商業資本排除の傾向…………………… 12
商業資本論……………………………… 6
　──パラダイム……………………… 145
商業集積………………………………… 112
商業集積間の空間的競争構造………… 143
商業地理学……………………………… 128
商業独占………………………………… 8
商業の「外部性」……………………… 140
商業の「内部性」……………………… 140
商業の「能動性」……………………… 141
商業排除………………………………… 173
少子化問題……………………………… 196
小商圏化………………………………… 200
小商人問題……………………………… 115
商店街活性化論………………………… 115
商店街の公共性………………………… 136
商店街のライフサイクル概念………… 137
商店街問題……………………………… 134
消費志向………………………………… 175
消費者アイデンティティプロジェクト…… 71
消費者意識の変化……………………… 220
消費者志向モデル……………………… 90
消費者主権……………………… 178, 181
　──モデル…………………………… 90
消費者情報処理アプローチ…………… 69
消費者の抵抗力………………………… 93
消費者の変化…………………………… 220
消費者欲望……………………………… 79
消費の自閉化…………………………… 100
消費の社会歴史的なパターン化… 72, 76
消費の病理性…………………………… 101
消費文化理論…………………………… 68
商標登録………………………………… 156
消費らしい消費………………………… 99
商品戦略………………………… 208, 221
商品別専門分化………………………… 112
情報共有………………………………… 182
情報コード……………………………… 155
情報伝達技術…………………………… 37
情報の非対称性………………………… 182
剰余価値法則…………………………… 5

所縁型組織……………………………… 113
　──の商店街………………………… 141
ショールーミング……………………… 38
ショールーミング行動………………… 204
ショッピングセンター………………… 141
新規開業店舗…………………………… 135
人口置換水準…………………………… 196

ステークホルダー……………………… 11
ステータスゲーム……………………… 72
ストア・ブランド……………………… 213
ストア・ロイヤリティ………… 213, 217
スペシャルドラッグ…………………… 202

生活型社会資本………………………… 136
生活者…………………………………… 89
生活世界………………………… 78, 83
生産と消費の矛盾……………………… 22
政治的クリティーク…………………… 55
製品差別化……………………………… 190
製品ブランド化………………………… 161
政府の失敗……………………………… 148
世界標準化……………………………… 29
折衷理論………………………………… 23
セミ・グローバル……………………… 26
全体最適………………………… 177, 184
全体最適化……………………………… 174

「創造」の論理 ………………………… 90
相対主義………………………… 52, 60
ソーシャル・マーケティング………… 11
ソーシャル・マーケティング論……… 51
ソシエタル・マーケティング論……… 51
組織間関係……………………………… 182
組織間の関係性………………………… 181
租税回避………………………………… 26
存在論…………………………………… 60

［た行］

ダイエー………………………… 209, 217
大規模小売業…………………………… 140
大規模商業資本………………………… 194
大店法…………………………… 108, 199
大店立地法……………………………… 200
ダイナミック・ケイパビリティ……… 29
対面販売………………………………… 110
タウンマネジメント機関……………… 141
多国籍企業……………………………… 21
タタ・グループ………………………… 33

脱埋め込み…………………………… 96
棚スペース………………………… 210, 218
ダニング理論………………………… 23
ダブル・チョップ商品……………… 213
単身世帯比率………………………… 196

地域価値イメージ………………… 155, 164
地域共同体…………………………… 161
地域空間……………………………… 154
地域原理……………………………… 148
地域コミュニティ………………… 160, 161
地域産品……………………………… 154
地域資源……………………………… 162
地域資源ブランド…………………… 154
地域商業論…………………………… 114
地域と地域商業の相互規定関係…… 117
地域ブランディング………………… 156
地域ブランド………………………… 152
　　――の階層性…………………… 163
　　――の定義……………………… 153
地域ブランド・アイデンティティ… 162
地域ブランド・エクイティ………… 164
知的クリティーク…………………… 54
知の客観主義………………………… 60
知の実践論………………………… 60, 61
チャネル・リーダー………………… 8
中小企業のグローバル化…………… 31
中小小売商の困窮問題……………… 135
中小商業資本………………………… 194
抽象的欲望…………………………… 92
中心市街地活性化法……………… 109, 200
中心市街地の空洞化問題…………… 135
中心地の階層性……………………… 121
中心地理論………………………… 120, 145
超高齢社会…………………………… 196
直接輸出……………………………… 32

ついで買い…………………………… 126

ディープディスカウントドラッグ… 202
DNIフレームワーク……………… 43
低価格戦略……… 208, 209, 210, 215, 216, 218
低次の中心地………………………… 121
　　――の高次への集中…………… 124
ディスコース（言説）……………… 57
「適応」の論理……………………… 90
デジタル……………………………… 43
デマーケティング…………………… 57
デュアルブランド化………………… 210

電子取引……………………………… 46
デンマークにおけるクリティカル・
　マーケティング研究……………… 52

同業種集積…………………………… 124
動態的アプローチ…………………… 29
独占…………………………………… 6
独占価格……………………………… 7
独占的共創論………………………… 190
独占利潤……………………………… 8
独占利潤法則………………………… 8
都市計画法…………………………… 200
都市経済レベル……………………… 146
都市圏小売流通システム…………… 146
都市商業集積論……………………… 138
都市所得の発生・循環メカニズム… 145
都市に奉仕する産業………………… 144
都市のダウンサイジング化………… 198
都市発展段階モデル………………… 145
途上国企業のグローバル化………… 33
「都市流通システム」概念………… 145
都市流通システム研究の後れ……… 134
都市流通システム研究の課題と方向性… 147
都市流通システム研究の流れ……… 135
都市流通システム研究への関心…… 134
都市流通システムの盛衰…………… 146
都市流通システムの不均衡と不安定性… 148
都市を形成する産業………………… 144
取引関係………………… 171, 174, 182
取引条件……………………………… 182

[な行]

仲間型組織…………………………… 113
ナショナル・ブランド…………… 152, 208
ナレッジ・マネジメント…………… 60

日本マーケティング協会…………… 10
認識論………………………………… 60

ネット小売業………………………… 185
ネットスーパー……………………… 204
ネットワーク………… 40, 179, 180, 181, 183
ネットワーク化……………………… 43

ノーブランド………………………… 215

[は行]

バーノン理論………………………… 22
ハイアール…………………………… 33

事項索引　247

配給論パラダイム……………………… 82
廃業店舗………………………………… 135
売買集中の外部性……………………… 141
売買集中の原理………………………… 142
売買の集中……………………………… 111
ハイマー理論…………………………… 22
爆買い…………………………………… 197
80年代の流通産業ビジョン ………… 135
バラエティドラッグ…………………… 202
パワー……………………………… 181, 182
反コカコーラ運動……………………… 72
販売チャネル…………………………… 33

PB商品 ………………………………… 208
否認……………………………………… 100
否認共同体……………………………… 101
批判会計学……………………………… 52
批判経営学……………………………… 52
批判的実在論……………………… 52, 60
批判理論………………………………… 52
ビューティードラッグ………………… 202
標準化／適合化問題…………………… 29

ファーウェイ…………………………… 33
フーコーの「統治性」概念…………… 57
フォーチュン…………………………… 33
付加価値………………………………… 154
複合化戦略……………………………… 29
不祥事…………………………………… 2
プライベート・ブランド………… 152, 208
プラザ合意……………………………… 21
フランクフルト学派…………………… 52
ブランド………………………………… 2
ブランド・エクイティ………………… 164
ブランド指標…………………………… 159
ブランド戦略研究……………………… 76
ブランド要素…………………………… 155
ブランド力……………………………… 164
プレミアムPB商品 …………………… 215
プロシューマ…………………………… 47
　　──の出現………………………… 48
文化資本………………………………… 72
分業論…………………………………… 128
分権的ネットワーク…………………… 181

PEST分析 ……………………………… 25

法則……………………………………… 2
方法論…………………………………… 59

方法論争………………………………… 52
ボーダーレス…………………………… 26
ボーダフル……………………………… 26
POSシステム ………………………… 202
ポストモダン消費分析………………… 69

[ま行]

マーケティング……………………… 2, 173
　　──の二面的性格………………… 90
マーケティング・イデオロギー… 55, 56
マーケティング・コンセプト… 56, 58, 59
マーケティング・ディスコース… 57, 58, 59
マーケティング科学論争……………… 4
マーケティング技法…………………… 3
マーケティング境界論争……………… 4
マーケティング思想…………………… 3
マーケティングプロセスの恣意性…… 78
マインド・シェア……………………… 76
マクロ消費……………………………… 69
マクロ消費研究………………………… 89
マクロマーケティング論……………… 52
マスメディアによるイデオロギーと
　　消費者の解釈戦略………………… 72
マズローの欲求階層理論……………… 90
街商人精神……………………………… 141
街づくり会社…………………………… 141
まちづくり3法 …………………… 109, 200
「まちづくり」と商業 ………………… 142
街づくりのマーケティング…………… 137
まちづくりのマーケティング………… 139
街並みの形成…………………………… 112
マネジリアリズム………………… 57, 58
マネジリアル・マーケティング……… 79
マルキスト……………………………… 53
マルクス経済学………………………… 52

毛細血管論……………………………… 110
模倣品…………………………………… 213

[や行]

優良顧客の囲い込み…………………… 15
輸出マーケティング…………………… 32
豊かさ論………………………………… 77
ユビキタス社会………………………… 37

欲望のフロンティア…………………… 98
4P ………………………………… 3, 25

[ら行]

ラストワンマイル …………………… 204
ラディカル・マーケティング研究 ……… 52

利潤志向 ……………………………… 3
立地創造 ……………………………… 124
流通活動の発展基盤 …………………… 133
流通活動の広がり ……………………… 133
流通機構 ……………………………… 82
流通近代化政策 ………………………… 136
流通システムの空間的競争構造 ……… 133
流通情報化 ………………………… 178, 179
流通地理学研究 ………………………… 144
倫理的クリティーク …………………… 54
倫理的消費 …………………………… 184

労働力商品 …………………………… 88
ローコストオペレーション …………… 201
ロジスティクス ………… 171, 177, 180, 184
露出症と窃視症 ……………………… 102
論理経験主義 ………………………… 52

[わ行]

ワンストップショッピング …………… 201

[欧語]

AMA ……………………………… 11, 155
CCT ………………………………… 68
CIM ………………………………… 10
CSR ………………………………… 2
EDI ………………………………… 203
EOS ………………………………… 202
GMS ………………………………… 201
ICT ………………………………… 37
IT ……………………… 174, 175, 178, 179, 184
JMA ………………………………… 10
LG ………………………………… 33
NB ………………………………… 152
NPO ………………………………… 2
PB ……………………………… 152, 171, 172
SCM …………………… 170, 174, 177, 179
STP ………………………………… 25
Web-EDI …………………………… 203

人名索引

―邦語―

アーノルド, E. ……………………… 71, 73
アパデュライ, A. …………………… 75
阿部真也 …………………………… 45, 77
天野正子 …………………………… 89
石井淳蔵 …………………………… 78, 94
石原武政 …………………………… 79, 92
江上哲 ……………………………… 89

樫村愛子 …………………………… 99
カソン, M. ………………………… 23
ガルブレイス, J. K. ……………… 91
河田祐也 …………………………… 79
キーガン, W. J. …………………… 29
ギデンズ, A. ………………………… 96
木村純子 …………………………… 80
キンドルバーガー, C. P. …………… 23
久保康彦 …………………………… 44
栗木契 ……………………………… 79, 94
ゲマワット, P. ……………………… 26
コトラー, P. ………………………… 3

コンヴァース, P. D. ………………… 4

佐久間英俊 ………………………… 44

田村正紀 …………………………… 92
ドラキア, N. ………………………… 69
トンプソン, C. …………………… 71, 73

中西大輔 …………………………… 79

ハーシュマン, E. C. ……………… 69, 96
バウマン, Z. ……………………… 99
パスカル, B. ……………………… 103
バゼル, R. D. ……………………… 29
バックレー, P. J. ………………… 23
馬場克三 …………………………… 45
フィラート, A. F. ………………… 69, 89
ブルデュー, P. …………………… 72
ベルク, R. ………………………… 68
ホフステード, G. ………………… 26

ホルト, D.	76		モーイ, M. De	26
ホルブルック, M. B.	69, 102		森下二次也	52, 79
松井剛	81		ラグマン, A.	23
マッカーシー, E. J.	10		レヴィ, S. J.	5
マルクス, K.	6, 61		レビット, T.	29
南知恵子	80			

―欧語―

Alderson, W.	191		Horkheimer, M.	52
Appadurai, A.	75			
Arnould, E.	71		Kotler, P.	3
Belk, R.	68		Levy, S. J.	5
Bourdieu, P.	72			
			Marx, K.	6
Chamberlin, E. H.	190		McCarthy, E. J.	10
Converse, P. D.	4			
			Nagi, E. W. T.	40, 41
Dholakia, N.	69			
			O'Relly, T.	39
Firat, F.	69			
Frosut, R.	39, 44		Pomirleanu, N.	41
Hanson, W.	42		Schibrowsky, J. A.	41
Hirshman, E.	69		Strauss, J.	39, 44
Holbrook, M.	69			
Holt, D.	76		Thompson, C.	71

〈編著者紹介〉

木立 真直（きだち まなお）
1956年生まれ
九州大学大学院農学研究科博士課程修了
現在　中央大学商学部教授　農学博士（農政経済学）

佐久間 英俊（さくま ひでとし）
1961年生まれ
京都大学大学院経済学研究科博士後期課程満期退学
現在　中央大学商学部教授

吉村 純一（よしむら じゅんいち）
1962年生まれ
福岡大学大学院商学研究科博士課程後期満期退学
現在　熊本学園大学商学部教授　博士（商学）

平成29年4月15日　初版発行　　《検印省略》
略称：流通経済

流通経済の動態と理論展開

編著者	Ⓒ	木立　真直 佐久間　英俊 吉村　純一

発行者　　　中　島　治　久

発行所　**同文舘出版株式会社**
東京都千代田区神田神保町1-41 〒101-0051
電話　営業03(3294)1801　振替00100-8-42935
編集03(3294)1803　http://www.dobunkan.co.jp

Printed in Japan 2017
印刷：萩原印刷
製本：萩原印刷

ISBN 978-4-495-64871-8

JCOPY 〈出版者著作権管理機構委託出版物〉
本書の無断複製は著作権法上での例外を除き禁じられています。複製される場合は，そのつど事前に，出版者著作権管理機構（電話 03-3513-6969，FAX 03-3513-6979，e-mail: info@jcopy.or.jp）の許諾を得てください。